Sonia Combe

Ein Leben gegen ein anderes
Der ‚Opfertausch' im KZ Buchenwald und seine Nachgeschichte

Sonia Combe ist ausgewiesene Spezialistin für das spannungsreiche Verhältnis zwischen Geschichtsschreibung und kollektiver Erinnerung im kommunistischen und postkommunistischen Osteuropa. Ihre Forschungsarbeit bezieht sich meist auf die osteuropäischen Gesellschaften, vor allem auf die DDR. Ihren Weg als Forscherin durch die Länder Osteuropas und insbesondere durch die ostdeutsche Gesellschaft beschrieb sie in ihrem Buch *D'Est en Ouest, retour à l'archive* (Paris: Publications de la Sorbonne 2013). Gegenwärtig arbeitet sie an einem Forschungsprojekt zum Thema politisches Engagement und Loyalität, das sich insbesondere Persönlichkeiten wie Georg Lukács in Ungarn und Anna Seghers in der DDR widmet.

Sonia Combe

Ein Leben gegen ein anderes

Der ‚Opfertausch' im KZ Buchenwald und seine Nachgeschichte

aus dem Französischen
von Marcel Streng

Neofelis Verlag

Inhalt

II Buchenwald und der politische Gebrauch der Vergangenheit

FÜR L.

Der Umstand, daß einer ein Leidtragender ist, schließt seine Schuld nicht aus, und oftmals ist sie objektiv schwerwiegend, aber ich kenne kein menschliches Tribunal, dem man die Aufgabe der Bemessung der Schuld zuweisen könnte.
(Primo Levi, 1990)

Prolog

Zacharias Zweigs Bericht

In einem 1961 der Gedenkstätte Yad Vashem übergebenen Bericht schildert Zacharias Zweig, unter welchen Umständen er überlebt hat:[1] Vor dem Krieg habe er als Anwalt gearbeitet, sei verheiratet und Vater zweier Kinder gewesen, eines achtjährigen Mädchens, Sylwia, und eines kleinen Jungen, Stefan Jerzy. Als die Familie 1941 in ein Ghetto habe ziehen müssen, sei dieser kaum ein Jahr alt gewesen. Zacharias berichtet, dass er einem Arbeitslager zugewiesen worden sei, wo er sich bemüht habe, das Kind mithilfe der anderen Gefangenen zu verstecken – notfalls habe er es in Mülleimern vergraben. Es sei vorgekommen, dass er den kleinen Stefan Jerzy einer polnischen Bäuerin durch den Stacheldrahtzaun gereicht und ihn zurückgenommen habe, wenn die SS ihre Runde beendet hatte. Er fügt hinzu, dass das Kind sehr gut erzogen gewesen sei (das Wort „dressiert" würde wohl besser passen, würde es nicht Gewalt implizieren): „Es weinte nie, und auf den Klang des Wortes ‚SS' wusste es, dass es schweigen musste."[2] Ende Juli 1944 seien Zacharias Zweig und seine Frau nach Buchenwald deportiert worden. Dort habe die SS sie endgültig getrennt. Seine Frau sei

1 Die Gedenkstätte Yad Vashem wurde 1953 in Jerusalem zur Erinnerung an die von den Nazis ermordeten Jüdinnen und Juden gegründet. Der Zeitzeugenbericht von Zacharias Zweig (auf Polnisch) ist dort unter der Signatur Yva O.3/2 192 erhalten. Ich zitiere hier nach der deutschen Fassung (ders.: *Mein Vater, was machst du hier? Zwischen Buchenwald und Auschwitz*. Frankfurt am Main: Dipa 1987).

2 Ebd., S. 21.

selektiert und in ein anderes Lager zur Zwangsarbeit geschickt worden. Sie hätten entschieden, jeder ein Kind zu nehmen, Zacharias Stefan Jerzy und seine Frau Sylwia. Zacharias sollte weder sie noch seine Frau wiedersehen.

Bei seiner Ankunft in Buchenwald am 5. August 1944 habe Zacharias zunächst vorgehabt, das dreieinhalbjährige Kind in einem Rucksack zu verstecken. Das habe er jedoch nicht geschafft, weil ihn die Bedingungen des Transports im Viehwaggon völlig erschöpft hätten:

> An diesem Tag herrschte große Hitze. Mein Sohn stand barfuß neben mir, mit den Gummischuhen in der Hand. Vor Übermüdung konnte ich ihm die Schuhe nicht anziehen. Wir waren durstig und schmutzig, den Hunger hatten wir vollkommen vergessen. Eine große Anzahl von SS-Männern umgab uns zusammen mit Menschen der Lagerbesetzung. Auf einen Häftling entfielen sicher zwei SS-Männer. Man stellte uns in Fünferreihen auf. Mein Sohn galt als einer in der Fünferreihe. Als unter den SS-Männern die Nachricht bekannt wurde, daß sich im Transport ein Kind befand, gab es bei ihnen Bestürzung. [...] Sofort verbreitete sich auch im Lager die Nachricht, daß sich unter den Angekommenen ein Kind befand. Die Häftlinge wollten das Kind sehen und schauten es durch die Stacheldrähte an.[3]

Der SS-Kommandant des Lagers oder sein Stellvertreter, der die Ankunft des Zuges überwachte, habe ihn gefragt, wie er seinen Sohn habe bei sich behalten können. Da habe er beschossen zu lügen, und angegeben, dass die deutschen Behörden im Distrikt Krakau den Eltern erlaubt hätten, ihre Kinder bei sich zu behalten. Er habe auf dem Recht bestanden, Stefan Jerzy weiterhin bei sich behalten zu dürfen und versichert, die Ernährung des Kindes von seiner eigenen Ration zu bestreiten, dessen Anwesenheit „auf meine Leistungsfähigkeit bei der Arbeit günstigen Einfluss nehmen“[4] werde. Später sei er darüber in Kenntnis gesetzt worden, dass

> die Elite der politischen tschechischen, deutschen und polnischen Häftlinge – hauptsächlich Kommunisten –, verwundert darüber, daß sich im Konzentrationslager Buchenwald ein Kind befand, ohne Rücksicht darauf,

3 Zweig: *Mein Vater*, S. 35.

4 Ebd., S. 37.

> dass es ein Jude war, beschlossen hatte, das Kind zu retten. Wenn ein solches Kind – wie sie mir erklärten – bisher gerettet worden sei und ich es hätte behüten können, bleibe es ein Symbol des Widerstandes gegen Hitler und verdiene, gerettet zu werden.[5]

Politische Häftlinge hätten sich des Kindes angenommen und es im Deutschen Block in Sicherheit gebracht, während Zacharias mit den anderen Deportierten des Zuges in das Kleine Lager eingewiesen worden sei.[6] Ein polnischer politischer Häftling sei damit beauftragt worden, ihn zu beruhigen.

‚Kommunistische deutsche Christen'

An der Spitze der geheimen Widerstandsorganisation habe sich, so Zacharias weiter, ein Deutscher befunden, Willi Bleicher. „Er war Christ, aus Überzeugung Kommunist und stammte aus Stuttgart."[7] Er ist es gewesen, der sich direkt um das Kind gekümmert habe. Bleicher war Funktionshäftling, genauer: Kapo der Effektenkammer. Um das Kind an seine neue Umgebung zu gewöhnen, hätten die Häftlinge alle möglichen Vorkehrungen getroffen. Zunächst hätten sie regelmäßig den Vater kommen lassen, damit es sich auf sie einstellen lernt und aufhört zu weinen. Das habe jedoch keinen Erfolg gehabt. Kaum, dass der Vater nicht mehr da gewesen sei, habe das Kind wieder zu weinen begonnen. Willi Bleicher habe deshalb beschlossen, Stefan Jerzy zwei bis drei Wochen lang zu ‚entwöhnen'. In dieser Zeit sollte er seinen Vater nicht sehen, den Bruch in seinem Lebensalltag verstehen und aufhören, nachts zu wimmern, denn das habe die Häftlinge gestört, bei denen es schlief. Als Zacharias in ein Außenkommando verlegt werden sollte, sei er auf Veranlassung der Arbeitsstatistik, des Büros, das die Arbeitskommandos zusammenstellte, zurückgehalten worden, damit er seinen Sohn weiterhin sehen konnte. Nach der ‚Entwöhnungsphase' habe Zacharias seinen Sohn wiedergesehen und seinen Augen nicht getraut:

5 Ebd., S. 38.

6 Siehe den Grundriss des Lagers S. 20–21.

7 Zweig: *Mein Vater*, S. 39.

> Mein Kind war sehr schön angezogen. Es trug einen extra für ihn zugeschnittenen und in den Werkstätten von Häftlingen genähten Anzug. Es hatte eine gut zugeschnittene Bluse aus neuem Stoff, dunkelblau mit weißen Streifen, an. Es trug kurze Höschen und extra für ihn angefertigte neue Schühchen.[8]

Es habe sogar Spielzeug gehabt und vergnügt mit ihm gespielt, als sein Vater eintraf. Es habe ihn offenbar nicht erkannt, denn es habe ihn gesiezt und gefragt, warum er komme. „Ich sagte ihm voller Schmerz, daß ich sein Vater sei. Darauf sagte er zu mir: ‚Ho, ho, das ist gut, setz dich hierher und spiel mit mir!...'"[9]
Zu dieser Zeit habe er schon Deutsch gesprochen, das es von den in der Effektenkammer arbeitenden Häftlingen lernte. In dieser Werkstatt, in die sich Zacharias jeden Sonntag begeben habe, um seinen Sohn zu sehen, hätten die Mitglieder des, wie er sagt, geheimen Widerstands, ihre Treffen abgehalten. Eines Tages hätten sie Zacharias Fragen zur Judenverfolgung in Polen gestellt. Die meisten von ihnen seien seit mehr als acht Jahren interniert gewesen und hätten fast nichts darüber gewusst. Verblüfft und wie vor den Kopf geschlagen von dem was, sie zu hören bekommen hätten, seien sie aus dem Staunen nicht herausgekommen: Warum die Juden sich denn nicht gewehrt hätten? Zacharias sei es trotz all seiner Erklärungsbemühungen nicht gelungen, sie davon zu überzeugen, dass es ihnen in einer ähnlichen Situation nicht anders ergangen wäre.[10]

Unter den Augen der SS

Die Erzählung des Vaters wird immer erstaunlicher. So habe er sonntags beobachtet, dass ein Häftling damit beauftragt gewesen sei, seinem Sohn beim Abendessen zu helfen. Er habe ihm sein Essen auf einem Teller gebracht. Das Kind habe einen Stuhl und einen Tisch in seiner Größe, einen Pyjama sowie Sommer- und Wintergarderobe gehabt. Sein Bett sei gegen die anderen Häftlinge mit einem Vorhang

8 Zweig: *Mein Vater*, S. 45.

9 Ebd., S. 46.

10 Die Unwissenheit mag überraschen, aber man darf nicht vergessen, dass Zacharias Zweig Anfang August 1944 ins KZ Buchenwald gekommen war d. h. vor der massenhaften Ankunft Überlebender der ‚Todesmärsche' aus den Vernichtungslagern im Osten, die Informationen über die Gaskammern verbreiteten.

abgeschirmt worden. Stefan Jerzy habe sogar Bettwäsche gehabt. Außer dem Häftling, der sich um das Kind kümmerte, habe sich ihm niemand nähern dürfen, um die Ansteckung mit Krankheiten zu verhindern – Buchenwald war ein hoch ansteckendes Milieu. Wenn das Kind im Lager spazieren gegangen sei, sei es von einem großen Schäferhund namens Senta begleitet worden, „der bereit war, jeden Häftling zu zerreißen, der sich dem Kind zu nähern gewagt hätte.“[11] Da die Elite der politischen Häftlinge über sanitäre Anlagen verfügt habe, sei das Kind jeden Tag gebadet worden. Wie alle politischen Gefangenen habe es ein rotes Dreieck auf seinem Hemd getragen, in dessen Mitte der Buchstabe „P“ für „Politische“ prangte. Normalerweise hätten Juden einen gelben Streifen neben dem Dreieck tragen müssen, „die politische illegale Organisation kämpfte jedoch gegen diese Vorschrift und schaffte sie ab. Die SS-Männer, die sich im Lager befanden, duldeten diesen Beschluß.“[12] Ulkiges Detail: Der Schneider habe für Stefan Jerzy auch ein Stirnband mit dem Wort „Kapo“ gebastelt. Tolerierte auch die SS diesen Witz? Als regulärer Gefangener sei das Kind nicht vom Appell ausgenommen gewesen, als Bewohner des Deutschen Blocks habe es aber das nicht zu vernachlässigende Privileg vergleichsweise kurzer Appelle gehabt,[13] an denen es auf den Schultern eines Häftlings – manchmal des Blockältesten – sitzend teilgenommen habe. Da alles sei, so sein Vater Zacharias, unter den Augen der SS geschehen.

Das gut ernährte Kind habe gespürt, dass sein Vater Hunger litt, und darauf bestanden, seine Mahlzeit mit ihm zu teilen, wenn er es sonntags besuchte; es habe ihm Kleidungsstücke zukommen lassen. „All das verdankte ich dem Umstand, dass ich der Vater des einzigen Kindes im Lager war“[14], erklärt Zacharias. Schwierig zu sagen, ob ihm die Existenz anderer Kinder unbekannt war oder ob er sagen wollte, dass er der Vater des jüngsten Kindes war. Man darf nicht vergessen, dass das KZ Buchenwald sich auf 40 Hektar erstreckte und jeder Häftling nur einen Ausschnitt kannte, vor allem, wenn er – wie

11 Ebd., S. 47.

12 Ebd.

13 Morgen- und Abendappelle, während derer die Häftlinge gezählt wurden, fanden bei jedem Wetter statt und konnten Stunden dauern.

14 Ebd., S. 72.

Zacharias – nur einige Monate dort war. Noch erstaunlicher ist, dass einige SS-Männer das Kind besucht und ihm Obst und Bonbons zugesteckt haben sollen.[15] Einer von ihnen habe es manchmal herumgeführt, was alle gesehen und gewusst hätten.[16] Manchmal habe das Kind seinen Vater zu den „Muttis“ mitgenommen. Es handelt sich um die Frauen des Lagerbordells, die ihm Leckereien zugesteckt hätten. Zacharias berichtet, er habe mit ihnen gesprochen und erfahren, dass sie zur Prostitution gezwungene Häftlinge waren.[17] Ende September habe die SS die Zusammenstellung eines Transports von 200 jüdischen sowie Sinti- und Roma-Kindern nach Auschwitz angeordnet. Stefan Jerzy habe zu ihnen gehören sollen.

„Ich gebe das Kind nicht her!“

Der Chef der Effektenkammer Willi Bleicher habe die SS zunächst belogen und behauptet, das Kind sei nicht mehr in Buchenwald, es sei mit seinem Vater in ein anderes Lager überwiesen worden. Die SS habe ihm aber nicht geglaubt. Es sei erst kurz zuvor gesehen worden, wie es in Bleichers Begleitung in einem „Privatauto“ durch das Lager gefahren sei. „Außerdem erklärte Bleicher“, so Zacharias, „daß er, wenn er ein anderes Kind unter der Hand hätte, sogar anderer Nationalität, es austauschen würde.“[18] Trotz aller Bemühungen sei es den politischen Häftlingen nicht gelungen, seinen Namen von der Transportliste zu streichen. Vom Abtransport ausgenommen werden hätten nur Kinder gekonnt, die von den Mitgliedern des geheimen Widerstands zusammengestellten Arbeitskommandos ‚zugewiesen‘ worden seien, um ihnen die Deportation zu ersparen; und ein Kind im Alter von Stefan Jerzy Zweig habe ihnen nicht zugeteilt werden können.

In seinem Bericht erzählt Zacharias, wie sehr diese Männer an dem Kind gehangen hätten. Die meisten von ihnen hätten seit Beginn der nationalsozialistischen Herrschaft kein Kind mehr zu Gesicht

15 Zweig: *Mein Vater*, S. 50.

16 Ebd., S. 64.

17 Ebd., S. 66. Zu den Lagerbordellen siehe Robert Sommer: *Das KZ-Bordell. Sexuelle Zwangsarbeit in nationalsozialistischen Konzentrationslagern*. Paderborn: Schöningh 2009.

18 Zweig: *Mein Vater*, S. 56.

bekommen und vielleicht selbst Kinder zurücklassen müssen, weshalb sie der Anblick dieses kleinen Wesens so gerührt habe, dass sie es wie ein ‚Maskottchen' behandelt hätten. Zacharias berichtet über den Tag vor der geplanten Abfahrt seines Sohnes nach Auschwitz:

> Den ganzen Tag über nahm man nervös zahlreiche Kontakte auf, um das Kind zu retten. Auf den Gesichtern der Häftlinge, denen bekannt war, was das Kind erwartete, zeichnete sich Schmerz ab. Den ganzen Tag über – bis zum Abend – war ich mit meinem Sohn zusammen. Ständig kamen verschiedene politische Häftlinge [...]. Ich erinnere mich nicht mehr an die Namen dieser Häftlinge. Es waren Deutsche, Tschechen und andere unter ihnen. Das Kind begriff, dass es dem Transport zugeteilt worden war. – „Was? Ich gehe nicht auf Transport!" – beharrte es.[19]

Auch am nächsten Morgen, als es schon keine Hoffnung mehr gegeben und Zacharias seinen Sohn abgeholt habe, um ihn zum Kindertransport nach Auschwitz zu bringen, habe Stefan Jerzy immer wieder gesagt: „Ich gehe nicht auf Transport." Ohne genau zu wissen, was es bedeutete, habe er doch verstanden, dass das Wort „Transport" eine Bedrohung war, denn er habe es selbst bisweilen gebraucht, wenn er, wie sein Vater erzählt, auf jemanden wütend gewesen sei.[20]

> Die anwesenden Häftlinge standen unbeweglich und mit hängenden Köpfen, als plötzlich Bleicher laut zu weinen und zu schreien begann. Er schlug mit dem Kopf an die Wand, begann Hitler und sein ganzes System zu verfluchen und rief dabei: „Ich gebe das Kind nicht her ..." Zum ersten Male in meinem Leben sah ich einen Mann in solch einer Situation. [...] Alle waren um das Schicksal von Willi Bleicher besorgt, der weiterhin schrie und zum Widerstand aufrief.[21]

Stefan Jerzy sei schließlich im letzten Moment gerettet worden. Der Revierarzt habe eingewilligt, ihm eine Spritze zu geben, die ihn in so hohes Fieber versetzt habe, dass er nicht transportfähig gewesen sei. Zacharias vermutet, dass er auf dem Transport durch „zwei oder drei

19 Ebd., S. 59.
20 Ebd., S. 50.
21 Ebd., S. 59–60.

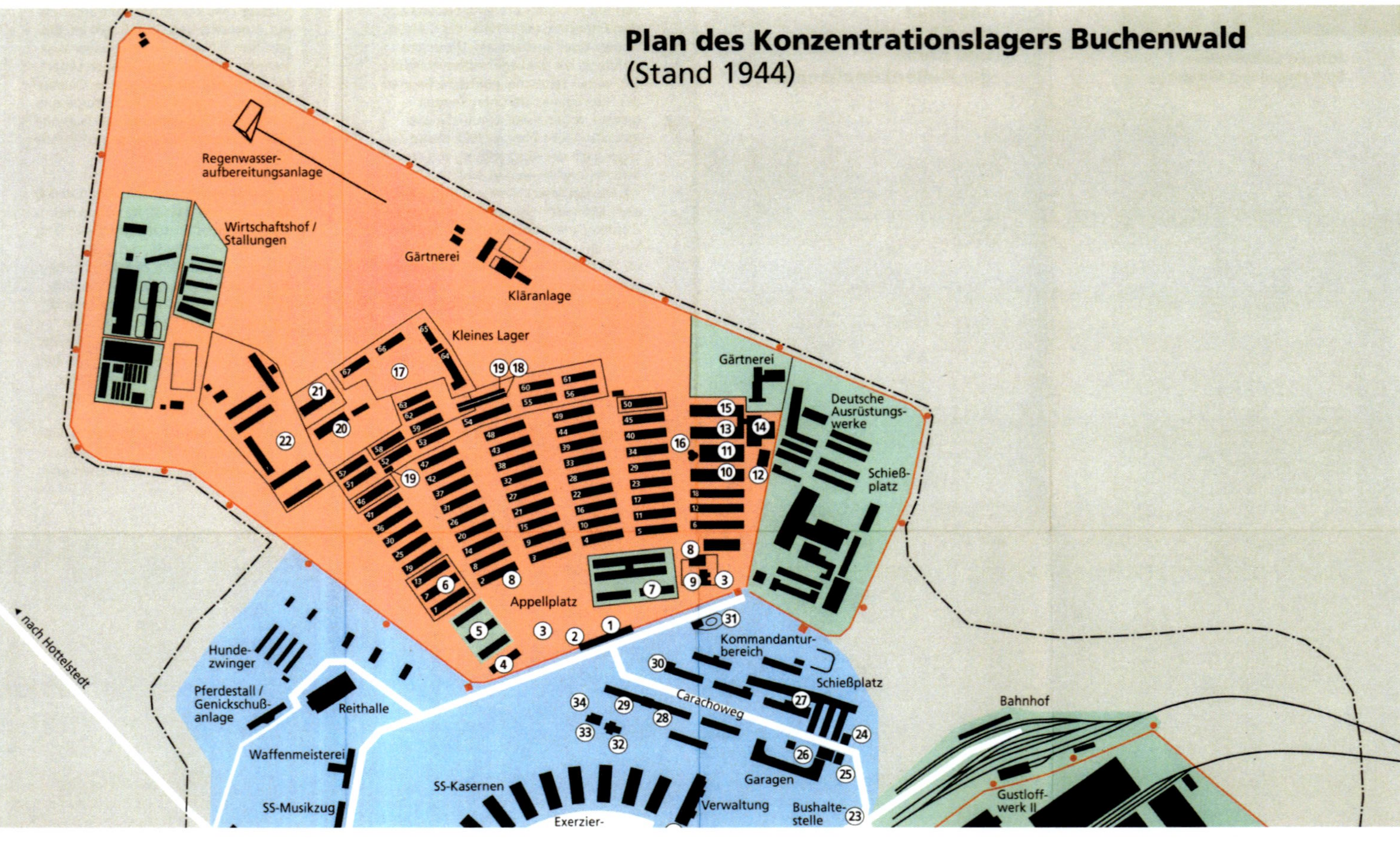
Plan des Konzentrationslagers Buchenwald
(Stand 1944)
Regenwasser-
aufbereitungsanlage
Wirtschaftshof /
Stallungen
Gärtnerei
Kläranlage
Kleines Lager
Gärtnerei
Deutsche
Ausrüstungs-
werke
Schieß-
platz
Appellplatz
Kommandantur-
bereich
Schießplatz
Carachoweg
Bahnhof
Gustloff-
werk II
Hunde-
zwinger
Pferdestall /
Genickschuß-
anlage
Reithalle
Waffenmeisterei
SS-Musikzug
SS-Kasernen
Exerzier-
Verwaltung
Garagen
Bushalte-
stelle
nach Hottelstedt

Der Plan befindet sich im Besitz der Gedenkstätte Buchenwald.

junge Zigeuner“[22] ersetzt worden ist. Anschließend sei entschieden worden, dass Stefan Jerzy nicht in den Block der deutschen Häftlinge zurückkehren und stattdessen im Kleinen Lager bleiben sollte. Dort seien die Bedingungen zwar schlechter gewesen, aber er sei weiterhin geschützt worden. Das Kind habe seine Tage im Verwaltungsbüro verbracht, in dem ein deutscher ‚Krimineller‘ arbeitete, der als ‚Politischer‘ gegolten habe. Der SS-Mann, der dieses Büro überwachte, habe das Kind akzeptiert, es sogar manchmal im Lager spazieren geführt. Auf Bitten der „Muttis“ habe er es ins Bordell gehen lassen, wo sie es verhätschelt hätten.[23] Einmal sei Zacharias seinem Sohn in Begleitung des SS-Mannes begegnet, der ihm ein Zeichen gegeben habe: „Unterhalte dich mit deinem Sohn …“.[24] Das Kind habe seinen Vater aufgefordert, sich ihnen anzuschließen. Damit habe es ihn und den SS-Mann in Verlegenheit gebracht.

Der Evakuierungsbefehl

Die Unterbringung Stefan Jerzys im Kleinen Lager sollte ihn erneut retten, denn nun seien nach einer Denunzierung viele Kommunisten verhaftet worden, die die SS geheimer Widerstandsaktivitäten bezichtigte. Nicht zuletzt wegen der Abschiedszeremonie, die sie für den am 18. August 1944 ermordeten Führer der KPD, Ernst Thälmann, organisiert hatten. Zacharias und sein Sohn hätten währenddessen weiter unter dem Schutz der politischen Häftlinge gestanden; Stefan Jerzy habe nicht versteckt werden müssen. Die letzten Tage des Lagers seien die gefährlichsten gewesen, vor allem für jene Juden, die sich auf Befehl der SS vor dem Turm, am Eingang des Lagers, versammeln mussten. Wer sich dem Befehl widersetzte, entging der Evakuierung und in den meisten Fällen auch dem Tod, musste sich aber verstecken. Nur wo? Zacharias schreibt, er habe vorübergehend Unterschlupf im Tschechischen Block gefunden, sei dann von Block zu Block geirrt, habe sich mit dem Kind in den Latrinen versteckt und am Ende das Verwaltungsbüro des Lagers erreicht, in dem junge deutsche Kommunisten arbeiteten, aber – und das ist die einzige negative Bemerkung,

22 Zweig: *Mein Vater*, S. 61.

23 Ebd., S. 62–66.

24 Ebd., S. 67.

die er in seinem Bericht fallen lässt – sie hätten ihm jede Hilfe verweigert, ja ihm sogar vorgeworfen, sie in Gefahr zu bringen.[25]
In den allerletzten Stunden des Konzentrationslagers Buchenwald hatte die Solidarität unter den Häftlingen Grenzen. Die SS habe kurz vor der Ankunft der Amerikaner beschlossen, so viele Häftlinge wie möglich zu evakuieren und zugleich hätten die Häftlinge befürchtet, dass sie wahllos in die Menge schieße. Zacharias und sein Sohn seien aus den Blocks ‚verjagt' worden, in denen sie sich für die Nacht zu verstecken versuchten. Die Häftlinge hätten Angst gehabt, dass die Anwesenheit des Kindes sie noch größerer Gefahr aussetze, weil man sie bezichtigen würde, Juden versteckt zu haben, die ja den Befehl hatten, sich am Lagertor zu sammeln. Schließlich sei er, so Zacharias in seinem Bericht, bereit gewesen aufzugeben und habe keine andere Möglichkeit mehr gesehen, als dem Befehl Folge zu leisten. Er habe sich auf den Weg zum Ausgang des Lagers gemacht, um sich evakuieren zu lassen. Unterwegs habe er einen der Verantwortlichen der deutschen politischen Häftlinge getroffen, ein Mitglied der Hilfspolizei, dem er seine verzweifelte Lage und die Entscheidung anvertraut habe, dem Evakuierungsbefehl der SS aus Hoffnungslosigkeit nachzukommen. Als der Gefangene erfahren habe, dass die Zweigs vom Büro der Lagerverwaltung abgewiesen worden seien, habe er wütend reagiert und sei mit ihm zurück zum Büro gegangen,

> wo er in schrecklicher Weise die dort arbeitenden deutschen Häftlinge ausschimpfte. Er sagte ihnen, dass sie wissen müßten, daß die deutschen Häftlinge beschlossen hätten, das Kind zu retten. [...] Ihre Pflicht sei es, mich und das Kind in einem der deutschen Blocks im „Großen Lager" zu verstecken.[26]

Dank des Rates dieses Hilfspolizisten, der ihm erklärte, wie er ungehindert in den Deutschen Block kam, entging Zacharias der Jagd auf die Juden, die im gesamten Lager stattfand. In Block 45 angekommen, sei ihm ein warmer Empfang bereitet worden, das Kind von Arm zu Arm gewandert und es sei beschlossen worden, dass die Zweigs dort „als Deutsche" bleiben sollten. Das heißt, sie sollten nicht mehr als Juden gelten und sich nicht mehr verstecken müssen. Zacharias

25 Ebd., S. 86.
26 Ebd., S. 87.

berichtet, er sei aufgefordert worden, seinen Sohn zu baden und selbst eine Dusche zu nehmen. Anschließend hätten sie beide Kartoffeln, Brot und Margarine erhalten – seit mehr als einem Tag hatten sie nichts mehr gegessen – und sich erschöpft schlafen gelegt. Gerettet, wenigstens für eine Nacht. Draußen donnerten Geschütze. Am Morgen des 11. April 1945 stand die Evakuierung des Blocks an. Vom KZ Buchenwald sollte wie von Auschwitz und den anderen, weiter im Osten gelegenen Lagern keine Spur bleiben. Man habe entschieden, dass das Kind auf dem anstehenden Marsch reihum von den Häftlingen getragen werden sollte. Es hätte nur Deutsch sprechen sollen – tatsächlich sei man davon ausgegangen, dass die SS-Männer nicht auf deutsche Häftlinge schießen würden. Das Kind habe verstanden und es versprochen. In der Nacht sei der Geschützlärm näher gekommen und die Hoffnung, dass die Evakuierung nicht stattfindet, gewachsen. Am nächsten Morgen um 10:30 Uhr sei dann nicht der erwartete Evakuierungsbefehl erteilt, sondern eine Blocksperre verhängt worden, d. h. ein Verbot, sich außerhalb der Blocks aufzuhalten.

> Wir wussten nicht, worauf das hinauslaufen sollte. Es gab Optimisten, die behaupteten, daß die SS-Männer sich auf ihre Flucht vorbereiten würden und dabei keine Zeugen haben wollten. Es gab auch andere, die behaupteten, daß die Deutschen jetzt alle niederschießen würden, die im Lager verblieben waren. In den Block gelangten von außerhalb Nachrichten, daß am Tor Hunderte von Maschinengewehren aufgestellt und daß diese Gewehre gegen uns gerichtet seien.[27]

Die Befreiung des Lagers

Aber man habe sich auch gesagt, dass sich die SS mit ihren Schweinen davonmachen würde; sie besaß in Buchenwald tatsächlich eine „große Schweinezucht".[28] Um 13:30 Uhr an diesem 11. April 1945 habe im Lager Totenstille geherrscht und die Nachricht die Runde gemacht,

27 Zweig: *Mein Vater*, S. 90.

28 Ebd. Die SS betrieb auf dem Lagergelände einen Schweinestall mit 700 bis 800 Tieren für Zucht und Verkauf. Siehe hierzu das Kapitel „Tiere leben besser als Menschen" in David Hackett (Hrsg.): *The Buchenwald-Report*. Boulder / San Francisco / Oxford: Westview 1995, S. 182–183. Auf Deutsch erschienen unter dem Titel *Der Buchenwald-Report. Bericht über das Konzentrationslager Buchenwald bei Weimar*. München: Beck 1996. Das Original befindet sich im United States Holocaust-Memorial Museum (USHMM) in Washington.

dass die SS flüchtet. Immer mehr Soldaten hätten sich davongemacht. Um 14 Uhr hätten die Scharfschützen auf den Wachtürmen ihren Posten verlassen. Dann, um 15:15 Uhr

> hörten wir die Stimme eines der „Lagerältesten“, der zu uns sprach. Er sagte, daß wir frei seien. [...] Er betonte auch, daß wir weiterhin Disziplin halten sollten, weil sich die amerikanischen Armeen näherten. In demselben Augenblick wurde das Lager durch Häftlinge, die meisten russischer Abstammung, mit der Waffe in der Hand umstellt. Diese Waffen waren den fliehenden SS-Männern abgenommen worden oder vorher im Lager versteckt gewesen. Wir blieben alle im Block und warteten auf die amerikanischen Armeen. Eine halbe bis Stunde später sprach ein Offizier einer Panzerabteilung der amerikanischen Armee in schlechtem Deutsch zu uns. Er wandte sich an uns im Namen der vereinigten alliierten Armeen – an die Häftlinge aller Nationalitäten – und sagte, daß sie uns die Freiheit brächten [...]. Die Waffen, die wir besäßen, überlasse er uns. Er versicherte, daß wir innerhalb einer Stunde Lebensmittel erhalten würden. Das erste, was ich tat, war – ich ergriff das Kind und begann es zu küssen und erklärte ihm gleichzeitig, daß wir jetzt leben würden. Vor Freude weinte ich, und gleichzeitig fühlte ich einen Schmerz. Ich war überzeugt, daß meine Frau und mein Töchterchen nicht mehr am Leben waren.[29]

Willi Bleicher war im Herbst 1944 mit weiteren Mitgliedern des geheimen Widerstands verraten, verhaftet und von der Gestapo in Weimar gefoltert worden. Erst kurz vor der Ankunft der amerikanischen Armee sei er ins Lager zurückgekehrt und habe erfahren, dass das Kind überlebt hatte. Er sah Stefan Jerzy Zweig jedoch erst 1963 in Stuttgart wieder. Im Jahr darauf verlieh die Gedenkstätte Yad Vashem auf Betreiben von Zacharias Zweig ihm die Medaille des Gerechten unter den Völkern. Sie wird Nichtjuden verliehen, die Juden gerettet haben.

29 Ebd., S. 91. Der Lagerälteste war der Häftling, der in der Hierarchie der internen Verwaltung des Lagers durch die Häftlinge an oberster Stelle stand.

Einleitung

Am 25. Februar 2012 berichtete die *Süddeutsche Zeitung*[1] über den Ausgang des Rechtsstreits zwischen einem Überlebenden des nationalsozialistischen Konzentrationslagers Buchenwald und der Leitung der dortigen Gedenkstätte. In dem Prozess vor dem Landesgericht Berlin war es um den Gebrauch eines Wortes gegangen – des Wortes „Opfertausch", das der Gedenkstättenleiter dem Namen Stefan J. Zweig angeheftet hatte. Dieser war am 25. September 1944 im Alter von dreieinhalb Jahren von kommunistischen Häftlingen vor dem Abtransport nach Auschwitz gerettet worden, indem seinen Namen von der Deportationsliste gestrichen hatten. Der Sinto Willy Blum, ein Jugendlicher im Alter von 16 Jahren, hatte seinen Platz eingenommen. Der Leiter der Gedenkstätte war nun der Auffassung, dass diese Vorgehensweise es verbot, die Rettung des Kindes als Heldentat zu betrachten, wie das in der DDR geschehen war. Vielmehr müsse präzisiert werden, dass Stefan J. Zweig nur um den Preis eines ‚Opfertauschs' gerettet worden war.

Wie die *Süddeutsche Zeitung* anmerkte, fand die Verhandlung in genau demselben Gerichtssaal statt, in dem Roland Freisler als vorsitzender Richter Hans und Sophie Scholl, die beiden Studenten

1 Constanze von Bullion: KZ-Überlebender wehrt sich gegen Begriff des „Opfertauschs". In: *Süddeutsche Zeitung*, 26.02.2012. http://www.sueddeutsche.de/politik/streit-um-buchenwald-gedenken-kz-ueberlebender-wehrt-sich-gegen-begriff-des-opfertauschs-1.1293326 (Zugriff am 12.07.2017).

aus der antinationalsozialistischen Widerstandsgruppe Weiße Rose, zum Tode verurteilt hatte, im selben Saal auch, in dem Freisler, wie es seine Gewohnheit war, die Verschwörer des 20. Juli 1944 nach ihrem gescheiterten Attentat auf Hitler niedergebrüllt hatte. In diesem Raum also hatte der 71-jährige Stefan J. Zweig große Mühe, an sich zu halten. Er hielt es nicht mehr aus, dass man über ihn als Nutznießer eines ‚Opfertauschs' sprach; er empfand es als Anklage. Der Richter gelangte schließlich zu der Einschätzung, das Wort ‚Opfertausch' lege nahe, dass die Opfer selbst den Tausch vorgenommen hätten. Sie waren dafür jedoch in keiner Weise verantwortlich. Nach eingehender Beratung willigte der Gedenkstättenleiter ein, das Wort im Zusammenhang mit Stefan J. Zweig nicht mehr zu verwenden. „Stefan Zweig lacht, als er den Saal verlässt", berichtete die *Süddeutsche Zeitung*, aber „[e]s ist nicht das Lachen eines Siegers".[2]

Wir befinden uns in der gleichen Lage wie der Richter: Auch wir sind ratlos, auch wir können nicht verstehen, warum jemand die ganze Verantwortung für die Umstände seiner Rettung tragen soll, der dafür nicht das Geringste kann. Reicht es nicht, seine früheste Kindheit in einem Konzentrationslager verbracht zu haben, um sich nicht plötzlich den Tod eines anderen vorwerfen lassen zu müssen? Dieses Unverständnis ist der Ursprung der vorliegenden Untersuchung.

Als die Umstände der Rettung Stefan J. Zweigs einige Jahre nach dem Ende der DDR bekannt wurden, stießen sie in der deutschen Medienöffentlichkeit auf ein überraschend breites Echo.[3] Die Boulevardpresse – aber nicht nur sie – griff die von Historikern angestoßene Debatte auf und berichtete – freilich auf ihre Weise – ausführlich über den ‚Opfertausch'. Fortan war Zweig jemand, der sein Leben einem anderen verdankte, und die Gedenkstätte Buchenwald in Weimar stellte die Liste aus, auf der sein Name[4] gestrichen war. Auf einer weiteren ausgestellten Liste konnte man trotz der schlechten Qualität der Kopie die Namen der Häftlinge erkennen, die dem Transport hinzugefügt worden waren. Allerdings ging aus ihr nicht sicher

2 Bullion: KZ-Überlebender wehrt sich.

3 Der britische Historiker William J. Niven hat darüber ein Buch geschrieben (ders.: *Das Buchenwaldkind. Wahrheit, Fiktion und Propaganda*, aus d. Engl. v. Florian Bergmeier. Bonn: BpB 2009).

4 Die Autorin hat die Gedenkstätte Buchenwald zuletzt im Februar 2017 besucht.

hervor, dass Stefan J. Zweig durch den jungen Sinto Willy Blum ersetzt worden ist: Dies wurde eher durch die Präsentation der Listen (sie waren direkt nebeneinander aufgehängt) suggeriert. Dass der Gedenkstättenleiter das Zugeständnis machte, wie es in der am Tag nach dem Prozess veröffentlichen Pressemitteilung hieß, „den Begriff ‚Opfertausch' in bezug [*sic!*] auf die Darstellung der Rettung von Herrn Zweig aus dem KZ Buchenwald in Interviews mit Medien künftig nicht mehr zu verwenden"[5], änderte am bereits angerichteten Schaden nichts mehr: Man muss heute nur den Namen Stefan Jerzy Zweig in die Suchmaske von Google eingeben und dieses unfehlbare Orakel der *e-reputation* zeigt einem an, dass er regelmäßig im Zusammenhang mit den genauen Umständen seiner Rettung erwähnt wird. Der Schriftsteller und Literaturnobelpreisträger Imre Kertész hatte 1990 das ehemalige KZ Buchenwald aufgesucht, in das er als Jugendlicher deportiert worden war, und dabei festgestellt, dass man ihn von einer Transportliste gestrichen hatte. Anschließend hat er es scheinbar vorgezogen, den Namen desjenigen nicht zu erfahren, der ihn ersetzt hatte.[6] Diese Möglichkeit blieb Stefan J. Zweig verwehrt.
Die mediale Konzentration auf die Umstände der Rettung Stefan J. Zweigs ist problematisch. Die Konzentration auf den Einzelfall verdeckt nämlich, dass es sich um eine verbreitete Praxis handelte, die in Wirklichkeit bereits seit langem bekannt ist: das Austauschen von Opfern in den nationalsozialistischen Lagern. Diese Praxis bildete sich in zwei Formen aus: Zum einen konnte sie eine individuelle Schutzmaßnahme von Häftlingen sein, die sich direkt oder indirekt zum Schaden einer oder eines anderen Deportierten auswirkte; andererseits konnte sie strategisches Kalkül sein, Ergebnis einer kollektiven Entscheidung zugunsten dieser oder jener Person oder Personengruppe. Im letzten Fall ging es um Situationen, mit denen hauptsächlich zwei unterschiedliche Häftlingsgruppen konfrontiert waren: deportierte Ärzte, die in Krankenrevieren praktizieren durften, und

5 Die Pressemitteilung vom 23. Februar 2012, auf die ich mich hier beziehe, war lange auf der Homepage der Gedenkstätte einzusehen. Inzwischen werden nur noch Pressemitteilungen ab dem Jahr 2013 ins Netz gestellt.

6 Imre Kertész: *Dossier K.: eine Ermittlung*, aus d. Ungar. v. Kristin Schwamm. Reinbek: Rowohlt 2006, S. 81.

Häftlinge, die Funktionen in der internen Verwaltung des Lagers übernommen hatten.

Der vorliegende Essay verfolgt ein doppeltes Ziel:

- Zum einen wird geprüft, inwieweit die Ersetzung einer Person durch eine andere in den Konzentrationslagern eine Modalität des Überlebens gewesen ist;
- zum anderen geht es um eine kritische Diskussion der revisionistischen Geschichtsschreibung über den antifaschistischen Widerstand, zu der die Praxis des ‚Opfertauschs' nach der deutschen Wiedervereinigung und der Bewertung von Archivmaterial geführt hat, das vor dem Mauerfall nicht zugänglich war.

Eine Leerstelle der Geschichtsschreibung

Obwohl in der Erinnerungsliteratur immer wieder vom ‚Tauschen' die Rede ist und sich eine Vielzahl von Zeitzeugenberichten auf die unterschiedlichen Formen bezieht, die diese Praxis annehmen konnte, ist diese Möglichkeit des Überlebens in der Geschichte der Konzentrationslager bis heute eine Leerstelle. Dennoch tauchte sie als kollektive Überlebensstrategie bereits 1946 in der allerersten Untersuchung über das System der Konzentrationslager auf, in der Untersuchung des katholischen, deutschen, nach Buchenwald deportierten Antifaschisten Eugen Kogon.[7] Aus gutem Grund: In genau diesem Lager war der Tausch praktiziert worden, nachdem die politischen Häftlinge ab 1942/43 die ‚kriminellen Häftlinge' aus der Funktion der Kapos verdrängt hatten. 1942 wurde die ‚Endlösung' beschlossen und die Gaskammern in Betrieb genommen.

Als die politischen Häftlinge die Posten der ‚Kriminellen' übernahmen, fiel ihnen zugleich die Aufgabe zu, die Häftlinge auf Arbeitsplätze und Außenlager zu verteilen und die bis Mitte November 1944 nach Auschwitz bzw., nach der Zerstörung der dortigen Gaskammern, nach Bergen-Belsen abfahrenden Transporte zusammenzustellen.

In Frankreich veröffentlichte weniger als ein Jahr nach der Rückkehr der Überlebenden die Zeitschrift *Les Temps modernes* einen Zeitzeugenbericht von Stéphane Hessel, einem Mitglied der

7 Eugen Kogon: *Der SS-Staat: Das System der deutschen Konzentrationslager*. Frankfurt am Main: EVA 1946. Bis heute hat dieses Buch 42 Auflagen erfahren.

Widerstandsgruppe Forces Françaises Libres, der in Buchenwald mit Hilfe deportierter Ärzte durch eine Ersetzung gerettet worden war; der Text wurde mit einer kontextualisierenden Erläuterung von David Rousset abgedruckt, ebenfalls ein ehemaliger KZ-Häftling.[8] Rousset hatte seinerseits die Praxis in seinen eigenen Schriften thematisiert, in *L'Univers concentrationnaire* (1946) und *Les Jours de notre mort* (1947).[9] In Folge der Rezeption des zweiten Buches widmete die Zeitschrift *Esprit* im ersten Heft des Jahres 1948 dem Thema unter dem Titel: „Peut-on collaborer à l'univers concentrationnaire?"[10] ein umfangreiches Dossier, das nicht nur durch sein Bemühen um Verständnis, sondern auch ein zurückhaltendes Urteil gekennzeichnet ist. Anschließend hatte sich in Frankreich wie in den kommunistischen Ländern (wenn auch etwas weniger stark ausgeprägt) die Heroisierung der Résistance durchgesetzt, die zur Verschleierung all dessen beitrug, was von der extremen Komplexität der Konzentrationslager und ihrer Funktionsweise zeugte.

Für die Leerstelle in der Historiografie gibt es weitere Gründe: Zunächst steht die Erforschung des ‚Opfertauschs' wie jede „Geschichte von unten"[11] vor dem Problem, dass diese Praxis schwer zu greifen ist. In den offiziellen Dokumenten kommt sie quasi nicht vor, zudem sind diese teilweise zerstört worden – jene des KZ Buchenwald zum größten Teil beim alliierten Bombardement am 24. August 1944. Was von den Lagerarchiven noch übrig ist, ist außerdem erst seit Kurzem zugänglich.[12] Der ‚Opfertausch' hat nur auf den Transportlisten Spuren hinterlassen, etwa wenn Namen gestrichen und durch andere ersetzt worden sind (wobei das keineswegs alles erklärt), oder

8 Stéphane Hessel: Entre leurs mains. In: *Les Temps Modernes* 1,6 (1945/1946), S. 1069–1083; David Rousset: La signification de l'affaire Dotkins-Hessel. In: Ebd., S. 1084–1088.

9 Beide Werke erschienen zuerst bei Le Pavois und werden seit 1993 von Pluriel verlegt.

10 *Esprit* 11 (1947/1948).

11 Unter *history from below* (Edward P. Thompson) wird die Geschichte der ‚Vielen' verstanden, im Unterschied zur Geschichte der ‚Großen Männer', von denen die ersten historischen Berichte stammen.

12 Die Lagerarchive, die weder von der SS noch von den Bombardierungen zerstört worden waren, wurden dem Internationalen Suchdienst (ITS) in Bad Arolsen übergeben. Forscher sind sie erst seit 2007 zugänglich. Erst ein Artikel der von Historikern alarmierten *New York Times*, der am 20.02.2006 von Roger Cohen unter dem Titel „US-German Flare Up over Vast Nazi Camps Archives" erschien, trug dazu bei, die Einschränkungen

eben in den Zeitzeugenberichten von Überlebenden. Im Übrigen war es eine ganz besondere Gattung solcher Berichte, tatsächlich nämlich Protokolle, die bei Verhören von ehemals im KZ Buchenwald inhaftierten Kommunisten durch die KPD/SED[13] zwischen 1946 und 1953 geführt wurden, auf die sich ein Historiker der Universität Jena, Lutz Niethammer, vierzig Jahre später bezog, als er den Begriff „Opfertausch" prägte.[14]

„Der Tote mit meinem Namen"

Erinnert sei hier daran, dass der Schriftsteller Jorge Semprún den ‚Opfertausch' in seiner Erzählung *Der Tote mit meinem Namen* inhaltlich verarbeitete. Das literarische Schreiben erlaubte Semprún indes eine gewisse Distanz zur historischen Realität: Die Hauptperson der Erzählung wartet auf den Tod desjenigen, dessen Identität sie annehmen soll, um zu überleben, und der schließlich auch ‚rechtzeitig' stirbt. Einige Zeit zuvor hat der Wartende ein Gedicht von Arthur Rimbaud für ihn rezitiert: „… ‚Und die Bettler krochen innen über die Stufen, die da leuchteten unter den Blitzen, als kündeten sie von den Flammen der Hölle' …". Der Sterbende unterbricht ihn und fährt fort, „[i]n einem Zug, in einem einzigen Atemzug, als hätte er mit seiner Stimme gleichzeitig sein Gedächtnis, sein Selbst wiedergefunden […]."[15] Diese Vermischung von Fakten und Fiktion ist bekannt, Semprún selbst hat sich dazu geäußert. Der Schriftsteller sah dafür Gründe, die sich aus den „Notwendigkeiten des Erzählens" ergeben, aus der „Beziehung, die es zwischen dem Wahren und dem Wahrscheinlichen herzustellen" gelte.[16] Freilich ist erstaunlich, dass ein Schriftsteller, der jene

öffentlich zu machen, mit denen die Schließung der Archive in Bad Arolsen einhergehen würde. Trotzdem sind sie aus technischen Gründen nach wie vor schwer zugänglich, da z. B. die elektronische Datenbank ohne professionelle Hilfe nur schwer genutzt werden kann.

13 Die KPD ging 1946 in der neu gegründeten Sozialistischen Einheitspartei Deutschlands (SED) auf.

14 Karin Hartewig / Lutz Niethammer: Einleitung. In: Lutz Niethammer (Hrsg.): *Der „gesäuberte" Antifaschismus. Die SED und die roten Kapos von Buchenwald*. Berlin: Akademie 1994, S. 23–169, hier S. 52.

15 Jorge Semprún: *Der Tote mit meinem Namen*, aus d. Franz. v. Eva Moldenhauer. Frankfurt am Main: Suhrkamp 2002, S. 43. Der Band ist 2001 bei Gallimard in Paris unter dem Titel *Le mort qu'il faut* erschienen.

16 Ebd., S. 190.

Lebenden, die auf das Leben verzichtet hatten, jene „Haufen ekliger Lumpen“[17], die, wie er schreibt, „die charakteristischen Anzeichen körperlichen Verfalls und seelischer Ataraxie aufwiesen“[18], die so genannten „Muselmänner“ (ein Wort, über dessen Ursprung nichts genaues bekannt ist), nicht erkannt hat, dass die „Notwendigkeiten des Erzählens“ keine Rechtfertigung dafür bieten, sich beim Schreiben für das Unwahrscheinliche zu entscheiden. Die oben genannte Szene spielt sich vor den Latrinen ab – ob sie gänzlich oder nur teilweise der Fantasie Semprúns entsprungen ist, lässt sich schwer sagen – und ist dabei so poetisch, dass sie unglaubwürdig wirkt. Halten wir uns als wieder an die Wirklichkeit. Nicht auszuschließen ist, dass man jemandem beim Sterben half, der sterben musste, um einen anderen zu retten, wenn die Zeit drängte.

Es handelt sich zugegebenermaßen um ein schwieriges Thema. Doch das allein kann nicht erklären, warum die Praxis des ‚Opfertauschs‘ in der Historiografie noch nie *sui generis* Forschungsgegenstand gewesen ist. Der Mangel an Archivquellen ist nicht der einzige Grund. Auch das Misstrauen, das Historiker Zeitzeugenberichten lange entgegengebracht haben, spielt eine Rolle. Sie sprachen lieber vom „Unsagbaren“, wenn es vor allem darum ging, das zu hören, was schwer zu verstehen ist. Trotz der jüngsten Fortschritte – ich denke hier an die Arbeiten von Wolfgang Sofsky, Maja Suderland oder Ruth Leys[19] – bleiben in der Geschichte der Konzentrationslagergesellschaft Leerstellen, insbesondere im Hinblick auf die dort geknüpften zwischenmenschlichen Beziehungen, auf die sichtbare oder unsichtbare Hierarchie der verschiedenen Gruppen, auf die Machtmechanismen sowie auf die verschiedenen Verhaltensformen bzw. die *Habitus*, d. h. unter den Bedingungen des Konzentrationslagers erworbene Verhaltensdispositionen. Die auf Zeitzeugenberichten basierende Untersuchung von Christopher R. Browning über das Schicksal der jüdischen Häftlinge im Arbeitslager Starachowice bietet hier nach wie

17 Ebd., S. 37.

18 Ebd., S. 31.

19 Wolfgang Sofsky: *Die Ordnung des Terrors: Das Konzentrationslager.* Frankfurt am Main: Fischer 1993; Maja Suderland: *Ein Extremfall des Sozialen. Die Häftlingsgesellschaft in den nationalsozialistischen Konzentrationslagern.* Frankfurt am Main / New York: Campus 2009; Ruth Leys: *From Guilt to Shame. Auschwitz and after.* Princeton / Oxford: Princeton UP 2007.

vor Orientierung.[20] Auch die Analyse des Lageralltags, seiner „Normalität"[21] (Sofsky), sollte weitergeführt werden. Frediano Sessi zufolge ist die Leerstelle hinsichtlich der „Kollaboration" der Häftlinge mit der Lagerverwaltung jener bezüglich der Sonderkommandos vergleichbar, die mit dem Betrieb der Öfen betraut waren – erinnert sei hier daran, dass der Film *Shoah* von Claude Lanzmann (F/GB 1985) erheblich dazu beitrug, die Sonderkommandos sichtbar zu machen.[22]
In beiden Fällen befinden wir uns tief in Primo Levis „Grauzone". Und an dieser Stelle ist es wieder ein Film von Claude Lanzmann, *Le Dernier des injustes* (*Der letzte der Ungerechten,* F/A 2013), in dem Benjamin Murmelstein, der letzte Vorsitzende des Judenrates des Konzentrationslagers Theresienstadt, seine Lage „zwischen Hammer und Amboss" schildert, die die Untersuchung voranzutreiben erlaubt.

Die ‚Grauzone' oder die Gegenerinnerung

Von Primo Levis Biograf Philippe Mesnard als „Gegenerinnerung"[23] bezeichnet, verweist dessen Begriff der „Grauzone" auf den Kern der KZ-Erfahrung, nämlich das Problem der Wahl unter extremen Bedingungen.[24] Gerade weil Levi diese Wirklichkeit zur Genüge selbst erfahren hatte, war ihm jede an „unerträglichem Ästhetizismus und literarischer Schwelgerei"[25] krankende Erzählung zuwider. In seinem letzten Werk, *I sommersi e i salvati* (dt.: *Die Untergegangenen und die Geretteten*), arbeitete Levi die Umrisse der ‚Grauzone' aus und verbrachte mehr als zehn Jahre damit, einen Begriff zu finden, an dessen „angemessener Fassung [er glaubte], in seinem ersten Buch, *Se questo è*

20 Christopher R. Browning: *Remembering Survival. Inside a Nazi Slave-Labor Camp.* New York / London: Norton 2010.

21 Sofsky: *Die Ordnung des Terrors*, S. 25.

22 Frediano Sessi: Criminels par procuration ? Sur l'auto-administration des détenus dans les Lager. In: *Témoigner. Entre histoire et mémoire* 100 (2008), S. 111–122.

23 Philippe Mesnard: *Primo Levi. Le passage d'un témoin.* Paris: Fayard 2011, S. 558.

24 Das Wort *choix* bedeutet im Deutschen ‚Wahl' oder ‚Wahlmöglichkeit' und damit implizit auch die im Folgenden wichtige Dimension der ‚Entscheidung' (Anm. d. Ü.).

25 Primo Levi: *Die Untergegangenen und die Geretteten*, aus d. Ital. v. Moshe Kahn. München / Wien: Hanser 1990, S. 59.

un uomo (dt.: *Ist das ein Mensch?*) gescheitert zu sein".[26] Levi erinnerte daran, unter welchen Bedingungen und zu welchem Preis es möglich war, im Kosmos der NS-Lager am Leben zu bleiben. In seinen Augen implizierte dies Formen der Kollaboration mit der Lagerverwaltung, dank derer privilegierte „Prominente"[27] dem Tod entronnen waren. Das Spektrum dieser ‚Privilegierten' war breit, Levi verstand darunter selbst Häftlinge, die einige Tage oder Monate überlebten wie die Sonderkommandos. Gut genährt und abgestumpft vom Alkohol wurden sie alle drei bis vier Monate vernichtet, damit sie nichts bezeugen konnten, und es fällt schwer, für diese Todeskandidaten auf Bewährung das Attribut ‚privilegiert' zu gebrauchen.[28] Ohne dass darauf ausdrücklich hingewiesen werden müsste, veranschaulichen sie den Unterschied zwischen dem ‚Privileg', das die ‚Kollaboration' in der Grauzone in Auschwitz (wo Juden kaum eine Chance hatten, dem Tod zu entgehen) und in Buchenwald (wo es selbst Juden möglich war, zu überleben[29]) verleihen konnte. Der Begriff ‚Grauzone' umkreist das Problem der Entscheidung und der Wahlfreiheit, die sich Levi zufolge in den Lagern quasi „auf ein Nichts reduzierte".[30] Das mag auf Auschwitz und die Arbeitslager zutreffen, wo die aus den Ghettos zusammengetriebenen Juden von der SS an deutsche Unternehmen „vermietet" wurden, die sie ausbeuteten, bevor sie vernichtet wurden. In Buchenwald gab es dagegen durchaus Wahlmöglichkeiten in Situationen, die man als „Nicht-Wahl" – oder „Wahl unter Zwang" – bezeichnen könnte.

Jenseits der Unterschiede im Wesen von Vernichtungs- und Konzentrationslagern kann Primo Levis Begriff als Interpretament dienen, um das Verhalten im Universum der NS-Lager allgemein

26 Mesnard: *Primo Levi*, S. 552–553; Primo Levi: *Ist das ein Mensch?*, aus d. Ital. v. Heinz Riedt. Frankfurt am Main / Hamburg: Fischer 1961.

27 Levi: *Die Untergegangenen*, S. 43.

28 Primo Levi revidierte sein Urteil über die ‚Prominenten' später im Austausch mit Hermann Langbein, der auf der Notwendigkeit zu differenzieren beharrte. Siehe Mesnard: *Primo Levi*, S. 550.

29 An dieser Stelle sei darauf hingewiesen, dass die Überlebensrate französischer Deportierter in den Konzentrationslagern bei etwa 60 % lag, die Überlebensrate aus Frankreich deportierter Juden in den Vernichtungslagern bei 3 %. Diese Angaben stammen von der Website der Fondation pour la mémoire de la déportation, siehe https://fondationmemoiredeportation.com/la-fondation/ (Zugriff am 30.06.2017).

30 Levi: *Die Untergegangenen*, S. 47.

zu verstehen. Mit *Die Untergegangenen und die Geretteten* hat Levi der Auffassung die Grundlage entzogen, in den Lagern habe es eine homogene, von Henkern umstellte Häftlingsgesellschaft gegeben. Auch wenn er Glück und Zufall als Gründe für das Überleben keineswegs ausschloss – er sprach von denen, die „dem Tod nur durch das Zusammenwirken unwahrscheinlicher Ereignisse entgingen“[31] – sah er in den Überlebenden immer Häftlinge, die „irgendein Privileg“[32] genossen hatten. Dabei dachte er zweifellos an jene, die wie er dank seiner Eigenschaft als Chemiker dem Tod dadurch entronnen waren, dass sie in einer Fabrik der IG Farben arbeiteten, deren Ingenieure verstanden hatten, dass man die körperliche Verfassung der Deportierten ‚schonen‘ musste, wenn man bessere Erträge erreichen wollte. Aber Levi hatte auch und vor allem die Hilfskräfte der SS vor Augen:

> Es gibt keinen Häftling, der sich nicht daran erinnert und dem nicht sein Staunen von damals gegenwärtig ist: die ersten Bedrohungen, die ersten Beleidigungen, die ersten Schläge kamen nicht von der SS, sondern von anderen Häftlingen, von „Kollegen“, von diesen geheimnisvollen Figuren, die doch die gleiche Zebrakleidung trugen, die sie, die Neuankömmlinge, gerade angezogen hatten.[33]

Mit den „geheimnisvollen Figuren“ sind die Kapos gemeint, ein Wort, dessen Ursprung ebenfalls ungewiss ist,[34] den Primo Levi aber dem Italienischen zuordnet. Es handelt sich um Häftlinge, die zur inneren Verwaltung des Lagers abkommandiert waren. Der Kapo von Auschwitz, wie Levi ihn beschreibt, war selten ein ‚Politischer‘ und noch weniger ein Jude,[35] auch wenn Zeitzeugenberichte bestätigen, dass es Ausnahmen gab. In Auschwitz waren die Kapos im Unterschied zu Buchenwald gewöhnliche Straffällige. Dort wie in anderen Lagern mochten die ersten Schläge von gewöhnlichen Straffälligen

31 Levi: *Die Untergegangenen*, S. 13.

32 Ebd.

33 Ebd., S. 17.

34 Wahrscheinlich handelt es sich um eine Zusammenziehung von ‚Kameradschaftspolizei‘ und nicht um ‚Capo‘ (‚chef‘ im Italienischen). Tatsächlich scheint man zwischen beiden Etymologien nicht entscheiden zu können.

35 Nur in ausschließlich Juden vorbehaltenen Arbeitslagern wie im polnischen Strachowice konnten diese Kapos werden (vgl. Browning: *Remembering Survival*, S. 116–120).

gekommen sein, in Buchenwald (ab 1942–1943) musste das nicht unbedingt der Fall sein. Der ‚Übergangsritus' der Ankunft im Vernichtungslager Auschwitz, bei dem die Häftlinge in wenigen Stunden ihre soziale Identität und Persönlichkeit verloren (nackt ausgezogen, rasiert, tätowiert, in die gestreifte Uniform gesteckt), nahm in Buchenwald andere Formen an. Es versteht sich von selbst, dass ein aus Frankreich neu eingetroffener Deportierter nicht über dieselben Vergleichsmöglichkeiten verfügte und deshalb eine andere Wahrnehmung hatte als ein Häftling, der bereits die Erfahrung mehrerer Lager gemacht hatte. Während der im Sommer 1944 aus Compiègne deportierte französische Arzt Charles Odic von den schonungslos gebrüllten Befehlen und der brutalen Behandlung zutiefst betroffen war,[36] erlebte der Vater von Stefan J. Zweig, Zacharias, die Ankunft in Buchenwald anders. Er war mehrmals von Ghetto zu Arbeitslager und Arbeitslager zu Ghetto deportiert worden. In seinem Bericht erzählt er von seinem Erstaunen beim Eintreffen in Buchenwald: „Es verwunderte mich, daß wir, ohne geschlagen zu werden, ohne Bedrohungen und ohne Beleidigungen gingen".[37] Zunächst habe er nicht verstanden, dass die Männer, die sie zu den Duschen brachten, ebenfalls Häftlinge waren (die Kapos trugen andere Uniformen als die Häftlinge):

> Einer von ihnen [...] wandte sich an mich und fragte nach meinem Beruf. Ich wußte nicht, daß es ein Häftling war, und zögerte mit der Antwort, weil ich nicht wußte, was ich sagen sollte. Er verstand meine Unruhe und sagte mir, daß er auch Häftling sei.[38]

Aufgrund der Stellung, die sie im KZ Buchenwald erreichten, können die politischen Häftlinge als paradigmatische Figuren der Grauzone Primo Levis betrachtet werden. Sie hatten dort eine Rolle inne, die Levi selbst in Auschwitz nicht richtig einschätzen konnte, wo der Widerstand im Vergleich zu Buchenwald kaum entwickelt war. Erst viel später und durch Zufall erfuhr er, worin das radikalste Mittel bestanden hatte, mit dem in Auschwitz das Schicksal von Häftlingen zum Besseren gewendet werden konnte: durch das Austauschen der

36 Charles J. Odic: *Demain à Buchenwald*. Paris: Buchet-Chastel 1972.

37 Zweig: *Mein Vater*, S. 36.

38 Ebd., S. 38.

Opfer. Im Gespräch mit einem inhaftierten Kommunisten über einen sadistischen Kapo, unter dem alle litten, fragte sich Levi, wie man ihn loswerden könnte:

> Er setzte ein merkwürdiges Lächeln auf und sagte nur: „Du wirst schon sehen, es dauert nicht mehr lange." Und tatsächlich verschwand der Schläger innerhalb einer Woche. Jahre später, während einer Tagung von Überlebenden, erfuhr ich jedoch, dass einige politische Häftlinge, die beim Arbeitsdienst innerhalb des Lagers ihren Dienst versahen, die erschreckende Macht besaßen, die Lagernummern in den Listen jener Häftlinge zu ersetzen, die für das Gas bestimmt waren.[39]

Ein von einer Liste gestrichener Name bedeutete unweigerlich den Tod für den, der ihn ersetzte. Die SS interessierte sich nämlich nur für Zahlen.

Der ‚Opfertausch' – Verdichtung der Grauzone

In Buchenwald gab es zwar keine Gaskammern, aber ‚Transport' genannte Konvois, die regelmäßig von dort abgingen. Die mit der Innenverwaltung des Lagers beauftragten Häftlinge hatten einigen Spielraum für den Austausch von Häftlingsnummern auf den Transportlisten. Besser gesagt: Sie befanden sich in einer Zwangssituation, die ihnen allerdings Wahlmöglichkeiten und damit auch Handlungsoptionen ließ. Unter diesem Gesichtspunkt war Buchenwald eine nahezu vollkommene Experimentalanordnung dessen, was Levi ‚Grauzone' genannt hat: Die Macht innerhalb des Lagers „Prominenten" zu überlassen, d. h. „Häftlinge[n], die Karriere gemacht hatten",[40] bedeutete gleichzeitig, ihnen auch die Verantwortung für die Wahl zu übertragen. Die Zeitzeugenberichte, auf die sich meine Untersuchung stützt, legen nahe, dass es sich beim ‚Opfertausch' in Auschwitz in den meisten Fällen um eine individuelle Überlebensstrategie handelte, um eine sich dem Einzelnen *ad hoc* bietende Gelegenheit, während er sich in Buchenwald zu einer verallgemeinerten

39 Levi: *Die Untergegangenen*, S. 73.

40 Ebd., S. 102.

Praxis entwickelte, zum Ergebnis einer Entscheidung, die die Leitung des geheimen Widerstands in eigenem Ermessen und nach ihren Kriterien traf – was freilich den individuellen Tausch nicht ausschloss. Auch deshalb war die Lagergesellschaft in Buchenwald noch stärker hierarchisiert und in Schichten aufgeteilt als diejenige des Lagers Auschwitz und seiner Außenlager. Doch auch dort war die Schichtung der Häftlingsgesellschaft ausgeprägter, als Primo Levi hatte feststellen können – worauf ihn später der ehemalige Deportierte Hans Langbein aufmerksam machen sollte.[41]
Lange bevor Levi nach Jahren reiflicher Überlegung das Konzept der ‚Grauzone' so klar formulieren konnte, hatte der Wiener Psychiater und ehemalige KZ-Häftling Viktor Frankl diese Momente der Zuspitzung in einem zwei Jahre nach seiner Befreiung verfassten Bericht beschrieben. Dieser erregte in Österreich damals ebenso wenig Aufmerksamkeit wie Levis zeitgleich erschienener Bericht *Ist das ein Mensch?* in Italien.[42] Nach einem Hinweis darauf, dass jeder Überlebende sein Leben einem anderen Häftling schulde, merkt Frankl an:

> Wir alle, die wir durch tausend und abertausend glückliche Zufälle oder Gotteswunder – wie immer man es nennen will – mit dem Leben davongekommen sind, wir wissen es und können es ruhig sagen: *die Besten sind nicht zurückgekommen.*[43]

In seinem ursprünglichen Kontext bezog sich dieser Satz auf jene, die ihre Haut eben nicht hatten retten können. Gilbert Michlin notiert, nachdem er das „Massaker" geschildert hatte, das sich Deportierte in Auschwitz lieferten, um bei der Evakuierung des Lagers in einen der Waggons zu gelangen:

> Ich selbst musste mich an diesem furchtbaren Tag nicht prügeln. Oh, moralische Überlegungen hätten mich gewiss nicht davon abgehalten. Moral hat

41 Mesnard: *Primo Levi*, S. 506–507.

42 Viktor Frankl: *Ein Psychologe erlebt das Konzentrationslager.* Wien: Verlag für Jugend und Welt 1947. Ich verwende hier die Ausgabe von ders.: *Trotzdem Ja zum Leben sagen. Ein Psychologe erlebt das Konzentrationslager.* München: Kösel 2009.

43 Ebd., S. 20. (Herv. i. O.)

> in diesem Universum keinen Platz. Wenn ich gemusst hätte, wenn ich meine Haut nur hätte retten können, wenn ein anderer dabei draufgeht, ich hätte es getan.[44]

Frauen berichten darüber, wie sie bei der Evakuierung der Lager von Männern aus den Waggons geworfen wurden, weil sie ihnen körperlich nichts entgegen zu setzen hatten.[45] „Ich bin davon gekommen", sagt einer der Zeitzeugen im Interview mit der Shoah Foundation, „aber ich werde nicht sagen wie, denn es gefällt mir nicht".[46]
Der Rückgriff auf den ‚Opfertausch', besonders in seiner individuellen Form, wenn es also darum ging, den Platz eines anderen einzunehmen oder einen anderen an eigener Stelle abtransportieren zu lassen, legt eine Vermutung nahe: Ist nicht er der Ursprung des Schuldgefühls, das später im ‚Überlebensschuld-Syndrom' gefasst wurde, und das oft unterschiedslos allen Überlebenden zugeschrieben wird?

Der ‚Raum des Sagbaren'
Es gibt wenige Zeitzeugenberichte, die ähnlich explizit sind wie derjenige Gilbert Michlins. Als Augenzeuge, der seine eigene Zeugnisfähigkeit stets heftig in Zweifel zog, wusste Primo Levi, wie sein Biograf anmerkt, dass

> die Zeugenberichte von Deportierten dazu neigen, die Grauzone auszuradieren, und stattdessen auf Modelle und Stereotypen zurückzugreifen, die der Wirklichkeit der Konzentrationslager nicht angemessen sind, nichts zu ihrem Verständnis beitragen oder eben nur ein stark vereinfachtes Begreifen ermöglichen.[47]

Wenn man aber diese Wirklichkeit der Lager ehrlich bezeugte, riskierte man dann nicht, andere Häftlinge in ein schlechtes Licht zu

44 Gilbert Michlin: *Aucun intérêt au point de vue national. La grande illusion d'une famille juive en France.* Paris: Albin Michel 2001, S. 107.

45 Jeannette Adler: Interview, 1996. USC Shoah Foundation, Los Angeles, Visual History Archive (VHA), 24018.

46 Jean-Pierre Abitbol: Interview, 1997. VHA, 44307.

47 Mesnard: *Primo Levi*, S. 562.

rücken und damit jene Solidarität unter den Deportierten aufzukündigen, die bei der Rückkehr aus den Lagern für ihr psychisches Überleben immens wichtig war? Auf welche Quellen kann man sich sonst stützen, um in die Grauzone vorzudringen und sie zu erkunden? Und wie kann man über eine solche Wirklichkeit auf eine Weise berichten, dass unangemessene moralische Urteile sich von selbst verbieten? Der Soziologe Michael Pollak hebt mit dem Konzept der „Grenzen des Sagbaren" auf diese im Dunkeln gelassenen Bereiche ab und erklärt sie mit der Angst, traumatisierende Erinnerungen zu reaktualisieren, mit der Scham, aber auch mit

> einem Rechtfertigungszwang, der fast allen Situationen der Augenzeugenschaft innewohnt, auf jedem Bericht, der sich auf Grenzerfahrungen bezieht, Zweifel lasten läßt, und den Verdacht der motivierten Selbstrechtfertigung nährt.[48]

Die Überlebenden der Shoah sind zerrissen zwischen einerseits dem Bedürfnis zu reden, ihr Versprechen zu halten und die Hölle zu beschreiben (‚überleben, um Zeugnis abzulegen'), und andererseits dem Wunsch, den Horror zu vergessen und ihr Leben neu zu beginnen. Michael Pollak zufolge hatten zum Zeitpunkt seiner Untersuchung in den 1990er Jahren überhaupt nur 2 % von ihnen einen Zeitzeugenbericht hinterlassen. Tatsächlich fand die ‚Explosion des Gedenkens' erst anschließend statt und wir verfügen deshalb heute über einen erneuerten und erweiterten Korpus von vor allem mündlichen Zeitzeugenberichten.[49]

Wie immer, wenn es an die Untersuchung menschlichen Verhaltens geht – und besonders dann, wenn dieses Verhalten unter Zwang

48 Michael Pollak: *L'expérience concentrationnaire. Essai sur le maintenu de l'identité sociale.* Paris: Métailié 1990, S. 210.

49 Meine Recherchen im Katalog der Bibliothèque de documentation internationale contemporaine (BDIC) zufolge, einer Institution, die sich auf die Geschichte beider Weltkriege spezialisiert hat, von Anfang an für Zeitzeugenberichte empfänglich war und die historiografische Produktion weltweit verfolgt, war es genau in den Jahren 1995 bis 2005, dass die „persönlichen Berichte" (in der Sprache der Verschlagwortung) über die Shoah sowie über die Konzentrationslager, die bereits im Jahrzehnt davor, 1985 bis 1995, stark zugenommen hatten, geradezu ‚explodierten'. Die Zahl Ersterer stieg von 128 Titeln im Jahr 1985 auf 367 im Jahr 1995.

stand und an Extremsituationen geknüpft ist –, sind schriftliche oder mündliche Zeitzeugenberichte als Quelle unerlässlich. An dieser Stelle müssen die Wissenstypen unterschieden werden, die jede von ihnen impliziert und auf die sich die vorliegende Untersuchung zum großen Teil stützt. Ich unterscheide vier Arten von Zeitzeugenberichten: 1) die rein autobiografischen, persönlichen Erzählungen (Memoirenliteratur), 2) dokumentengestützte Untersuchungen von ehemaligen Deportierten, 3) die im engeren Sinn literarische Verarbeitung der KZ-Erfahrung, die auch als ‚Dokumentarroman' bezeichnet werden kann, und schließlich 4) mündliche Quellen bzw. Video-Interviews.

Auch wenn der ‚Identitäts-' und/oder ‚Opfertausch' in schriftlichen Berichten von Zeitzeugen durchaus hin und wieder auftaucht, wird darüber bei weitem nicht so offen geschrieben wie gesprochen. Das Vergessen oder Verschweigen dieser Art Erinnerung könnte mit einer Strategie des mentalen Überlebens zusammenhängen – auch jener ehemaligen Deportierten, die in den Lagern als Kapos tätig waren. Wenn sie über ihre Häftlingszeit berichten, dann nicht aus der Perspektive der Kapos, sondern aus der des ‚gewöhnlichen Häftlings'. Auf der anderen Seite wird die Praxis des ‚Opfertauschs' von ehemaligen Häftlingen immer wieder aus einer Beobachterperspektive heraus behandelt und zu einem Phänomen der (Lager-)Gesellschaft insgesamt objektiviert.

Untersuchungen im letztgenannten Sinn gibt es vergleichsweise viele. Antifaschistische Journalisten, Soziologen und Psychologen schrieben sehr früh über die Lager: so etwa der bereits erwähnte Eugen Kogon, aber auch Bruno Bettelheim oder Paul Martin Neurath, von denen die ersten ‚gelehrten' Berichte stammen und die als Überlebende und Psychologen gleichsam doppelt legitimiert waren. Obwohl beide lediglich über partielle Erfahrungen der Lager verfügten (beide wurden vor dem Krieg bei der Amnestie zu Hitlers Geburtstag 1939 freigelassen, d. h. noch bevor die ‚Endlösung' beschlossen wurde), waren sie doch unmittelbare Zeugen. Bruno Bettelheims Bericht „Individual and Mass Behaviour in Extreme Situations" erschien zunächst 1943 in einer psychologischen Fachzeitschrift.[50] Paul Martin Neuraths

50 Zuerst abgedruckt in: *Journal of Abnormal and Social Psychology* 38,4 (1943), S. 417–452. Auf Deutsch erschien der Aufsatz unter dem Titel „Individuelles und Massenverhalten in Extremsituationen" mit weiteren Texten Bruno Bettelheims in ders.: *Erziehung zum Überleben. Zur Psychologie der Extremsituation.* Stuttgart: DVA 1980, S. 58–95.

1943 in den USA verteidigte Dissertation *Social Life in the German Concentration Camps Dachau and Buchenwald* erschien 2004 erst auf Deutsch, dann auf Englisch.[51] Der vollständigste Bericht eines unmittelbaren Zeitzeugen – der vollständigste insofern, als er praktisch die gesamte Zeit der NS-Herrschaft abdeckt – ist und bleibt der des Psychologen Viktor Frankl; er diktierte den Text innerhalb von nur neun Tagen, nachdem er dem Lager entkommen war.[52] Unter den ehemaligen KZ-Häftlingen, die bereits sehr früh mit eigenen Berichten zur Untersuchung der Deportation beitrugen, waren Michael Pollak zufolge „besonders viele Ärztinnen und Krankenschwestern".[53] Er führt dies zum einen darauf zurück, dass sie sich sozial und kulturell („Ausbildungsniveau")[54] eher als andere ‚befugt' fühlten, über ihre Erfahrungen zu sprechen und Zeugnis abzulegen. Zum anderen sei es ehemaligen Häftlingen generell leichter gefallen, ihr Schweigen zu brechen und als Zeugen aufzutreten,

> wenn mit einem bestimmten „Privileg" im Lager in gewissem Umfang auch Hilfeleistungen für andere möglich waren, wodurch die mit einer Position verbundenen Vorteile humanitär und allgemein gerechtfertigt werden können und nicht als Mittel zum individuellen Überleben.[55]

Tatsächlich waren Ärztinnen und Ärzte wohl unter den ersten, die ihre Erfahrungen mitzuteilen versuchten. So verteidigte etwa André-Abraham-David Lettich, Auschwitz-Überlebender und

51 Paul Martin Neurath: *Die Gesellschaft des Terrors. Innenansichten der Konzentrationslager Dachau und Buchenwald*. Frankfurt am Main: Suhrkamp 2004.

52 Viktor Frankl: *Was nicht in meinen Büchern steht. Lebenserinnerungen*. München: Quintessenz 1995.

53 Michael Pollak: *Die Grenzen des Sagbaren. Lebensgeschichten von KZ-Überlebenden als Augenzeugenberichte und als Identitätsarbeit*, aus d. Franz. v. Hella Beister. Frankfurt am Main / New York Campus 1988, S. 94. Der französische Originaltext erschien 1986 unter Mitarbeit von Nathalie Heinich unter dem Titel „Le témoignage" in der Zeitschrift *Actes de la recherche en sciences sociales* (62/63, S. 3–29).

54 Ebd., S. 95.

55 Ebd., S. 94. Dieses Gefühl wird etwa von dem ehemaligen slowenischen Häftling Boris Pahor zum Ausdruck gebracht, der als Pfleger in verschiedenen Lagern tätig war (siehe Boris Pahor: *Nekropolis*, aus d. Slowen. v. Mirella Urdih-Merkù. Berlin: Berlin-Verlag 2001; die Originalausgabe erschien 1967 unter dem Titel *Nekropola* bei Založba Obzorja in Maribor).

Student an der (ehemaligen) medizinischen Fakultät der Universität Paris, am 10. Juli 1946 eine Dissertation zu diesem Thema.[56]

Les Jours de notre mort von David Rousset ist ein Beispiel für das literarische Genre des ‚Dokumentarromans'. Der Autor wählte es für seinen Zeugenbericht mit Bedacht. Vom Schriftsteller unmittelbar nach seiner Rückkehr aus der Deportation in großer Hast unter dem Druck verfasst, Zeugnis ‚abzulegen', und gestützt auf weitere persönliche Berichte anderer ehemaliger Häftlinge, die für ihn „das Wesentliche"[57] waren, beschreibt das Buch vor allem die Situation in Buchenwald, da Rousset zunächst dorthin deportiert worden war, bevor er in ein anderes Lager gebracht wurde. Liest man heute *Les jours de notre mort* erneut, kann man sich des Eindrucks nicht erwehren, es mit einem erschöpfenden Gesamtwerk zu tun zu haben – vergleichbar etwa mit Alexander Solschenizyns *Archipel Gulag* (und wie dieses nicht frei von Tatsachenirrtümern, die sich erst auf dem heutigen Wissensstand als solche herausstellen[58]) – und bedauert, dass dieser hervorragende Bericht über Buchenwald bis heute ebenso wenig wie Roussets erstes Werk, *L'univers concentrationnaire*, ins Deutsche übersetzt worden ist (letzteres aber immerhin in zahlreiche andere Sprachen).[59] Das Buch hätte zu der Debatte einiges beitragen können, die nach der deutschen Wiedervereinigung durch die Entdeckung von Akten über Buchenwald im Archiv der SED ausgelöst wurde.

Robert Antelme dagegen war nicht von der gleichen soziologischen Ambition getrieben wie Rousset; zumindest gilt dies für sein Buch *L'Espèce humaine*.[60] Es handelt sich um Literatur im eigentlichen Sinn,

56 André-Abraham-David Lettich: *Trente-quatre mois dans les camps de concentration. Témoignage sur les crimes « scientifiques » commis par les Allemands*. Dissertation, Université de Paris, Tours 1946.

57 David Rousset: *Les Jours de notre mort*. Paris: Le Pavois 1947, S. 764.

58 Alexander I. Solschenizyn: *Archipel GULAG*, aus d. Russ. v. Anna Peturnig. Bern: Scherz 1973.

59 Auszüge aus *Les Jours de notre mort* waren im September 1947 in der Zeitschrift *Umschau. Internationale Revue* veröffentlicht worden (siehe BDIC, F delta, 1880/52/1). *L'Univers concentrationnaire*, von Rousset 1946 veröffentlicht, wurde ins Englische, Spanische und Italienische übersetzt. Von *Les Jours de notre mort* existiert nur die spanische Übersetzung: *Los dias de nuestra muerte*, aus d. Franz. v. José Lion Depetre. Mexico: Diana 1953.

60 Robert Antelme: *L'Espèce humaine*. Paris: Martin 1947. Auf Deutsch zuerst 1949 im Ostberliner Aufbau-Verlag erschienen unter dem Titeln *Die Gattung Mensch* (aus d. Franz. v. Roland Schacht); eine zweite Ausgabe erschien 1987 in München bei Hanser unter dem Titel *Das Menschengeschlecht* (aus d. Franz. v. Eugen Helmlé). Sie wird hier verwendet.

um ein Werk, das zwar Zeugnis ablegt, sich zugleich aber künstlerische Freiheiten nimmt und die Grenzen eines Zeitzeugenberichts transzendiert. Das Genre, dem *L'Espèce humaine* zuzuordnen ist, hat freilich nichts mit dem ‚Historienroman' zu tun, in dem ‚falsche Zeugen' und historische Ereignisse lediglich als Kulisse dienen, vor deren Hintergrund die fiktive Handlung stattfindet.

Die Beweiskraft des Zeitzeugeninterviews

Michael Pollak zufolge können Lebensgeschichten durch „ihre eindringliche Sprache"[61] über die Vergangenheit und insbesondere die Erfahrung der Häftlinge in Konzentrationslagern „Nuancierteres, also Genaueres und Vielfältigeres"[62] vermitteln als schriftliche Quellen. Wir verfügen inzwischen über eine ganze Reihe an Sammlungen von Zeitzeugeninterviews, die in den letzten drei Jahrzehnten geführt worden sind. Hier seien nur die bedeutendsten genannt: die seit den 1980er Jahren an der Yale University in den USA entstandene Fortunoff-Sammlung von Video-Interviews sowie die in der Anlage ähnliche, jedoch wesentlich umfangreichere Sammlung der Shoah Foundation an der University of South California (UCLA), die in den 1990er Jahren auf Initiative des Regisseurs Steven Spielberg begonnen wurde. Zu diesen beiden hinzu kommt die Sammlung der Stiftung Denkmal für die ermordeten Juden Europas in Berlin, deren Gründung allerdings jüngeren Datums ist und die das ambitionierte Ziel verfolgt, Zeitzeugenberichte aller Opfer des Nationalsozialismus zusammenzutragen. Obwohl die Ergiebigkeit von Zeitzeugeninterviews natürlich stark von der Person abhängt, die das Gespräch führt, hat sich das gesprochene Wort als hervorragende und bevorzugt genutzte Quelle erwiesen. Denn gerade weil das gesprochene Wort weniger kontrolliert ist als das geschriebene, erlauben es die Interviews, die Grauzone auszuloten bzw. das Nicht-Gesagte zu ergründen.

So kann man sich etwa fragen, ob Shlomo P. die wirklichen Umstände seines Überlebens je hätte aufschreiben können. In dem Interview, das er 1984 gab, erzählt er, wie es ihm gelang, sich als „Volksdeutscher" auszugeben, dem Ghetto zu entkommen und in die Hitlerjugend einzutreten. Mit Papieren eines christlichen Waisenhauses ausgestattet

61 Pollak: *Grenzen des Sagbaren*, S. 8.

62 Ebd.

konnte er vortäuschen, Vollwaise zu sein. Eines Tages kehrte er, von Sorgen um seine Eltern geplagt, nach Łódź zurück und suchte, mit einer Uniform der Hitlerjugend als Deutscher getarnt, das Ghetto nach ihnen ab. Nicht nur fand er niemanden mehr, er war auch am Boden zerstört vom Elend, das er dort zu sehen bekam, und von dem Schuldgefühl, ihm entronnen zu sein. „Es hat 40 Jahre gedauert, bis ich darüber sprechen konnte", sagt er abschließend zu den Interviewern.[63] Mündliche Berichte wie dieser tragen einen ‚Echtheitsstempel', der Zweifel an ihrer Glaubwürdigkeit ausschließt. „Ohne Zeitzeugenberichte von Überlebenden würde die menschliche Dimension der Katastrophe reine Spekulation bleiben",[64] hat Lawrence L. Langer angemerkt, denn es gibt ja wirklich die berühmte „Körnung der Stimme"[65], in der sich Emotionen artikulieren, aber auch – gleichsam vermittelt durch diese Emotionalität – die genauen Umstände plausibel werden, in denen diese Wahl oder jene Entscheidung getroffen worden ist. Der Blick der Zeitzeugin oder des Zeitzeugen, der Klang ihrer oder seiner Stimme, ihr Zögern und Schweigen, das Glas, das in ihrer zitternden Hand wackelt, die Worte, über die sie stolpert oder die sie nur in einer anderen Sprache sagen kann als jener, in der das Interview stattfindet – all diese Details sind wertvolle ‚Metadaten'.

Wer sich mit Oral History beschäftigt, weiß, dass das Zeitzeugengespräch einen anderen Typus an Information birgt als Verwaltungsakten. Allerdings wäre es auch falsch, das Interview auf Emotionalität zu reduzieren. So ist es etwa mündlichen Zeugenberichten zu verdanken, dass der tschechische Kommunist Anonín Kalina aus der Vergessenheit geholt und 2012 von Yad Vashem mit der Medaille des Gerechten unter den Völkern dafür ausgezeichnet werden konnte, dass er die jüdischen und Sinti- und Roma-Kinder von Block 66 gerettet hatte.[66]

63 Shlomo P.: Holocaust Testimony, 1984. Yale University Library, New Haven, Fortunoff Video Archive for Holocaust Testimonies (FVA), HVT-1064.

64 Lawrence L. Langer: Foreword. In: Joshua Greene / Shiva Kumar (Hrsg.): *Witness. Voices from the Holocaust.* New York: Free Press 2000, S. XI–XIX, hier S. XI.

65 Roland Barthes: *Die Körnung der Stimme. Interviews 1962–1980*, aus d. Franz. v. Agnès Bucaille-Euler / Birgit Spielmann / Gerhard Mahlberg. Frankfurt am Main: Suhrkamp 2002.

66 Siehe hierzu den Dokumentarfilm *Kinderblock 66: Return to Buchenwald* von Rob Cohen (USA 2012). Der amerikanische Historiker Ken Waltzer, der als Berater an dem Film mitarbeitete, war Kalina in dem Buch *Saving the Children. Diary of a Buchenwald Survivor and*

Man darf sich also nicht nur auf schriftliche Belege verlassen, sondern muss auch mündliche Quellen heranziehen – insbesondere natürlich dort, wo erstere ganz fehlen. Die Berichte von ‚sekundären' Zeugen (die „echten" Zeugen sind jene, die „die Gorgo erblickt"[67] haben, wie Primo Levi einmal formuliert hat) bilden das empirische Material dieser Untersuchung und sind mit der Erinnerungsliteratur und Archivquellen kontrastiert worden. Die große Mehrheit der insgesamt 103 ausgewerteten Interviews[68] stammt von Juden, zwei von Roma, drei weitere von Zeugen Jehovas, ein einziger war in Buchenwald aufgrund seiner Homosexualität; Frauen (3) finden sich im Sample deshalb kaum, weil das Hauptlager von Buchenwald im Wesentlichen ein reines Männerlager war; Frauen waren hier nur kurz, ehe sie auf die Außenlager verteilt wurden.[69]

Der erste Teil der Untersuchung handelt von Buchenwald selbst. Dabei steht jedoch nicht die Geschichte des Lagers an sich im Vordergrund, sondern vielmehr seine Dimension als Laboratorium der Grauzone, d. h. der Wahl- und Entscheidungsmöglichkeiten, die sich hier boten. Zunächst wird auf die verschiedenen Überlebensstrategien der Häftlinge eingegangen. Anschließend werden die Momente und Formen des ‚Opfertauschs' analysiert, die konkreten Bedingungen, unter denen er stattfand, zunächst als individuelle Selbsterhaltungsmaßnahme, dann als kontrollierte bzw. beschlossene, kollektive Strategie der Führung des geheimen Widerstands. Vor diesem Hintergrund widme ich mich besonders den Orten der – wie ich sie im Folgenden nennen werde – ‚Gefangenen-Macht', mithin jenen Schlüsselpositionen, die die Häftlinge in der Lagerleitung besetzten, wie der ‚Arbeitsstatistik' (Büro der Arbeitskräftezuteilung) und dem ‚Revier' (Häftlingskrankenstation). Dabei stütze ich mich sowohl auf schriftliches Material (vor allem auf das Lagerarchiv sowie private Sammlungen und Berichte deportierter Ärzte) als auch auf mündliche

Rescuer von Jack Werber (New Brunswick / London: Transaction 2014) auf die Spur gekommen. Er führte über 150 Interviews mit Überlebenden, von denen viele die Rolle des Blockchefs Antonín Kalina bestätigen.

67 Levi: *Die Untergegangenen*, S. 85.

68 Die Zeitzeugeninterviews sind auf Französisch, Deutsch, Englisch und Russisch geführt worden.

69 Aus diesem Grund wird im Folgenden meist die männliche Form verwendet, es sei denn, es handelt sich ausdrücklich um Frauen.

Quellen. Auf dieser Grundlage können die Entscheidungsprozesse in ihrem spezifischen Kontext verortet werden. Unter diesen Quellen ist die von David Rousset zusammengetragene Dokumentation von unschätzbarem Wert. Sie befindet sich in seinem Nachlass, der der Forschung in der BDIC an der Universität Paris-Nanterre zugänglich ist.[70]

Der zweite Teil der Untersuchung konzentriert sich auf die Revision der Geschichtsschreibung zu Buchenwald, die im Anschluss an die Einsicht von Akten einsetzte, die im Archiv der SED lagerten. Diese Revision im Rahmen der Einverleibung Buchenwalds in das nationale Kulturerbe Gesamtdeutschlands war sicherlich gerechtfertigt, denn zweifellos bedurfte die Geschichte des Lagers und darüber hinaus des Antifaschismus, dessen Kampf in der DDR mystifiziert und instrumentalisiert worden war, einer Neubewertung. Der aus diesem Prozess hervorgegangene, neue Umgang mit der Geschichte des antifaschistischen Widerstands, wie er sich etwa an der Perspektive des von Lutz Niethammer unter Mitarbeit von Karin Hartewig herausgegebenen Sammelbands *Der ‚gesäuberte' Antifaschismus. Die SED und die roten Kapos von Buchenwald* ablesen lässt, in der Dauerausstellung der Gedenkstätte Buchenwald/Mittelbau-Dora erkennbar ist und sich auch an der Neuinterpretation der Geschichte Stefan J. Zweigs zeigt, ist jedoch beunruhigend. Kann man die Praxis des ‚Opfertauschs' pauschal für das Überleben der Antifaschisten – genauer: der Kommunisten – verantwortlich machen? Weist sie auf einen „Gruppenegoismus"[71] hin, der sich zum Schaden der übrigen Häftlinge auswirkte? Und kann man daraus den Schluss ziehen, dass „[d]as Geheimnis dieser Kaderschonung [...] Selbstverwaltung und Opfertausch" hieß?[72] So formuliert schwingt in diesem Vorwurf eine schwere Anschuldigung mit. Für die Autorin dieses Buches, die im Frankreich der Nachkriegszeit aufgewachsen ist und der man zuhause den Unterschied zwischen den Nazis und den Deutschen einschärfte, die als Jugendliche Jean-Paul Sartres *Schmutzige Hände* las und begriff, was vom offiziellen

70 Nach seiner Rückkehr aus dem Lager sammelte Rousset Zeitzeugenberichte von zahlreichen Deportierten, darunter auch den Ärzten in Buchenwald. Ein von Grégory Cingal erstelltes Inventar ist unter http://www.bdic.fr sowie im Online-Katalog des Archivs der höheren französischen Bildungseinrichtungen (http://www.calames.abes.fr) einsehbar.

71 Hartewig / Niethammer: Einleitung, S. 41.

72 Ebd., S. 46.

Antifaschismus zu halten war, ist das ein Problem. Nach dem Studium jener ‚Geheimakten' der SED[73] und nach der Kontrastierung mit anderen bisher unbekannten Archivmaterialien drängt sich nicht nur eine andere Interpretation des Wissens auf, das sie enthalten, sondern auch ein Perspektivwechsel. Beides wird in diesem Buch versucht.
Es geht keineswegs darum, das Verhalten der politischen Häftlinge in Buchenwald zu idealisieren oder zu beschönigen, wie es eine antifaschistische Vulgata – übrigens im Westen wie im Osten Europas – nach dem Krieg tat. Wichtig ist vielmehr zu verstehen, inwiefern das Urteil über ihr Verhalten mit dem Zeitgeist der Nachwendezeit (auf dem Höhepunkt der Rezeption des *Schwarzbuchs des Kommunismus*, das ins Deutsche übersetzt zum Bestseller wurde)[74] zusammenhing. Denn mit den kommunistischen Parteiführern der SED geriet auch der antifaschistische Widerstand in Misskredit. Buchenwald, in der DDR antifaschistische Wallfahrtstätte, scheint zu einem Altar umgewidmet worden zu sein, auf dem der Antifaschismus als solcher geopfert wird – ein Antifaschismus freilich, der vollkommen ahistorisch auf einen Mythos verkürzt worden ist. Die Konvergenz zwischen dem gelehrten Diskurs auf der einen und dem herrschenden postkommunistischen Diskurs auf der anderen Seite führt zu der Frage, ob wir es nicht erneut mit einer jener politischen Instrumentalisierungen der Vergangenheit zu tun haben, für die wir Historiker natürlich nie anfällig sind.

73 Hier sei eine ironische Anmerkung erlaubt: In anderen Breiten hätte man die Akten einfach ‚gesperrt'. Immerhin enthalten sie ja Dokumente mit privaten Informationen, die auch in westlichen Demokratien nicht ohne weiteres zugänglich gewesen wären, sondern Sperrfristen unterlegen hätten, bis sie – wie es im Historikerjargon heißt – ‚kalt' gewesen wären.

74 Stéphane Courtois (Hrsg.): *Das Schwarzbuch des Kommunismus* [franz. 1997], aus d. Franz. v. Irmela Arnsperger. München: Piper 1998.

I
Buchenwald, Labor der Grauzone

1.
Akteure und Orte des ‚Opfertauschs'

Die Rekonstruktion der Umstände, unter denen Stefan J. Zweig gerettet wurde, dient mir im Folgenden als roter Faden, um die Akteure und Orte aufzufinden, die in den ‚Opfertausch' eingebunden waren.

Wahrscheinlich waren es vier Akteure. Die Hauptperson war Willi Bleicher, der für die Effektenkammer zuständige Funktionshäftling oder Kapo. Hier wurde das Kind aufgenommen und behütet. Bleicher ließ nichts unversucht, um seinen Abtransport zu verhindern. Unterstützt wurde er dabei wahrscheinlich von Willi Seifert, Funktionshäftling im Büro der Arbeitsstatistik, oder einem seiner Helfer. Seifert versuchte, den Name des Kindes von der Transportliste zu streichen und mit den SS-Männern zu verhandeln, zunächst um das Kind, anschließend darum, den Vater auf den Zug zu lassen, mit dem das Kind abtransportiert werden soll, wie dieser es in seiner Verzweiflung wünschte. Als er die Erzählung seines Vaters 1987 herausgab, fügte Stefan J. Zweig Robert Siewert hinzu, ohne Zweifel deshalb, weil dieser ein Arbeitskommando aus Kindern zusammengestellt hatte, das beim Bau von Gebäuden helfen sollte, um sie vor dem Abtransport zu retten. Man könnte des Weiteren annehmen, dass Ernst Busse, der für das Revier zuständige Funktionshäftling, wo dem Kind die Spritze gegeben wurde, Teil der ‚Verschwörung' gewesen ist. Ein Akteur ist zu erwähnen, der aus dem Rahmen fällt. Es handelt sich um den SS-Arzt, dessen Beweggründe Zacharias nicht kannte, der aber vermutlich auf Veranlassung von Busse handelte. Was Gegenstand ihres Handels war, ist nicht bekannt. Aber man weiß, weil es in anderen Fällen vorgekommen ist (insbesondere im Fall Stéphane Hessels), dass der SS-Arzt Erwin-Oskar Ding-Schuler, als er einsah, dass der Krieg verloren war, versuchte, ‚Zeugnisse guter Führung' ausgestellt zu bekommen. Dies ließ Ernst Federn in seinem Bericht für die Shoah Foundation sagen, das Kind sei nicht von den Kommunisten, sondern von der SS gerettet worden – was sicher eine Verkürzung ist, aber wie wir gesehen haben, tolerierte die SS das Kind im Lager, und einer der SS-Männer scheint sogar Zuneigung zu ihm entwickelt zu haben. Wie dem auch sei: Das Kind konnte nur durch Mitwisserschaft mehrerer Mitglieder des geheimen Widerstands und Billigung seiner Führung gerettet werden, die, wie wir sehen werden, die Ersetzungen auf den Transportlisten kontrollierte.

Diesen Männern ist gemeinsam, dass sie Antifaschisten und ‚orthodoxe' Kommunisten waren wie Ernst Busse, ehemaliger Reichstagsabgeordneter, und Willi Seifert, oder Antistalinisten wie die KPO-Mitglieder[1] Robert Siewert und Willi Bleicher, die sich jedoch ersteren anschlossen, die im KZ Buchenwald in der überwiegenden Mehrheit waren. In der internen Hierarchie der politischen Häftlinge, die in der Verwaltung des Lagers mitarbeiteten, gehörten sie zu den Erfahrenen, sie waren Primo Levis „Prominente". Willi Bleicher, Ernst Busse, Willi Seifert und Robert Siewert waren in Buchenwald interniert, seit das Lager eröffnet wurde. Wegen Widerstandsaktivitäten gegen das Nazi-Regime verhaftet, waren sie alle auch im Gefängnis gewesen, bevor sie nach Buchenwald eingewiesen wurden, und hatten so mehr als 10 Jahre in Haft verbracht. Ernst Busse bildete mit Walter Bartel und Harry Kuhn den „Dreierkopf"[2] des Widerstands.

Auch wenn hier nur die Phase zwischen 1942/43 und dem 11. April 1945, dem Tag der Befreiung, interessiert, denn nur in dieser Phase stellte sich den politischen Funktionshäftlingen das Problem der ‚Wahl unter Zwang', muss die Geschichte des KZ Buchenwald kurz rekapituliert werden, um seine Besonderheit nachvollziehen zu können.

1 Kommunistische Partei-Opposition, eine Abspaltung von der KPD, gegründet 1928 von Heinrich Brandler und August Thalheimer.

2 Harry Stein: *Konzentrationslager Buchenwald, 1937–1945. Begleitband zur ständigen historischen Ausstellung, Gedenkstätte Buchenwald.* Göttingen: Wallstein 1999, S. 146.

Das KZ Buchenwald: 1938–1945

Bevor sich die Unterscheidung zwischen den in Polen gelegenen Vernichtungslagern und den Konzentrationslagern durchsetzte, deren offizieller Zweck die „Umerziehung“[3] war, galt Buchenwald lange als Symbol der Nazi-Barbarei schlechthin. In der unmittelbaren Nachkriegszeit konnte man in der Presse oder in Berichten von ehemaligen Deportierten in Bezug auf Buchenwald oft den Ausdruck „langsame Vernichtung durch Arbeit“ lesen – im Gegensatz zu Auschwitz. Während dieses Lager heute als Metapher für den Genozid gilt, steht Buchenwald für die Erfahrung des Konzentrationslagers. Im Juli 1937 auf dem 8km von Weimar entfernten Ettersberg errichtet, war Buchenwald nach Dachau (bei München) und Sachsenhausen (bei Berlin) eines der drei großen Konzentrationslager auf deutschem Staatsgebiet. Die Zahl der Deportierten, die das Tor mit der berüchtigten Inschrift „Jedem das Seine“ passierten, wird auf etwa 250.000 geschätzt.

In der Geschichte des Lagers können vier Phasen unterschieden werden:

1) Zwischen 1937 und 1940/41 kamen im Wesentlichen Mitglieder der Opposition gegen das ‚Dritte Reich‘ und Juden nach Buchenwald (vor allem nach den Pogromen vom 9./10. November 1938, in deren Zuge die Gestapo 10.000 von ihnen verhaftete); zu Beginn wurden in dieses Lager jedoch all jene eingewiesen, die die Nazis als ‚Asoziale‘, ‚Berufsverbrecher‘, ‚Gewohnheitsverbrecher‘ oder ‚Arbeitsscheue‘ bezeichneten. Letztere mussten ein grünes Dreieck, ‚Asoziale‘ ein schwarzes Dreieck tragen. Sie hatten mehr Macht im Lager als die politischen Häftlinge, die mit einem roten Dreieck gekennzeichnet wurden und fast genauso zahlreich waren.[4] Aufgrund unzureichender Personalausstattung, aber auch weil sie fürchtete, sich mit unter den Häftlingen verbreiteten Krankheiten anzustecken oder sich im zu engen Kontakt mit ihnen Flöhe, Läuse und Wanzen einzufangen, delegierte die SS die innere Verwaltung des Lagers an die

3 Zum Folgenden siehe Stein: *Konzentrationslager Buchenwald*; Klaus Drobisch: *Widerstand in Buchenwald*. Berlin: Dietz 1978; Olivier Lalieu (Hrsg.): *La zone grise ? La Résistance française à Buchenwald*. Paris: Tallandier 2005.

4 Falk Pingel: *Häftlinge unter SS-Herrschaft*. Hamburg: Hoffmann & Campe 1978, S. 103.

‚Kriminellen', von denen viele für ihre Brutalität und ihren Sadismus berüchtigt waren.

2) Mit Kriegsbeginn wurde die Lagerbevölkerung von Buchenwald international. Eingeliefert wurden nun Widerständler aus den besetzten Gebieten, vor allem Polen und Tschechen, nach dem Überfall auf die Sowjetunion im Juni 1941 auch sowjetische Kriegsgefangene. Da die UdSSR die Genfer Konvention zur Behandlung Kriegsgefangener von 1929 nicht unterzeichnet hatte, wurden sowjetische Kriegsgefangene nicht in Stalags oder Oflags interniert, jenen Kriegsgefangenenlagern, in denen sich vor allem französische Soldaten und Offiziere befanden, sondern in Konzentrationslagern, wo fast 3 Millionen von ihnen starben. Kurz nach ihrer Ankunft in Buchenwald ermordete die SS 8.483 sowjetische Kriegsgefangene mit Kopfschüssen. In den Jahren 1943/44 wurden 20.000 französische Gefangene nach Buchenwald verlegt, darunter die Kader der französischen KP und der Résistance wie Marcel Paul, der künftige Minister im ersten Nachkriegskabinett Charles de Gaulles. Das erklärt auch die bedeutende Rolle, die Buchenwald in der Erinnerungspolitik der KPF in der Nachkriegszeit spielte. Hier waren die meisten französischen Häftlinge interniert.[5]

3) Ab 1942 gelang es den politischen Häftlingen und ihren Verbündeten, die ‚Kriminellen' von ihren Funktionsstellen zu verdrängen. Sie konnten sich durchsetzen, weil dem Lagerkommandanten, dem SS-Offizier Hermann Pister, der ‚reibungslose' Betrieb des Lagers wichtiger war als der Kampf gegen die politischen Gegner des Regimes. Zwar habe es darüber Meinungsverschiedenheiten zwischen der Gestapo und der Lagerleitung gegeben, aber Pister soll erkannt haben, dass die Kommunisten kompetenter und geeigneter waren als die ‚Kriminellen', um die Masse der Lagerinsassen zu verwalten und die Arbeitseinsätze zu organisieren. Unter der Leitung Pisters sollen die Akte sadistischer, willkürlicher Gewalt zurückgegangen sein. Die

5 Den Angaben der Fondation pour la mémoire de la Déportation zufolge waren 20.000 französische Deportierte in Buchenwald interniert. Zu den Transportzügen mit Deportierten aus Compiègne muss man die Juden (Franzosen oder in Frankreich Verhaftete) hinzuzählen, die ab 1944 als ‚Arbeitskräftekontingente' von Auschwitz nach Buchenwald geschickt wurden, sowie die Überlebenden der ‚Todesmärsche' bei der Evakuierung der Vernichtungslager und Ghettos im Herbst 1944.

Verdrängung der ‚Kriminellen' fiel zwar in Pisters Amtszeit, kann aber nicht als sein persönlicher ‚Verdienst' betrachtet werden, wie er während seines Prozesses selbstgerecht behauptete.[6] Die deutschen (und österreichischen) Kommunisten machten in den letzten Jahren nur noch 10 % der Lagerbevölkerung aus, behielten aber bis zum Schluss alle Schlüsselpositionen der inneren Verwaltung unter ihrer Kontrolle. Ende 1944 waren die größten nationalen Gruppen im Stammlager die Franzosen (40 %), die zusammen mit den Belgiern etwa die Hälfte der Lagerbevölkerung stellten, sowie die Tschechen (etwa 30 %) und Russen (10 %). Diese Proportionen würden sich allerdings erheblich verschieben, berücksichtigte man die Deportierten in den 130 Außenlagern, die Buchenwald am Ende hatte und in denen sich zwei Drittel der Häftlinge des Konzentrationslagers befanden.[7]

4) Im Herbst 1944 wurde Buchenwald wegen des Vormarschs der Roten Armee zum Rückzugslager. Ursprünglich für 8.000 Häftlinge vorgesehen, war das Lager am Ende des Krieges dramatisch überbelegt. Waren hier Ende 1942 noch 9.500 Gefangene interniert, stieg die Zahl bis Ende 1943 auf 37.000 und bis Januar 1944 sogar auf 100.000 im gesamten Lagerkomplex. Zu diesem Zeitpunkt war Buchenwald zweigeteilt: auf der einen Seite das Stammlager, das selbst aus dem Hauptlager und dem Kleinen Lager bestand (im Kleinen Lager waren am Ende mehr Häftlinge interniert als im Hauptlager); auf der anderen Seite existierte ein Archipel von Außenlagern, in die Arbeitskommandos entsandt wurden; manche blieben dort, andere kehrten abends zurück ins Stammlager. Nach dem Beschluss, die Lagerbevölkerung zur Rüstungsproduktion einzusetzen, wurden neben dem Hauptlager die Gustloff-Werke gebaut; die Außenlager vervielfachten sich. Im 1942 errichteten Kleinen Lager drängten sich ab Herbst 1944 tausende Überlebende der Evakuierungsmaßnahmen der Lager im Osten, die später ‚Todesmärsche' genannt wurden.

6 Seine Persönlichkeit wird in Frank Beyers Film *Nackt unter Wölfen* (DDR 1963) gut getroffen. Zum Tod durch Erhängen verurteilt, starb Pister kurz vor seiner Hinrichtung an einem Herzinfarkt. Er war als Lagerkommandant Nachfolger von Karl Otto Koch, dessen Frau Ilse wegen ihrer Tattoo-Sammlung berüchtigt war.

7 Hartewig / Niethammer: Einleitung, S. 44–45.

Kampf gegen die ,Kriminellen' und Organisation des geheimen Widerstands

Im Konzentrationslager Buchenwald wurde die größte Zahl an politischen Häftlingen konzentriert, vor allem Kommunisten und Sozialdemokraten, wobei letztere nur einen geringen Teil ausmachten (etwa 10 %).[8] Wie bereits erwähnt, bestand der Unterschied zwischen dem KZ Buchenwald und den anderen Lagern – selbst Dachau, wo ebenfalls eine große Gruppe politischer Häftlinge interniert war – darin, dass es den politischen Häftlingen und ihren Verbündeten gelang, die ,Kriminellen' aus den Funktionsstellen der inneren Lagerverwaltung vollständig zu verdrängen. Der Kampf zwischen den ,Politischen' und den ,Kriminellen' wurde erbarmungslos geführt, es ging um Leben und Tod. In seinem ersten, 1943 veröffentlichten Aufsatz berichtete Bruno Bettelheim von der „hasserfüllten Rache" der „Kriminellen", die „offen ihre Schadenfreude darüber [zeigten], daß ihnen nun Politiker, Geschäftsleute, Rechtsanwälte und Richter gleichgesetzt waren, wobei sich unter den letzteren einige befanden, die damals ihre Haftstrafe verhängt hatten".[9] Die kampferprobten deutschen Kommunisten, die gewaltsame Straßenkämpfe gegen die Nationalsozialisten, aber auch gegen die Sozialdemokraten am Ende der Weimarer Republik hinter sich hatten, waren ohne weiteres in der Lage, es mit Klein- und Großkriminellen, Ganoven und Gangstern, aufzunehmen und konnten sich schließlich durchsetzen. In *Les jours de notre mort* beschreibt oft David Rousset die Ermordung eines ,Kriminellen' und die Details lassen darauf schließen, dass er diese Episode nicht frei erfunden hat. Zacharias Zweig erinnerte sich seinerseits an Gespräche, die sie in der Effektenkammer führten, und glaubte verstanden zu haben, dass sie „solche Personen durch ein geheimes Urteil zum Tode mittels Malträtierung" verurteilten, „die andere Häftlinge in anderen Lagern, ihre Brüder, misshandelt oder an die SS denunziert

8 Drobisch schätzt die Zahl der Kommunisten in Buchenwald im Jahr 1939 auf 700 (ders.: *Widerstand*, S. 48). Hermann Langbein zufolge, der sich auf Benedikt Kautsky stützt, kam in Buchenwald ein Sozialdemokrat auf zehn Kommunisten. (Hermann Langbein: *... nicht wie die Schafe zur Schlachtbank. Widerstand in den nationalsozialistischen Konzentrationslagern 1938–1945*, Geleitwort v. Eugen Kogon. Frankfurt am Main: Fischer 1980, S. 138; Benedikt Kautsky: *Teufel und Verdammte: Erfahrungen und Erkenntnisse aus sieben Jahren in deutschen Konzentrationslagern*. Wien: Wiener Volksbuchhandlung 1961, S. 134.)

9 Bettelheim: Individuelles und Massenverhalten, S. 66–67.

hatten".[10] Zweig enthielt sich an dieser Stelle eines Kommentars. Die politischen Häftlinge waren keine Schwächlinge – wie hätten sie auch welche sein können?

Im Ersten Weltkrieg hatten die Kommunisten als Soldaten die Schützengräben überlebt, anschließend die Gewalt der politischen Auseinandersetzungen der Weimarer Zeit erfahren und waren nun zu Opfern des nationalsozialistischen Repressionsapparates geworden. Mehr als einer von ihnen war von der Gestapo verhaftet und gefoltert worden, hatte Genossinnen und Genossen sterben sehen, den Kontakt zu Angehörigen, Müttern, Frauen und Kindern verloren. Seit 1938 setzte das KZ auf dem Ettersberg den Horizont ihres Alltags. Um dort überleben zu können, hatten sie zwangsläufig Techniken der Anpassung an die Lebensbedingungen des Lageruniversums entwickeln müssen. Sie waren gezwungen, sich darin einzurichten, hart zu werden und aktiv Widerstand zu leisten – ja gerade dem Widerstand verdankten sie ihr mentales und physisches Überleben. Er gewann in dem Maß an Stärke, wie deportierte Antifaschisten aus dem Ausland sich ihm anschlossen. Im Sommer 1943 wurde das Internationale Lagerkomitee (ILK) gegründet. Ein knappes Jahr später, im Juni 1944, konstituierte sich auf Initiative Marcel Pauls das Comité des intérêts français (CIF). Dem Beispiel der Franzosen folgten die gefangenen Angehörigen anderer Nationen. Diese nationalen Komitees waren im ILK mehr oder weniger proportional zum Anteil Landsleute an der Lagerbevölkerung repräsentiert; seine effektive Leitung behielten sich jedoch allein die deutschen politischen Häftlinge vor.

Die Sterblichkeitsrate

Im KZ Buchenwald und seinen Außenlagern starben die Häftlinge nicht in Gaskammern. Während diese in den Vernichtungslagern zur industriellen Massentötung eingesetzt wurden, waren es in Buchenwald vielmehr Kälte, Hunger, Erschöpfung durch Arbeit, Schläge und Krankheiten und die Folgen von Folter und medizinischen Experimenten, die die Gefangenen umbrachten. 1940 wurde im Lager ein Krematorium gebaut, weil die acht Kilometer entfernte Stadt Weimar dem KZ ihre eigene Einrichtung nicht mehr zur Verfügung stellen

10 Zweig: *Mein Vater*, S. 44.

konnte.[11] Im letzten Jahr seines Bestehens stieg die Sterblichkeitsrate im Lager stark an und erreichte in den Monaten Januar, Februar und März 1945 Höchstwerte. In diesen drei Monaten wurden 13.056 Tote gezählt und allein in den ersten zehn Apriltagen, d. h. kurz vor der Befreiung des Lagers am 11. April 1945, starben 913 Gefangene.[12] Für das „unzweifelhaft beste[] Lager Deutschlands", wie Benedikt Kautsky schreibt, „wo es keine Gaskammern gab und in dem die politischen Häftlinge in der Verwaltung und im Sanitätswesen hingebungsvoll alles zur Behebung von Schwierigkeiten taten[,] was in ihren Kräften stand",[13] war die Sterblichkeit außerordentlich hoch. Rechnet man zu den 34.375 offiziell registrierten Todesfällen die 8.483 im Jahr 1943 erschossenen sowjetischen Kriegsgefangenen und die Opfer der ‚Todesmärsche' hinzu, ergibt sich für das KZ Buchenwald in der Zeit seines Bestehens zwischen 1937 und 1945 eine Gesamtzahl von etwa 56.000 Toten. Am höchsten war die Sterblichkeit in den Außenlagern Ellrich und Mittelbau-Dora. In Mittelbau-Dora wurde die V2 montiert, die vermeintliche Geheimwaffe, die das Licht der Welt nie erblickte. Dieses Außenlager galt als „kalte Hölle" – im Gegensatz zur „heißen Hölle" Auschwitz. Die Häftlinge starben dort buchstäblich durch Arbeit, in der Tiefe der Stollen, die sie niemals verlassen durften. Die Sterblichkeitsrate unter den Häftlingen betrug 80 %, in Ellrich sogar 88,8 %, im Gegensatz zu 40 % im Hauptlager Buchenwald.[14]

Das Kleine Lager: die Sterbeanstalt von Buchenwald

Der Schriftsteller und ehemalige KZ-Häftling Bruno Apitz schilderte 1946 in einem Zeitzeugenbericht die schrecklichen Lebensumstände, die im Kleinen Lager herrschten:

11 Das städtische Krematorium auf dem Weimarer Friedhof war ab 1938 fast ausschließlich mit der Einäscherung getöteter Häftlinge aus dem Konzentrationslager befasst und konnte seiner ursprünglichen Aufgabe nicht mehr gerecht werden (siehe Jens Schley: *Nachbar Buchenwald. Die Stadt Weimar und ihr Konzentrationslager 1937–1945*. Köln / Weimar / Wien: Böhlau 1999, S. 46–47).

12 Hartewig / Niethammer: Einleitung, S. 64.

13 Kautsky: *Teufel und Verdammte*, S. 66. Benedikt Kautsky war der Sohn des marxistischen Theoretikers Karl Kautsky.

14 Vanina Brière: Les Français déportés à Buchenwald. In: *Bulletin trimestriel de la fondation Auschwitz de Belgique* 85 (2004), S. 77–103.

Die Blocks waren so eng und derart überfüllt, daß sich das tägliche Leben der Insassen buchstäblich im Bett abspielte. [...] Hier aßen sie, wenn sie am Tisch keinen Platz fanden, hier schliefen sie. [...] Ein infernalischer Gestank herrschte im Raum, der selbst uns, die wir daran gewöhnt waren, den Atem stocken ließ. Es wimmelte von Ungeziefer, von Flöhen und Läusen. Wenn ich sage, dass die Flöhe massenweise auf dem Fußboden herumhüpften, so bitte ich das wörtlich zu nehmen, selbst wenn du dir, lieber Leser, keine Vorstellung davon machen kannst. [...] Verdreckt, verlaust und ungewaschen, unrasiert, stinkend vor Kot, von eiternden Wunden geplagt, so lebten die Menschen im „Kleinen Lager". [...] Der ewige Hunger, die absolute Besitzlosigkeit, legten die niedrigsten Instinkte, die in einem Menschen wohnen können, in ihnen nackt und bloß. In den Blocks bestahlen sie sich gegenseitig in unvorstellbarer Weise. Täglich kam es zu Zusammenstößen unter ihnen. Wenn die „Kretiner" des „Kleinen Lagers" anderen gegenüber sich passiv und apathisch verhielten, unter sich wurden sie zu Bestien. Plötzlich entsteht ein Tumult im Block. Was ist da wieder los? Da haben sich zwei ineinander verbissen, wie hungrige Hunde. Der eine umklammert mit schmutzigen Händen ein Stück Brot, das ihm der andere entreißen will. Sie zerren und schreien, packen sich und schlagen aufeinander ein. Das Brot fällt zu Boden und wird im Dreck zertreten und zertrampelt. Andere fischen es sich zwischen den trampelnden Beinen auf und stopfen sich die Brocken hastig in den Mund und wollen mit dem Rest verschwinden. Aber es sind schon wieder Neue da. [...] Und ehe der Blockälteste kommt, um die Irrsinnigen auseinander zu treiben, liegt schon einer am Boden, die zerfetzten Lumpen glitschen im Blut, das aus seinem Bauche quillt. Ein Küchenmesser liegt neben ihm. Wer hat gestochen? Der Täter ist im Trubel verschwunden! Vielleicht ist es jener, der dort in der Ecke steht und zertretenes Brot gierig und hastig verschlingt, mit wachsamen Augen um sich schauend. Ein Pole, ein Russe, ein Franzose, ein Deutscher? ... Ein Menschentier! ... Um ein Brot oder auch nur um einen alten Fetzen verdreckten Stoff haben sie sich gegenseitig totgeschlagen.[15]

15 Bruno Apitz: Das „Kleine Lager". In: Rudi Jahn (Hrsg.): *Das war Buchenwald. Ein Tatsachenbericht.* Leipzig: Verlag für Wissenschaft und Literatur 1946, S. 57–63, hier S. 59–62. 1946 zunächst in Weimar im Eigenverlag erschienen, wurde Apitz' Bericht aus späteren DDR-Ausgaben des Buchs getilgt. Es handelte sich um eine allzu realistische Darstellung. 2002 wurde er in dem von Holm Kirsten und Wulf Kirsten i. A. der Stiftung Gedenkstätten Buchenwald und Mittelbau-Dora herausgegebenen Sammelband *Stimmen aus Buchenwald, ein Lesebuch* (Göttingen: Wallstein) abgedruckt.

Diese Männer, wird der australische Offizier Albert G. Rosenberg in seinem Interview mit der Shoah Foundation später sagen,[16] waren in einem so desolaten Zustand, dass sie die Befreiung des Lagers gar nicht realisierten. Sie verwechselten australische Uniformen mit Nazi-Uniformen. Fotos des Kleinen Lagers, auf denen zum Skelett abgemagerte Häftlinge dicht gedrängt auf Pritschen liegen, die Augen tief in den ausgemergelten Gesichtern, sind zu Emblemen des Schreckens der nationalsozialistischen Konzentrationslager geworden.

Hierarchie und Schichten der Lagergesellschaft

Nachdem sie die ‚Kriminellen' aus den Funktionsstellen der Verwaltung vertrieben hatten, wurden politische Häftlinge selbst ‚Lagerältester' (Lagerchef und höchstrangiger Häftling in der Hierarchie der Lagerverwaltung), ‚Blockältester' (Blockchef), ‚Blockschreiber' (Bürochef eines Blocks), ‚Stubendienst' (Zimmerdiener) usw. Mit der Einrichtung des ‚Lagerschutzes', einer internen Hilfspolizei, die aus vom geheimen Widerstand als ‚vertrauenswürdig' eingeschätzten Häftlingen gebildet wurde, übergab die SS den letzten Abschnitt ihrer Macht im Lager an die deutschen politischen Häftlinge. Die SS begnügte sich damit, bei den Appellen anwesend zu sein, jener Foltermaßnahme, die darin bestand, die Häftlinge morgens und abends zu zählen und bei dieser Gelegenheit sadistischen Neigungen freien Lauf zu lassen. Ab dem Winter 1942/43, als kriegsbedingt mehr SS-Personal an die Front verlegt wurde, intensivierte sich der Rückgriff auf Häftlinge in der Lagerverwaltung noch einmal. Dem sozialdemokratischen Ökonomen und ehemaligen Häftling im KZ Buchenwald Benedikt Kautsky zufolge bildeten 20–30 % der Lagergesellschaft den „Mittelstand",[17] der sich von der großen Masse der Häftlinge durch seinen Zugang zu mehr oder weniger bedeutenden Funktionen abhob. Diese Zahl wird manchmal für übertrieben gehalten. Sie lag jedenfalls über dem Anteil derjenigen, die in anderen Lagern zu dieser Schicht gehörten und dort höchstens 10 % entsprochen haben soll. Oberhalb dieser 10 % bzw. 20–30 % rangierte das eine Prozent, das die Häftlingsaristokratie bildete, die ‚Prominenten', die mit der Überwachung sämtlicher Funktionshäftlinge beauftragt waren. Bezüglich des Lagerschutzes heißt es, dass der Lagerchef

16 Albert G. Rosenberg: Interview, 1998. VHA, 43931.

17 Kautsky: *Teufel und Verdammte*, S. 161–163.

> den SS-Hauptsturmführer Schubert davon überzeugt hatte, dass man ein Kommando aus alten Häftlingen zusammenstellen musste, die darüber zu wachen hatten, dass die Lagerordnung eingehalten wurde [...] Der Lagerschutz trug dazu bei, die Häftlinge weiter von der SS zu entfernen und nach und nach, auf zunächst fast unmerkliche Weise, hörten die nächtlichen Besuche der SS im Lager auf und konnte die illegale Organisation [des geheimen Widerstands, S. C.] mit mehr Sicherheit arbeiten.[18]

Aus demselben Grund waren die Häftlinge den Misshandlungen der SS weniger ausgesetzt. Im Vergleich zu dem, was sie selbst erlebt hatten, als die ‚Kriminellen' noch an den Schalthebeln der internen Verwaltung gesessen hatten, sei Buchenwald seither zu einem „Sanatorium"[19] geworden, wie erfahrene politische Häftlinge den Neuankömmlingen erklärten. Legt man die von Kautskys dargestellte Verteilung zugrunde, dürfte es sich bei den übrigen 70 % (oder mehr) um jene „große Masse der Häftlinge und Deportierten (was auch immer ihre soziale Position oder ihr Bildungsstand vorher gewesen sein mochte)" gehandelt haben, die, wie David Rousset schrieb, „sich in eine vollständig den primitivsten Reflexen des Selbsterhaltungstriebs unterworfene, degenerierte Plebs verwandelte (von dem Moment an, als sie nicht mehr an irgendeiner Form von Privileg im KZ teilhaben konnten)".[20] Unter Berufung auf die Arbeiten Erving Goffmans[21] sieht der Soziologe Michael Pollak in den zwischen den Häftlingen und der SS geknüpften Beziehungen den karikaturhaften Reflex eines Systems, das ein Land, ja einen ganzen Kontinent in eine „totale Institution" transformieren konnte, mit seinen Phänomenen der Kontrolle, der Gewalt, der Entpersönlichung, des psychologischen Drucks, der wechselseitigen Erpressung und der Korruption.[22] Ihm zufolge hätte das Konzentrationslager dadurch, dass es die SS von den mühsamsten Aufgaben entband, den Effekt gehabt, die systematische Zersetzung der Solidarität unter den Häftlingen zu beschleunigen. Wie der

18 Zeitzeugenbericht von Miroslav Moulis, zwischen 1943 und 1945 tschechischer Häftling in Buchenwald. Siehe die Dauerausstellung der KZ-Gedenkstätte Mittelbau-Dora.

19 Jorge Semprún: *Was für ein schöner Sonntag!* [franz. 1980], aus d. Franz. v. Johannes Piron. Frankfurt am Main: Suhrkamp 1983, S. 44–48.

20 Rousset: *Les jours*, S. 183.

21 Erving Goffman: *Asyle. Über die soziale Situation psychiatrischer Patienten und anderer Insassen*, aus d. Amerik. v. Nils Lindquist. Frankfurt am Main: Suhrkamp 1972.

22 Pollak: *L'expérience concentrationnaire*, S. 10–11.

Soziologe und ehemalige KZ-Häftling Paul Martin Neurath in seiner 1943 in den USA verteidigten Dissertation schrieb, sei die auf einen ‚Haufen Zahlen' reduzierte Lagergesellschaft von vornherein atomisiert gewesen.[23]

Der Umstand, dass eine bereits konstituierte Gruppe, die im Inneren durch das gegenseitige Einverständnis über gemeinsame Interessen zusammengehalten wurde (hier also die Kommunisten und ihre Verbündeten), die Kontrolle über die interne Lagerleitung erobern konnte, stellt diese grundlegende Atomisierung der Lagergesellschaft jedoch infrage. Es war offenbar durchaus möglich, gegenseitige Unterstützung und Solidarität unter den Häftlingen wieder zur Geltung zu bringen. Dabei galt es, den Individualismus, die Waffe der ‚Kriminellen', der Denunziantentum und Korruption begünstigte, zu zerschlagen. Hätten andere Gruppen als die Kommunisten ähnliches bewerkstelligen können? In seinem Zeitzeugenbericht für die Shoah Foundation insistiert der Zeuge Jehovas Max Hollweg darauf, dass im KZ „niemand alleine zurechtkam. Jeder war auf ein Netzwerk angewiesen".[24] Über kollektive Strategien, mit denen die Zeugen Jehovas in der Gruppe Zusammenhalt und Solidarität zu entwickeln versucht hätten, sagt Hollweg nichts. Er weist lediglich auf den Proselytismus hin, den die Zeugen Jehovas im Lager entfalteten, auf die Taufe selbst von Konvertiten unter dem spöttischen Blick der SS – ein Umstand, der von dem Zeitzeugenbericht des sowjetischen Kriegsgefangenen Alexej Nepochatow bestätigt wird.[25] Max Hollweg dokumentiert nur sein eigenes Vorgehen. Aufgrund seiner Fertigkeiten als Maurer zur Wewelsburg abkommandiert, die Heinrich Himmler zu einem Ort des Nazikults ausbauen wollte, konnte er 88 Glaubensgenossen in seinem Kommando unterbringen. Sicher waren die Zeugen Jehovas weniger zahlreich als die Kommunisten. Sie lehnten den Gebrauch physischer Gewalt und das Tragen von Waffen jedoch traditionell ab – was ein Grund dafür war, dass sie vom Nazi-Regime verfolgt wurden.

23 Neurath: *Gesellschaft des Terrors.*

24 Max Hollweg: Interview, 1997. VHA, 37837.

25 Alexej Nepochatow: Interview, 1998. VHA, 43814.

Die Rettung von Stefan J. Zweig

Die Rettung Stefan J. Zweigs fand in dieser sozialen Umgebung, in dieser Konfiguration sozialer Beziehungen statt. Die Art und Weise der Rettung verdeutlicht zugleich den Umfang, aber auch die Grenzen der Macht des geheimen Widerstands. Ganz zu Beginn, als alle Hoffnung verloren schien, der Vater das Schicksal seines Sohnes teilen wollte und darum bat, mit ihm auf den Transport zu dürfen, versuchte die Arbeitsstatistik – ein tragischer Trost! – ihn ebenfalls auf die Transportliste zu setzen. Jedoch vergeblich. Die SS habe abgelehnt, weil es sich um einen reinen Kindertransport handeln sollte. Eine knappe halbe Stunde vor Abfahrt des Zuges habe man, so Zacharias Zweig, ihm bedeutet, sich zum Revier zu begeben.[26] Er habe seinen Sohn ergriffen, ihn in eine Decke eingewickelt und das Lager so schnell er konnte durchquert, weil das Revier in einem entfernten und schwer zugänglichen Teil des Lagers untergebracht war (nur die SS durfte einen Weg benutzen, der diese Bezeichnung verdiente). Dabei habe er gehört, wie die Namen der Kinder aufgerufen wurden, die abfahren sollten, gleichzeitig aber immer noch nicht verstanden, ob sein Sohn nun zu ihnen gehören sollte oder nicht; schließlich sei er im Revier angekommen. Dort hätten ihn „ein SS-Arzt mit einem Sanitäter“ erwartet,[27] die dem Kind eine Spritze gegeben hätten. Als der Deportationszug abfuhr, sei Stefan Jerzy mit Fieber im Revier zurückgeblieben. Zacharias Zweig sagt, er habe nicht die geringste Ahnung gehabt, was genau passiert sei. Er habe nur gewusst, dass eine Ersetzung stattgefunden hätte. Das Kind war krank und daher in der Logik der SS ‚transportunfähig‘. „Die politischen Häftlinge hatten große Verdienste in bezug [*sic*] auf die Organisation des Lagers“, sagte er sich. „Zu dieser Zeit besaßen sie eine Macht und fühlten sich stärker als die SS-Männer. Sie waren die wahren Leiter im Arbeitsamt und waren die Mitarbeiter in den Kanzleien des Lagers.“[28] Die folgende von ihm berichtete Anekdote deutet darauf hin, dass er mit dieser Einschätzung nicht ganz falsch lag. Eines Tages habe ein SS-Offizier den Kapo der Effektenkammer und Mithelfer bei der Rettung Willi

26 Zweig: *Mein Vater*, S. 59–60.

27 Ebd., S. 61.

28 Ebd., S. 50–51.

Bleicher gefragt, ob dieser ebensolche Stiefelchen für seinen eigenen Sohn machen könne, wie er sie für Stefan Jerzy angefertigt hatte.

> Bleicher war einverstanden und fragte, wo sich dieses Kind befinde. Die Antwort war, daß es in Weimar sei. Dann fragte Bleicher, ob es ein Häftling sei. Der SS-Mann verneinte es. Und darauf Bleicher: „Wir stehlen keine Sachen und geben sie an keine Fremden ab. Der kleine Georg [abgeleitet von Jerzy, S. C.] ist ein Häftling und leidet wie wir, und das, was er besitzt, stammt alles aus den Vorräten, die für die Häftlinge bestimmt sind, und aus ihrer Hände Arbeit. Wenn dein Sohn ein Häftling sein wird, wird er all das erhalten, was Georg besitzt".[29]

Man kann sich nur schwer vorstellen, dass ein Häftling so mit einem SS-Mann gesprochen hat. Und dennoch, so überraschend der Bericht Zacharias Zweigs sein mag, er stimmt wohl mit der Wahrheit überein. Er äußert selbst den Verdacht, dass sich der SS-Mann rächen wollte und seinen Sohn auf die Transportliste setzte.[30]

Eine weitere von Zacharias Zweig berichtete Episode scheint den Umfang der Macht zu bestätigen, den die politischen Häftlinge erreicht hatten. Anfang September 1944 sei Stefan Jerzy schwer erkrankt. Es sei entschieden worden, die Krankheit zu vertuschen, damit er nicht ins Revier musste, wo er schwieriger zu schützen gewesen wäre. Bleicher habe einen jüdischen Arzt ausfindig gemacht und ihn von seiner Arbeit entbinden lassen, damit er das Kind pflegen konnte, denn

> die Freunde Bleichers [...] hatten Einfluss auf das Statistische Amt im Lager, wo sie ihre eigenen Leute hatten [...]. Dieser Arzt wurde weiterhin als in seiner Gruppe Arbeitender geführt. Jeden Morgen ging er zum Appell seiner Gruppe. Von dort ging er aber aufgrund einer besonderen Bescheinigung in das Lager zu meinem Kind zurück, wo er den ganzen Tag hindurch bis zum Abendappell Wache hielt. Dort bekam er auch gutes Essen.[31]

29 Zweig: *Mein Vater*, S. 51–52.
30 Ebd., S. 56.
31 Ebd., S. 53.

Willi Bleicher habe Stefan Jerzy mit den nötigen Medikamenten versorgt, die er aus Weimar habe kommen lassen. Wie er das fertig gebracht habe, kann Zacharias Zweig nicht sagen. Er vermutet, dass sie in Weimarer Apotheken von SS-Männern gekauft wurden, die zweifellos keine Ahnung gehabt hätten, für wen sie bestimmt waren.

Die Orte der Gefangenen-Macht

Der Bericht Zacharias Zweigs weist auf die beiden wichtigsten Orte hin, an denen die Macht der Häftlinge konzentriert war: die Arbeitsstatistik und das Revier. Die Effektenkammer wie die Küchen und die verschiedenen Ausbesserungswerkstätten seien eher ‚Verstecke' gewesen. Zweig vergisst dabei freilich die höhere Verwaltung, politische Abteilung und Antenne der Gestapo im Lager, in die es dem geheimen Widerstand gelungen war, vertrauenswürdige Leute einzuschleusen, aber davon konnte er auch deshalb nichts ahnen, weil er keinen Zugang zu ihr hatte.

Als nach dem Krieg eine aus Psychologen bestehende Einheit der amerikanischen Armee die ersten Zeitzeugen interviewte, war darunter auch ein Bericht, dessen Original in den Besitz des Offiziers Albert G. Rosenberg gelangte und erst 1995 (unvollständig) von dem Historiker David Hackett veröffentlicht wurde.[32] Die Zeitzeugen weisen in der Regel auf die Verwaltung des Lagers durch die ‚Politischen' hin, die selbst ebenfalls Berichte abgaben. In keinem anderen Lager wurden die Häftlinge in so kurzer Zeit nach der Befreiung befragt oder fertigten so rasch Augenzeugenberichte an, d. h. zwischen dem 16. April und dem 11. Mai 1945. In seinem Interview mit der Shoah Foundation erklärt Albert G. Rosenberg:

> Wir hatten den Auftrag erhalten, Forschungen im Lager anzustellen, darüber, wie es gegründet worden war, wie es organisiert war, was dort geschehen war usw. Und was fanden wir heraus? Wir haben fast einen Monat gebraucht, um einen Bericht zu verfassen – und wenn ich „wir" sage, dann meine ich mich selbst und einen Offizier, der eine vierköpfige Einheit leitete. Es war eine vollkommen unlösbare Aufgabe. […] Der berühmte „Buchenwald-Report", der war eigentlich nicht von uns. Natürlich gibt es ihn nur wegen uns, aber wir traten

32 Hackett (Hrsg.): *Buchenwald-Report.*

> mit einigen befreiten Häftlingen in Kontakt, geistig ziemlich gesunde Leute, einige hatten als Häftlinge in verschiedenen Lagerdiensten gearbeitet. Sie wussten, wo sich die Archive befanden, was davon zerstört worden war und was nicht. Die erste Person, die auf uns zukam, war Eugen Kogon, Doktor Eugen Kogon, ein Österreicher [...] eine bemerkenswerte Persönlichkeit, und mit seiner Hilfe haben wir eine Gruppe mit Leuten aus verschiedenen Ländern gebildet, die uns unterstützte [...].[33]

In dem Zeitzeugenbericht des kommunistischen Häftlings Franz Eichhorn wird die physische Liquidierung der ‚Grünen', d. h. der mit grünen Dreiecken gekennzeichneten ‚Kriminellen', beschrieben. Ein wichtiges Detail über diesen Vorgang verdanken wir jedoch Eugen Kogon:

> Wenn die SS von Politischen verlangte, daß sie die Aussonderung „nichtlebensfähiger" Häftlinge zur vorbestimmten Tötung vornahmen, und die Weigerung das Ende der roten Vorherrschaft, das Hochkommen der Grünen zur Folge hatte, dann mußte man bereit sein, Schuld auf sich zu nehmen.[34]

Es ging also nicht nur darum, das Wiedererstarken „der Grünen" und ihre Rückkehr auf diese Schlüsselposten zu verhindern. Wenn politische Häftlinge sie als „nichtlebensfähig" bezeichneten, retteten sie damit andere Häftlinge vor Transporten zu Arbeitseinsätzen außerhalb des Lagers, von denen man in der Regel nicht lebend zurückkehrte. Hatten politischen Häftlinge sich also in den Büros der Arbeitsstatistik, in denen die Listen für die Arbeitskommandos und Transporte zusammengestellt wurden, erst einmal festgesetzt, verfügten sie *de facto* über die Macht über Leben und Tod der anderen Häftlinge.
Die drei genannten bürokratischen Apparate waren zentrale Orte dieser Gefangenen-Macht: der Politischen Abteilung, der Arbeitsstatistik und dem Revier. Als die Lagerbevölkerung ab Juni 1942 durch die Ankunft von Deportierten aus vielen anderen Ländern in ihrer Zusammensetzung international wurde, benötigte die Lagerleitung

33 Albert G. Rosenberg: Interview, 1998. VHA, 43931.

34 Eugen Kogon: *Der SS-Staat. Das System der deutschen Konzentrationslager.* Überarb. Neuaufl. München: Kindler 1974, S. 371.

Übersetzer und rekrutierte dafür Häftlinge. In Buchenwald wurden alle möglichen Sprachen gesprochen, von Jiddisch über Norwegisch bis Katalanisch. Nach der Bombardierung des Lagers durch die Alliierten am 24. August 1944 wurden noch mehr Häftlinge gebraucht, um die dabei zerstörten Karteien zu ersetzen.[35] Die Bedeutung der Politischen Abteilung bestand darin, dass sie Informationen über der Haftgründe der eingelieferten Gefangenen besaß, da sie die von der Zentralverwaltung der Gestapo überstellten Akten verwaltete. Auf diese Weise gelangten Kapos, die als Schreiber oder Läufer arbeiteten, an Informationen über Neuankömmlinge und gaben sie weiter. Dank ihrer Tätigkeit konnte die geheime Widerstandsorganisation wissen, mit wem sie es im Einzelnen zu tun hatte: Handelte es sich um einen ‚Politischen' (und aus welcher Partei)? Um einen ‚Kriminellen' (Schwarzmarkt? Zivilverbrechen?) Um einen Asozialen? Einen Zeugen Jehovas? Oder ganz einfach um einen Juden, der einem Ghetto oder einem Arbeitskommando entkommen war?
Über die Arbeitsstatistik liegt inzwischen ein Bericht von außerordentlicher Bedeutung vor, der im Archiv der Gedenkstätte Buchenwald aufbewahrt wird am 5. Juni 1945, weniger als drei Monate nach der Befreiung, übergab der amerikanische Leutnant James Butler ihn den Alliierten. Dieser Bericht, der nicht zu den von David Hackett veröffentlichten Dokumenten gehört,[36] verdient auch wegen der Rolle besondere Aufmerksamkeit, die die Arbeitsstatistik in der Praxis des ‚Opfertauschs' gespielt hat.

Die Arbeitsstatistik und die Zusammenstellung der Arbeitskommandos und Transporte

Der oben genannte Bericht wurde von Herbert Weidlich verfasst, einem zwischen 1939 und 1945 im Konzentrationslager Buchenwald internierten politischen Häftling. Er umfasst Dokumente, die Weidlich an sich nahm, als er in der Arbeitsstatistik tätig war, sowie eine Übersicht über die Lebens- und Arbeitsbedingungen im Lager: von der Verdrängung der ‚Kriminellen' über die körperlichen

35 Hackett (Hrsg.): *Buchenwald-Report*, S. 152.

36 Siehe dazu Harold Marcuse: Review of Hackett, David A., The Buchenwald Report. H-German, H-Net Reviews. October, 1995. http://www.h-net.org/reviews/showrev.php?id=188 (Zugriff am 18.04.2017).

Bestrafungen und Provokationen der SS bis zum Tagesablauf der Häftlinge. Die Zusammenstellung der Transporte, die unablässig zunahmen (Arbeitskräfteversorgung der Außenlager oder Deportation nach Auschwitz, später Bergen-Belsen) scheint die Hauptbeschäftigung der in diesen Büros tätigen Funktionshäftlinge gewesen zu sein.

> Immer wieder gab es Schwierigkeiten bei dem Einsatz von Häftlingen in Aussenkommandos durch Postenmangel. [...] Vor allem wurde versucht für weibliche Häftlinge Frauen aus Betrieben zu SS-Aufseherinnen zu ködern. Sie sollten nach kurzer Ausbildungszeit im KZ-Ravensbrück ihren Dienst antreten. Trotz Versprechungen und Zwang wurde das Anlaufen solcher Kommandos verzögert, da sich die deutschen Arbeiterfrauen und Mädels gegen eine Verwendung als SS-Aufseherin zur Wehr setzten.[37]

Offenbar weiß Weidlich über den Beitrag der „Arbeiterfrauen und Mädels" zur Überwachung der Lager nichts Genaueres. Jedenfalls waren die Arbeitsbedingungen offenbar so schlecht, dass viele Häftlinge sehr schnell nicht mehr in der Lage waren zu arbeiten. Dann sei eine medizinische Inspektion vorgenommen und die Kranken und Schwachen nach Auschwitz deportiert worden.[38] Die Arbeitsstatistik habe die Aufgabe gehabt, den Transport zusammenzustellen. Als in Auschwitz im Herbst 1944 die Gaskammern den Betrieb einstellten, habe die SS beschlossen, die Krankentransporte nach Bergen-Belsen zu leiten. Weidlich erwähnt die Massenankunft von Kindern (im Herbst 1944), die man in Arbeitskommandos zu organisieren versucht habe, um sie zu retten – was sich jedoch als schwierig erwies, „da sie als Kinder lieber spielten".[39] Auch die Deportation jüdischer sowie Sinti- und Roma-Kinder spricht er in seinem Bericht an – „Sicherlich wurden sie in Auschwitz vergast" – ja, er scheint sogar sicher zu sein, dass der der Fall war, fügt aber hinzu:

37 Herbert Weidlich: Bericht. Archiv der Gedenkstätte Buchenwald, 31/1125, 31/1130, S. 5.

38 Es scheint, als spreche Weidlich hier von der letzten Kriegsphase (1944–1945). Nur Juden, Sinti und Roma wurden in die Gaskammern gebracht. Alle anderen erhielten tödliche Injektionen und wurden im Krematorium von Buchenwald verbrannt.

39 Ebd., S. 8.

> Ein Teil dieser Kinder konnte dadurch gerettet werden, dass die Anzahl der vorhandenen Kinder in Buchenwald kleiner angegeben wurde, als sie in Wirklichkeit war[,] oder es wurden einige im Krankenbau aufgenommen und durch vorgetäuschte Krankheiten vom Transport zurückgestellt. Auch wurde das Alter bei einigen einfach heraufgesetzt. Im April 1945 waren im Stammlager Buchenwald ca. 800 Kinder von 3–15 Jahre[n].[40]

Weidlich nennt den Fall der französischen politischen Gefangenen, die am 19. und 29. Januar 1944 eintrafen, vom Lagerarzt für arbeitsfähig befunden und nach Mittelbau-Dora geschickt worden seien, wo „4–5 Wochen [...] genügten, um aus jungen, gesunden und kräftigen Menschen Leichen zu machen".[41] Man habe sie jedoch dadurch gerettet, dass sie nach einigen Tagen für tot erklärt und ins Hauptlager zurückgeholt worden seien. Aber wie ging das vonstatten? Weidlich gibt darüber keine nähere Auskunft. Wahrscheinlich war die Rückholung durch die Ersetzung Lebender durch Tote bzw. Halbtote möglich.

Konnten Transporte in andere Lager wie Mittelbau-Dora wirklich verhindert werden? Weidlich zufolge nicht, denn das hätte einen „offenen und hoffnungslosen Kampf mit der SS bedeutet".[42] Das Problem sei daher gewesen zu entscheiden, wen und wie viele Personen man vor diesen Transporten retten konnte. Dabei seien, so Weidlich, die von der Führung des geheimen Widerstands und des ILK „vorbereiteten Arbeiten nützlich" gewesen.[43] Heißt dies, dass sie Listen vorbereitet hatten? Das ist wahrscheinlich.

Zwischen 1943 und 1944 waren mehr als 100.000 Männer nach Buchenwald gekommen. Nur ein Teil von ihnen konnte im Hauptlager bleiben, die anderen (80 %) mussten auf Außenlager verteilt werden. „Das Leitmotiv unseres Handeln [*sic*] bei der Zusammenarbeit mit den nationalen Gruppen war: Nur die aktivsten, zuverlässigsten und charakterlich Besten konnten im Lager bleiben."[44] Es sei um die

40 Ebd., S. 8–9. Möglicherweise spielt Weidlich hier auf die Transporte vom 25. September 1944 an, vor dem Stefan J. Zweig und 11 weitere Kinder gerettet wurden. Wie später klar wurde, gab es in Wirklichkeit mehr Kinder im Lager – zum Zeitpunkt der Befreiung 904, die jünger als 16 Jahre waren.

41 Ebd., S. 12.

42 Ebd.

43 Ebd.

44 Ebd., S. 13.

Sicherheit des Lagers gegangen, um die Vorsicht vor Spitzeln und Provokateuren, die von der SS eingeschleust wurden. Letztere seien – soweit das möglich war – in Außenkommandos gesteckt worden; auf diese Weise, so Weidlich weiter, seien sie „abgeschoben“[45] worden. Man strich den Namen eines Genossen von der Liste und ersetzte ihn durch denjenigen eines anderen, den man loswerden wollte. Weidlich rechtfertigt die Notwendigkeit, die ‚Kriminellen' zu verdrängen, ausführlich:

> Erst nach Jahren, mit vielen Opfern errungen, gelang es den Einfluß dieser Elemente zu brechen und die Schlüsselstellungen durch überzeugte Gegner der Nazis zu besetzten. Besonders wir als Deutsche wurden durch unsere Organisation in wichtige Stellen kommandiert. Es war für viele von uns nicht leicht, „gute“ und „sichere“ Kommandos aufzugeben und Arbeiten zu übernehmen, die uns dem Galgen ein ganzes Stück näher brachten.[46]

In einer eingehenden Beschreibung der Arbeitsstatistik präzisiert er:

> Die Arbeitsstatistik erhielt durch die Ausrichtung des Lagers auf den Arbeitseinsatz der Häftlinge eine große Bedeutung und war die Stelle, die das Verhältnis im Lager wesentlich beeinflussen konnte. Die Aufgaben der Statistik in einen [*sic*] nazifeindlichen Sinne durchzuführen, konnte nur in Zusammenarbeit mit den organisierten Gruppen aller Nationen gelöst werden. Es galt besonders nie den Eindruck zu erwecken, als wenn die Aufträge in einem SS-feindlichen Sinne durchgeführt wurden. Das war einer [*sic*] der schwersten Aufgaben und ließ sich auch nur in Zusammenarbeit mit den Verantwortlichen der einzelnen Nationen durchzuführen. Ein Spiegelbild dieser Zusammenarbeit ergibt auch die Zusammensetzung des Mitarbeiterstabes: 28 Tschechoslowaken, 24 Deutsche, 7 Polen, 7 Russen, 3 Franzosen, 1 Holländer, 1 Belgier, 1 Spanier und 2 Österreicher, insgesamt 74 Personen. Obwohl es streng verboten war, befanden sich unter ihnen zwei jüdische Kameraden.[47]

45 Weidlich: Bericht, S. 14.

46 Ebd.

47 Ebd., S. 14–15.

Wer hatte verboten, Juden in das Komitee aufzunehmen? Bezieht sich Weidlich hier auf die von der KPD im Untergrund ausgegebene Sicherheitsvorschrift, Parteimitglieder jüdischer Herkunft zu „isolieren"[48], weil der Umgang mit ihnen den Widerstand gefährden konnte? Wenn unter den Kapos ein Jude entdeckt worden wäre, hätte dies den Ausschluss aller kommunistischen Kapos von ihren Funktionen bedeuten können. Weidlich erklärt, dass die Hauptaufgabe der Arbeitsstatistik in der „statistischen Erfassung der Arbeitsleistung"[49] der Häftlinge bestanden habe. Allerdings sei dort jeder Gefangene bei seiner Ankunft erfasst und kontrolliert worden, um sicherzustellen, dass niemand der Zuweisung zu einem Arbeitskommando entging, ausgenommen jene, die von den Lagerärzten für ‚nichtarbeitsfähig' befunden wurden. Mit der Verschickung der Häftlinge in Außenlager, wo Kriegswaffen produziert wurden, vor allem nach Mittelbau-Dora, habe das Büro weiter an Bedeutung gewonnen. Zusätzlich zur Erfassung der Neuankömmlinge, ihrer Einweisung in die Quarantäne und nachfolgenden Aufteilung auf Arbeitskommandos sei die Arbeitsstatistik mit dem Ablauf und der Überwachung der Transporte in andere Lager – zunächst nach Auschwitz, dann nach Bergen-Belsen – befasst gewesen.

> An den Arbeitseinsatzführer und an den Lagerkommandanten mußte täglich eine Rapportmeldung über den Arbeitseinsatz der Häftlinge geschrieben werden. Diese Meldung hatte nachzuweisen, wo die Häftlinge im [E]inzelnen bei den Kommandos eingesetzt waren. [...] Unsere Meldung mußte sich mit den Meldungen der SS-Kommandoführer, den einzelnen Betrieben [Gustloffwerke oder Hasag, S. C.] und den Meldungen des Arztes decken. Es waren Nachweis [*sic*] zu liefern, wo sich die einzelnen Fehlenden befanden. Hierin lag die Schwere unserer Aufgabe. Es mußten Tausende, die täglich bei den Arbeitskommandos fehlten, der SS gegenüber unbegründeterweise, gedeckt werden.[50]

Wer waren die Häftlinge, die keinem der Arbeitskommandos zugewiesen wurden?

48 Ebd., S. 15.
49 Ebd.
50 Ebd., S. 17.

> Es handelte sich dabei zum ersteren um schonungsbedürftige Kameraden, die ohne Genehmigung des SS-Arztes durch die Nationen [gemeint sind die Nationalkomitees, S. C.] vom Kommando zurückbehalten wurden oder um Kameraden, die im Lager zu antinazistischer bzw. lagerwichtiger Arbeit bestimmt waren und zum zweiten um undisziplinierte Leute, Kameradendiebe usw. Während die ersteren bei den Gruppen mit unserer Zustimmung und Mithilfe vom Kommando weghielten, handelte es sich bei der letzteren Gruppe um negative Elemente, die sich den Gesamtinteressen oder Häftlinge nicht unterordnen wollten.[51]

Die politischen Gefangenen hätten diese „Kameradendiebe" vor der SS verstecken müssen, weil ihre bloße Existenz der SS ihre ‚Unfähigkeit' für Verwaltungsaufgaben signalisiert und sie dies letztlich um ihre Posten gebracht hätte. Weidlich gibt ein Beispiel, dass den Umfang der Aufgabe erkennen lässt. Am 29. März 1945 hätten 80.555 Häftlinge beim Appell geantwortet, doch nur 76.391 seien Arbeitskommandos zugeteilt worden. Es hätten also 4.164 Häftlinge gefehlt, deren Abwesenheit individuell begründet werden musste. Diese Gefangenen seien offiziell auf schwer zu kontrollierende Kommandos wie das Baukommando III aufgeteilt, im Kleinen Lager in Quarantäne geschickt (es ist bekannt, dass die SS-Männer wegen der erhöhten Ansteckungsgefahr davor zurückschreckten, sich dorthin aufzuhalten) oder für „transportfähig"[52] erklärt worden. Diese Ausflüchte seien derweil nicht ungefährlich gewesen: „Transportbereitschaft und Quarantäne konnten nicht willkürlich erhöht werden, da sonst Abtransporte angesetzt wurden."[53]
Und folglich habe man „Kandidaten" finden müssen. Oder vielmehr Opfer. Weidlichs Beispiel weist eine unüblich höhere Zahl an „fehlenden" oder zu „versteckenden"[54] Häftlingen auf. Der Durchschnitt habe bei 800–1.200 Häftlingen am Tag gelegen. Es habe sich aber um Zahlen von Ende März 1945 gehandelt, als die steigende Zahl der Transporte Richtung Westen (besonders nach Bergen-Belsen) die „Tarnung" eher zugelassen habe. Die Initiative für diese Aktionen habe

51 Weidlich: Bericht, S. 17.

52 Ebd., S. 18.

53 Ebd.

54 Hier und im Folgenden ebd., S. 19.

aber nicht nur der Arbeitsstatistik oblegen, vielmehr hätten sie durch die Nationalkomitees bestätigt werden müssen, deren Aufgabe darin bestanden habe, die „Zugänge" in drei Gruppen aufzuteilen:

> 1. Gruppe: Kameraden, die zur Arbeit der nationalen Gruppen unbedingt im Lager verbleiben sollten.
> 2. Gruppe: Kameraden, die auf Aussenkommando geschickt werden konnten, doch sollten sie in sogenannte gute Kommandos gehen, bei denen organisierte nationale Gruppen bestanden.
> 3. Gruppe: bestand aus ehemaligen Spitzeln, Agenten, Provokateuren der Gestapo und kriminellen Elementen, die zum Teil aus SS-Formationen eingeliefert wurden. Diese Subjekte versuchten ihre Lebenslage im Lager immer wieder dadurch zu verbessern, dass sie sofort versuchten mit der SS zusammenzuarbeiten. Diese Gruppe mußte abgeschoben werden in solche Kommandos, in denen weniger Möglichkeit bestand Schaden zu stiften.

Auf welcher Grundlage wurde über die Zuteilung zu dieser oder jener Gruppe entschieden? Wie erwähnt, konnten sich die Nationalkomitees die Dokumente besorgen, aus denen die Haftgründe hervorgingen. An mehreren Stellen weist Weidlich darauf hin, dass die Entscheidungsgewalt bei den Nationalkomitees gelegen habe: „Eine Korrektur geschah nicht ohne ihre Zustimmung".
Der Arbeitsstatistik sei die Aufgabe zugekommen, die „Kameraden" solchen Kommandos zuzuweisen, in denen die Arbeitsbedingungen nicht zu schlecht waren, wo man Widerstand leisten und sich bei einer medizinischen Kontrolle der „Nichtarbeitsfähigen" entledigen konnte, was wiederum anderen erlaubte, der Selektion und dem Transport nach Bergen-Belsen zu entgehen; auf diese Weise konnte, so Weidlich, „Tausenden das Leben gerettet werden". Die große Schwierigkeit habe für die Arbeitsstatistik darin gelegen, ein ‚gutes' Kommando zu finden bzw. ein weniger ‚schlechtes' für diejenigen, die über keinerlei handwerkliche Qualifikation oder auch nur manuelle Geschicklichkeit verfügten. Wie Weidlich ausführt, sei für das ILK sogar ein „Scheinkommando" eingerichtet worden, dem seine Mitglieder angehörten.
Die Aufgabe der Arbeitsstatistik sei weiter erschwert worden, als die Gestapo in den letzten Jahren des Krieges dazu überging,

> Ausländer ohne ordentliches Gerichtsverfahren zu erhängen. Diese Häftlinge wurden in Buchenwald meistens mit dem Hinweis eingeliefert, dass sie nur innerhalb des Lagerzaunes beschäftigt werden dürfen und unter keinen Umständen auf ein Aussenkommando geschickt werden können. In den meisten Fällen handelte es sich um politische Aktivitäten oder spionage- oder sabotageverdächtige Ausländer. Die Rettung dieser Leute war mit größter Lebensgefahr verbunden. Mancher zum Hängen verurteilte Kamerad wurde durch die Mithilfe der Häftlinge im Häftl.Krankenbau für tot erklärt und unter anderen Namen wieder aufleben lassen [*sic*]. Besonders kritisch war die Deckung zweier prominenter Leute des Secret Service, die ebenfalls neue Namen bekamen und als Funktionskräfte auf ein gutes Aussenkommando geschickt wurden. Der größte Teil wurde dadurch gerettet, dass sie in ein Aussenkommando geschickt wurden, welches gute Fluchtmöglichkeiten bot und die Führung dieser Kommandos in Händen von Häftlingen unserer Organisation lag. Solche Kommandos waren u. a. [das] Eisenbahnausbesserungswerk Schwerte, alle Eisenbahnbaubrigaden, Köln-Deutz usw.[55]

Für den Fall, dass diesen Deportierten die Flucht gelang, habe das Büro in der Lage sein müssen nachzuweisen, dass sie sich ohne sein Wissen und gegen seinen Willen einem Außenkommando angeschlossen hatten – was die SS bezweifelte und den Häftlingen der Arbeitsstatistik mit Ablösung drohte. Die schlimmste aller Situationen sei jedoch eingetreten, wenn ein Transport ‚abgeschrieben' und die Ausfälle mit ‚älteren Insassen' des Stammlagers hätten ergänzt werden müssen, denn dann konnten Mitglieder der Organisation ihrerseits Teil eines Transports werden:

> Da immer die verlangte Anzahl für den Transport gestellt werden mußte, war es oft sehr schwer, sie zurückzubehalten. Bei der Untersuchung des Lagerarztes wurden in enger Zusammenarbeit mit uns solche Kameraden als nichtarbeits- und transportfähig auf die Liste gesetzt oder sie wurden von uns einfach wieder gestrichen.[56]

Aber durch wen wurden sie ersetzt? Weidlich geht hier nicht weiter ins Detail.

55 Ebd., S. 21. Weidlich spielt hier wahrscheinlich auf die englischen Offiziere an, von denen später noch die Rede sein wird.

56 Ebd., S. 23.

Ein Absatz am Ende seines Berichts ist der „Hilfe für Juden" gewidmet. Über andere Opfergruppen ist dort nichts Vergleichbares zu finden. (Auch die Auschwitztransporte erwähnt Weidlich mit keinem Wort.)[57] Im Hinblick auf die Juden habe man sich bemüht, so Weidlich, „sie nach außen hin zu arisieren"[58], d.h. sie für tot zu erklären und mit einer anderen Identität zu versehen. Die neue Identität fanden sie – wie viele andere – im Revier.

Das Revier, eine Identitätenreserve

Das Revier oder Häftlingskrankenbau (KB) war die Exekutive der Gefangenen-Macht. Der von Hackett publizierte *Buchenwald-Report* enthält dazu allerdings keinen Bericht, der ähnlich detailliert wäre wie der Herbert Weidlichs über die Arbeitsstatistik. Also muss auf schriftliche Zeitzeugenberichte zurückgegriffen werden, die in der Regel später entstanden sind. Nachdem der kommunistische Kapo Walter Krämer im November 1941 von der SS ermordet worden war, hatte sein Genosse Ernst Busse den Posten übernommen. Zusammen mit seinem Helfer Otto Kipp, ebenfalls ein Kommunist, soll er den meisten Zeugen zufolge die Lebensbedingungen im Revier erheblich verbessert haben. Der Mangel an medizinischem Personal auf Seiten der SS habe auch hier dazu geführt, dass unter den Häftlingen rekrutiert wurde. Die Funktion des Reviers ergibt sich aus Weidlichs Bericht: außer um Pflege, die unter Bedingungen steten Mangels stattfand, ging es darum, Häftlingen Schonungen zuteil werden zu lassen, für Transporte vorgesehene Deportierte zu schützen, indem sie für krank erklärt wurden, und schließlich auch darum, Lebende durch Tote zu ersetzen. Zwar waren die Oberärzte SS-Angehörige, doch sie konnten sich Hilfskräfte unter den deportierten Ärzten suchen. Dem inhaftierten Arzt Jean Rousset zufolge waren Ernst Busse und sein Helfer Otto Kipp seit 1942 die wirklichen Herren im Revier:

57 Nach dem *Kalendarium der Ereignisse im Konzentrationslager Auschwitz, 1939–1945*, von Danuta Czech (Reinbek: Rowohlt 1989) gab es 1944 vier Transporte von Juden, Sinti und Roma nach Auschwitz: am 25. September (200 Kinder), 5. Oktober (1.188 Personen), 11. Oktober (132 arbeitsunfähige Jüdinnen aus einem Außenlager) und 18. Oktober (218 Frauen der Sinti- und Roma).

58 Weidlich: Bericht, S. 25.

> Ihre Macht war sehr viel größer als man denken könnte und man kann uns aufs Wort glauben, denn wir haben sie 18 Monate lang bei der Arbeit beobachtet. Man kann sagen, dass die Ärzte der SS-Leitung praktisch alles, was sie über Vorgänge im Revier und im Lager wussten, vom Kapo Ernst Busse wussten, dass sie also überhaupt nur das wussten, was er wollte, dass sie es wussten, und dass sie keinen unerbittlicheren Feind hatten als ihn.[59]

Aber was ging dort, vor den Blicken der SS geschützt, genau vor sich? David Rousset erläutert:

> Die SS bedient sich des Reviers um zu töten. Die verantwortlichen Häftlinge bedienen sich seiner entweder um zu töten (etwa Spitzel oder Gegner zu eliminieren, die zur Bande der Kriminellen gehören) oder um von der SS verurteilte Häftlinge zu verstecken oder zu retten (das geläufigste Verfahren war die Vertauschung der Identität). Die Kontrolle des Krankenbaus ist folglich im Kampf zwischen den Häftlingsgruppen und in der Abwehrstrategie gegen die SS entscheidend. Die Ärzte unterstehen der Kontrolle des Revierkapos (der kein Arzt ist). Der Kapo untersteht der absoluten Autorität des Lagerarztes (der SS-Arzt des Lagers) und seiner Hilfskraft, dem Sanitätsgrad (SDG).[60]

Eugen Kogon äußert sich in *Der SS-Staat* zwar weniger direkt, widerspricht David Rousset allerdings auch nicht. Kogon selbst hatte als Sekretär des SS-Arztes Ding-Schuler einen herausgehobenen Beobachtungsposten. In seinem Bericht an die Amerikaner vom 24. September 1946 bestätigte er seine Zusammenarbeit mit Ding-Schuler im Hygieneinstitut der Waffen-SS, dem 1943 von diesem persönlich gegründeten Block 50, in dem medizinische Forscher wie die Franzosen Robert Waitz und Alfred Balachowsky, vor seiner Deportation Entomologe am Pariser Institut Pasteur, arbeiteten. Letzterer war von Ding-Schuler aus Mittelbau-Dora mitgenommen (und gerettet) worden, um Fleckfieber-Studien durchzuführen und einen Impfstoff herzustellen. In Block 46 eingesperrte Häftlinge dienten

59 Jean Rousset, zit. n. Christian Bernadac: *Les médecins de l'impossible*. Paris: France Empire 1967, S. 286.

60 David Rousset: Préface. In: Wieslaw Kielar: *Anus mundi. Cinq ans à Auschwitz*. Paris: Laffont 1980.

als Testpersonen. Manche entschieden sich „freiwillig“[61] dazu, angezogen von der besseren Versorgung und obwohl sie wussten, was sie erwartete. Hinsichtlich der Praxis der Identitätsersetzung stimmten die Aussagen der deportierten Ärzte im Nürnberger Prozess und die nach der Befreiung von den Amerikanern gesammelten Berichte überein: In Block 61, der Ende 1944 wegen der Überbelegung des Lagers zu einer Erweiterung des Reviers geworden war, wurden die sterbenden Kranken gesammelt, die der französische Arzt Victor Dupont folgendermaßen beschreibt:

> In diesem Augenblick befanden sich dort ältere Männer, die wir wegen ihres Äußeren „Muselmänner“ nannten. Sie hatten stets eine Decke umhängen und waren unfähig, irgendeine Arbeit zu verrichten. Sie alle mussten in Block 61. Die Zahl der Toten variierte dort jeden Tag zwischen 10 und 100. Der Tod wurde auf brutalste Weise mit einer direkt ins Herz verabreichten Phenol-Injektion herbeigeführt.[62]

Gespritzt wurde von den SS-Ärzten und ihren Helfern – vor allem dem SS-Sanitätsgrad Friedrich Karl Wilhelm. Kogon zufolge warteten sie bei den Massenankünften aus den Lagern im Osten mit ihren tödlichen Injektionen oft nicht einmal, bis die Häftlinge einen Block bezogen hatten. Er berichtet weiter, dass der SS-Arzt Gerhard Schiedlausky zwischen Beginn des Jahres 1944 und der Befreiung des Lagers im April 1945 befohlen habe, alle Schwachen und Arbeitsunfähigen sofort von den Übrigen zu trennen und in Block 61 im Kleinen Lager unterzubringen. Den Blockältesten habe die Aufgabe oblegen, die „nicht mehr Lebensfähigen“ zu ‚selektieren‘. „Sie nahmen in der Regel die“, berichtet Kogon,

> von denen sie annehmen mußten, daß keine ärztliche Hilfe sie mehr am Leben erhalten konnte. […] Es wurden jedoch auch Dutzende von keineswegs todkranken oder sogar von kerngesunden Personen, wenn sie in das persönliche oder politische Intrigennetz des Lagers geraten waren, über Block 61 beseitigt.

61 Als „freiwillig“ wird diese Entscheidung in Berichten bezeichnet, die im Nachlass von David Rousset (BDIC, Fonds David Rousset, F delta, 1880/2–4) erhalten sind.

62 Ebd.

> Es gab für die auswählenden Häftlinge immer wieder Möglichkeiten, Personen auszutauschen [...].[63]

Mit diesem Vorgehen, so Kogon, hätten „[d]ie illegal bestimmenden Kräfte des Lagers [...] Hunderte von Kameraden aus allen Nationen vor Block 61 gerettet [...]".[64] Aus seinen Ausführungen geht hervor, dass die Leitung des geheimen Widerstands ihre Entscheidungen der Arbeitsstatistik mitteilte, die sie ihrerseits dem Revier übermittelte. Die Zeitzeugenberichte stimmen diesbezüglich überein – ob sie die Dinge offen ansprechen oder eher zwischen den Zeilen zu verstehen geben. Allen voran jene, die gerade genannt wurden, von Eugen Kogon und Robert Waitz, der nach der Evakuierung von Auschwitz nach Buchenwald der dortigen ‚Versuchsstation' zugeteilt wurde. In *Les jours de notre mort* hebt Rousset im Übrigen die große Beliebtheit Robert Waitz' unter den Häftlingen hervor: „Man sah ihn mit seiner Medikamentenschachtel unablässig vor den unendlich langen Schlangen stehen, in denen alle Nationen Europas versammelt waren. Unermüdlich sprach er Mut zu, behandelte und scherzte."[65] Aber was konnte ein Arzt ausrichten, der über 20 Aspirin für 100 Patienten verfügte, Zahlen, die der von Hackett veröffentliche Bericht nennt? Der Arzt Balachowsky wies in seiner Aussage vor dem Nürnberger Ärztetribunal darauf hin, dass die SS zahlreiche Unterlagen der in den Blocks 46 und 50 durchgeführten medizinischen Versuche vor ihrer Flucht vernichtete. Wenn der Krankenbau eine Identitätenreserve war, dann versorgten ihn diese Blocks mit Nachschub. Jeder Häftling im Konzentrationslager wusste, dass man das Revier besser mied.
Mit der Macht ausgestattet, die Zusammensetzung der Arbeitskommandos und Transporte in andere Lager zu verändern, nahmen die anderen Häftlinge die ‚Politischen' als Damoklesschwert wahr, das über ihren Häuptern schwebte. Der französische Résistant Frédéric-Henri Manhès, ein Gaullist und Kamerad von Jean Moulin, schildert sehr eindrücklich den Versuch, sich ihrem Einfluss zu entziehen oder aber ihre Unterstützung zu erhalten, während sie die Listen der Konvois nach den Vorgaben der Nazis erstellten:

63 Kogon: *Der SS-Staat* (1974), S. 261–262.

64 Ebd., S. 261.

65 Rousset: *Les jours*, S. 511.

> Eine Liste mit 500 Namen wird erstellt. [...] Es ist ein verzweifeltes Gerenne, die Verantwortlichen, die die Verbindung mit der Arbeitsstatistik halten, bestürmen selbst ihre dortigen Vertreter und den Kapo; all das geschieht natürlich im Geheimen, verborgen vor den Wachen der SS ... Namen werden gestrichen, andere hinzugefügt ... und dann ist der Moment gekommen, in dem die Männer, deren Namen auf der endgültigen (?) Liste stehen, die ärztliche Inspektion über sich ergehen lassen müssen; jeder Häftling, der bei dieser so genannten medizinischen Visite von SS-Ärzten untersucht ... und für „gut" befunden wird, ist transportfähig; jetzt beginnt der Kampf von neuem, die Aktivität verlagert sich auf den Häftlingsarzt, der dem SS-Arzt hilft, dann auf den Revierkapo, in dessen Hände die Liste übergeht. Schließlich landet die Liste wieder in der Arbeitsstatistik, wo die Delegierten der Komitees sie erneut durchkauen und ändern, bevor sie der SS übergeben wird.[66]

Claude Bourdet, ebenfalls ehemaliger Buchenwald-Häftling, bemerkt dazu seinerseits:

> Es gibt nicht einen Konzentrationär, der nicht versucht hätte, seine Freunde aus den vermutlich tödlichen Transporten zu holen, ohne sich dieser schrecklichen Frage stellen zu müssen: Jacques, Werner oder Wladimir durchkommen zu lassen bedeutete, an seiner Stelle Franz oder Ivan gehen zu lassen.[67]

Zusammenfassend kann gesagt werden, dass das ILK dank der Vertrauensmänner, die es an den drei beschriebenen Schaltstellen der Gefangenen-Macht platzieren konnte, in der Lage war, seine eigene ‚Selektion' vorzunehmen. „Einige retten. Andere verurteilen."[68] Nichts geschah ohne seine Zustimmung. In seinem für die amerikanischen Behörden erstellten Bericht erweckt Weidlich nicht wirklich den Eindruck, als bedürfe die Beteiligung der ‚Politischen' an der Lagerleitung einer Rechtfertigung, so selbstverständlich schien ihm das zu sein; allerdings versuchte er zu diesem Zeitpunkt durchaus noch, die Gründe und die positiven Effekte verständlich zu machen. Die nach

66 Frédéric-Henri Manhès: *Buchenwald, l'organisation et l'action clandestine*, S. 23, zit. n. Lalieu (Hrsg.): *Zone grise ?*, S. 202. Das in Klammern gesetzt Fragezeichen ist im Original enthalten und bezieht sich darauf, dass die Listen eben zu diesem Zeitpunkt noch nicht endgültig waren, sondern in der Arbeitsstatistik noch verändert wurden.

67 Ebd., S. 190.

68 Rousset: *L'univers concentrationnaire*, S. 128.

1946 unter der Ägide der deutschen Kommunisten veröffentlichten Texte tendieren dagegen dazu, die Undurchdringlichkeit der Grauzone noch zu steigern – bevor diese aus der offiziellen, vom kommunistischen Regime ausgearbeiteten Version der Geschichte Buchenwalds endgültig getilgt wurde. In einer in der DDR vertriebenen Broschüre für Besucherinnen und Besucher des Lagermuseums findet sich folgende Beschreibung des Reviers:

> Im zähen Ringen gegen die Praktiken der SS-Mediziner gelang es den hier tätigen Antifaschisten, die geringen Möglichkeiten der medizinischen Hilfe für ihre Kameraden zu erweitern. Vielen wurde so das Leben gerettet. Durch geschickte Manipulationen konnte eine Reihe vom Tode bedrohter Häftlinge dem Zugriff der Faschisten entzogen werden. Im Krankenbau traf sich das illegale Internationale Lagerkomitee.[69]

Wir haben oben gesehen, was unter „geschickten Manipulationen" zu verstehen ist. In *Les jours de notre mort* weist Rousset auf die Diskretion Eugen Kogons hin, mit der dieser „nicht wenige Aspekte der geheimen Widerstandsaktivitäten"[70] angeblich behandelt hat. Möglicherweise hatte Kogon jedoch weder eine dezidierte politische Absicht noch Furcht vor den Kommunisten oder ihrem Einfluss, wie ihm von voreingenommener Seite unterstellt wurde; möglicherweise empfand er Scham, handelte es sich um ein Aussetzen seines Urteilsvermögens – oder gar um Solidarität mit dem kommunistischen Widerstand. Letztere Haltung war bei David Rousset weit weniger ausgeprägt. Sein Zeugenbericht ist folglich deshalb umso glaubwürdiger, als er auch nicht den Versuch unternahm, den kommunistischen Widerstand weiter zu belasten.

69 Bodo Ritscher: *Buchenwald. Rundgang durch die Nationale Mahn- und Gedenkstätte.* Erfurt: Dietz 1986, o. P. (Station 17 des Rundgangs).

70 Rousset: *Les jours*, S. 763.

2.
Individuelle und kollektive Überlebensstrategien

Aufgrund der Länge der Haftzeit, die einige Überlebende im KZ Buchenwald verbracht haben, scheint es grundsätzlich möglich, ein nahezu vollständiges Repertoire der Überlebensstrategien zu erstellen. Zudem verfügen wir über Zeitzeugenberichte zahlreicher Deportierter, die nach der Räumung der Lager im Osten nach Buchenwald gebracht wurden – hauptsächlich aus Auschwitz. Die Ursachen und Gründe, auf die sie in den Interviews mit der Shoah Foundation ihr Überleben zurückführen, erlauben einerseits, die Techniken der Selbsterhaltung herauszuarbeiten, zu denen sie gegriffen hatten. Da sie außerdem oft in mehreren Konzentrationslagern interniert gewesen waren, können andererseits die Besonderheiten des Konzentrationslagers Buchenwald vergleichend analysiert werden.

Die Überlebensstrategien unterscheiden sich kaum von jenen, die Christopher R. Browning für das Arbeitslager Starachowice (Polen) analysiert hat, eingeschlossen die des ‚Opfertauschs', d.h. die Streichung eines Namens von der Liste und seine Ersetzung durch einen anderen.[1] Allerdings kam diese Strategie in den von Browning ausgewerteten Zeitzeugenberichten kaum zur Sprache. Anders als in Buchenwald scheint sie in Starachowice nur gelegentlich, in Ausnahmefällen angewendet worden zu sein.

1 Browning: *Remembering Survival*, S. 243–244.

„Davongekommene"[2]

Wie man sämtlichen Berichten Überlebender entnehmen kann, waren Jugendlichkeit oder eine handwerkliche Ausbildung Grundvoraussetzungen für das Überleben. Doch folgte gleich an zweiter Stelle der Zufall oder vielmehr schieres Glück. Was aber ist unter ‚Glück' zu verstehen? Walter Spitzer erklärt im Interview mit Nachdruck:

> Ich bin davongekommen, das ist Glück. Die Deportierten, die zurückgekommen sind, das sind Menschen, die über einen siebten Sinn verfügen, den normale Leute nicht haben. Unmöglich, das zu erklären. Man muss jederzeit auf der Hut sein können. Und Glück haben.[3]

Glück in diesem Sinn hatten etwa auch Wolfgang Ballin und sein Bruder, die beim Appell in Buchenwald von einem gut gekleideten Mann mit „gewichsten Stiefeln", einem zum Kapo gewordenen ‚Edelkommunisten' aus ihrer Heimatstadt, erkannt wurden, der sie aus der Reihe habe treten lassen, kaum dass die SS ihnen den Rücken zugekehrt hätte. Fortan hätten sie unter dem Schutz des geheimen Widerstands gestanden. Ihr Bockältester, den Wolfgang Ballin während des gesamten Interviews nur „Herr Rode" nennt, habe sie von der Liste des Transports gestrichen, der sie als Juden nach Auschwitz bringen sollte.[4] Glückliche Zufälle ereigneten sich freilich so gut wie nie genau im richtigen Moment. „Jeder Häftling, der mehr als sechs Monate lebt, ist ein Betrüger, denn er lebt auf Kosten seiner Kameraden", soll ein SS-Mann in Auschwitz gesagt haben.[5] Trotz ihres offenkundigen Zynismus ist der zweite Teil dieser Aussage insofern nicht ganz falsch, als er auf die Bedingungen verweist, unter denen Überleben im Lager überhaupt möglich war. Denn Viktor Frankls zufolge verdankte jeder Überlebende sein Leben einem anderen: „Daß für jeden einzelnen, der

2 Ich entlehne diesen Begriff von Bettelheim: Trauma, S. 35.

3 Walter Spitzer: Interview, 1995. VHA, 5858.

4 Wolfgang Ballin: Interview, 1996. VHA, 20396.

5 Siehe Cercle d'étude de la déportation et de la Shoah – Amicale d'Auschwitz. Robert Waitz, médecin, résistant danns les camps d'Auschwitz III (Buna-Monowitz) et de Buchenwald. In: *Petit cahier* 15,2 (2011).

hierbei davor gerettet wird, vertilgt zu werden, ein anderer einspringen muß, ist allen klar.“[6]

Um eine Überlebenschance zu haben, musste man in den Genuss einer „Vorzugsbehandlung“ kommen oder „Anpassungsstrategien“ entwickeln – so die einschlägigen Begriffe im Schlagwortregister, mit dem die Shoah Foundation die Zeitzeugeninterviews erschließt. Im Einzelnen waren dies eine gewisse Geistesgegenwart und Kühnheit – besser: Chuzpe –, Strategien zur Vermeidung von Schlägen, Deutschkenntnisse, ein gefälliges Äußeres, das Beherrschen eines Verhaltenscodes bzw. von für das Lager nützlichen Fertigkeiten (Handwerk, praktisches Geschick), gegenseitige Unterstützung und/oder Zugehörigkeit zu einer bestehenden Gruppe, ‚Arisierung‘[7] und Identitätstausch.

Chuzpe[8]

Unter manchen Umständen waren es schlicht Unerschrockenheit und Chuzpe, die die Rettung bedeuteten.[9] So schildern Zeitzeugenberichte etwa den schnellen Wechsel zwischen zwei Reihen: um einer ‚Selektion‘ oder einem Transport zu entgehen, schlüpfte man direkt vor der Nase der SS-Männer durch, bisweilen (das allerdings

6 Frankl: *Trotzdem Ja*, S. 19.

7 Der Begriff ‚Arisierung‘ bezieht sich hier auf den Identitätswechsel und ist insofern von der nationalsozialistischen Praxis zu unterscheiden, Vermögenswerte der europäischen Juden nach ihrer Deportation an die ‚arische‘ Bevölkerung zu verkaufen. Siehe zu diesem letzten Komplex unter anderem Christiane Fritsche / Johannes Paulmann (Hrsg.): *„Arisierung“ und „Wiedergutmachung“ in deutschen Städten*. Köln / Weimar / Wien: Böhlau 2014.

8 ‚Chuzpe‘, ein Lehnwort aus dem Jiddischen, bezeichnet (teils abwertend) eine Haltung, die durch „Unverfrorenheit, unbekümmerte Dreistigkeit, Unverschämtheit“ charakterisiert ist (siehe *Duden. Das große Fremdwörterbuch*. 4., aktual. Aufl., hrsg. u. bearb. v. Wissenschaftlichen Rat der Dudenredaktion. Mannheim: Bibliographisches Institut & F. A. Brockhaus 2007, S. 265; so auch Heidi Stern: *Wörterbuch zum jiddischen Lehnwortschatz in den deutschen Dialekten*. Tübingen: Niemeyer 2000, S. 78). Hans Peter Althaus führt des Weiteren aus: „Bei Chuzpe ist […] zwischen einer aus bedrängten Umständen und Not geborenen Kühnheit und einer aus einer halbwegs gesicherten Position heraus eingenommenen Überheblichkeit zu unterscheiden. Die erste fand man im Lebenskampf […]“. (ders.: *Chuzpe, Schmus & Tacheles. Jiddische Wortgeschichten*, 3., durchges. Aufl. München: Beck 2015, S. 76.)

9 Es gibt einen weiteren Faktor, der zu diesem Register gehört: der Schwarzmarkt, von dem der französische Deportierte Jean Hoen ein sehr genaues Bild zeichnet (siehe ders.: *KLB: Journal de Buchenwald 1943–1945*. Paris: PUF 2013). Der Schwarzmarkt wurde vom geheimen Widerstand prinzipiell verboten.

selten) war ihnen das gleichgültig. Minna Wosk erlebte beides: Bei der Ankunft in Auschwitz habe sie die rechte Reihe verlassen, um zu ihrer Mutter und ihrer jüngsten Schwester hinüber zu gelangen. Ein SS-Mann habe sie erwischt und zurück in die linke Reihe geschickt. Auf diese Weise sei sie der Gaskammer entkommen. Später sei sie bei einer ‚Selektion' zu den Kranken gestellt worden und zu den ‚Gesunden' hinübergeschlüpft. Ein SS-Mann habe das bemerkt, aber nichts unternommen. Wieder sei sie gerettet gewesen. Andere hätten das Gleiche versucht, aber kein Glück gehabt.[10] Viktor Frankl glaubt, er sei, nachdem ihn der finstere SS-Arzt Josef Mengele in die linke Reihe geschickt hatte, hinter dessen Rücken in die rechte hinübergewechselt, weil er dort Bekannte gesehen habe. („Weiß Gott, woher mir der Einfall kam und woher ich den Mut dazu nahm."[11]) Sich wahrscheinlich daran erinnernd, was ihm ein älterer Häftling eingetrichtert hatte,[12] lief Élie Wiesel hinter seinem Vater her, der in eine andere Reihe ‚selektiert' wurde:

> Ein SS-Offizier brüllte hinter meinem Rücken:
> „Komm zurück!"
> Ich schlüpfte durch die Reihen der anderen. Mehrere SS-Männer stürzten hinter mir her und verursachten ein derartiges Durcheinander, daß viele Leute von links nach rechts hinüberlaufen konnten – darunter mein Vater und ich.[13]

Die Chuzpe seines Vaters rettete, wie oben gesehen, auch das ‚Buchenwaldkind' ein erstes Mal. Zacharias Zweigs Behauptung, dass man in den Lagern auf polnischem Gebiet seine Kinder bei sich behalten dürfe, war eine ebenso dreiste wie erfolgreiche Lüge.

Der Arzt Miklós Nyiszli, der Mengele als Helfer im Sonderkommando zugeteilt war, beschreibt eine bestimmte Haltung, die ihm nicht nur erheblich geholfen, sondern ihn sogar gerettet habe:

10 Minna Wosk: Interview, 1996. VHA, 8389.

11 Frankl: *Was nicht in meinen Büchern steht*, S. 72.

12 „‚Heda, Kleiner, wie alt bist du?' Der Fragesteller war ein Gefangener. Ich sah sein Gesicht nicht, aber seine Stimme klang müde und warm. ‚Noch keine fünfzehn.' ‚Nein. Achtzehn.' ‚Nein', erwiderte ich. ‚Fünfzehn.' ‚Dummkopf. Hör, was ich dir sage.'" (Elie Wiesel: *Die Nacht* [franz. 1958], aus. d. Franz. v. Curt Meyer-Clason. Gütersloh: Mohn 1980, S. 45).

13 Ebd., S. 125–126.

> Ich […] meine, daß es meine ausgewogenen Worte, mein entschiedenes Auftreten und meine ärztliche Haltung waren, die Mengele, vor dem sonst selbst die Knie der SS-Leute zitterten, veranlaßten, mir bei einem angeregten Streitgespräch eine Zigarette anzubieten und mich beim Gehen sogar zu grüßen.[14]

Diese Verhaltensweisen – sicheres Auftreten, gemessene Sprechweise, längere Pausen beim Reden – könnten auch in einem Management-Handbuch stehen, sie funktionierten freilich nur in jenen außergewöhnlichen Situationen, in denen er selbst sich befunden hatte. Hingegen war es Chuzpe, die ihn als Zeugen des Sonderkommandos vor dem sicheren Tod bewahrte. Während der allerletzten ‚Selektion' habe er beschlossen, aus der Reihe zu treten:

> Ich trete vor einem SS-Oberscharführer an. Mit fester Stimme melde ich: „Herr Oberscharführer! Ich bin der Arzt des Transportes aus dem KZ Auschwitz! Bitte lassen Sie mich ins Bad!"
> Er sieht mich an. Ob meine gute Kleidung, mein sicheres Auftreten oder mein akzentfreies Deutsch auf ihn wirkten – ich weiß es nicht. Doch er ruft seinem an der Tür postierten Gefährten zu: „Laß den Doktor runtergehen!"[15]

Fälle von Ärzten wie Nyiszlis, die in Krankenbauten arbeiten konnten (was nicht auf alle zutrifft), lagen allerdings ohnehin etwas anders – vor allem, weil sie nicht der gleichen Entpersönlichung ausgesetzt waren wie die übrigen Häftlinge. So mussten sie nicht die demütigende Rasur über sich ergehen lassen und auch nicht unbedingt Häftlingsuniform tragen. Mengele hielt vielmehr darauf, dass seine unter den Häftlingen rekrutierten Hilfskräfte nicht wie Häftlinge aussahen. Von seinen morbiden Forschungen besessen zog er es vor, sich mit ‚Kollegen' zu umgeben. Der promovierte Arzt Miklós Nyiszli, Ungar aus einer assimilierten jüdischen Familie, hatte in Deutschland studiert und konnte es mit Mengele aufnehmen. Manchen Ärzten war es deshalb möglich, ihre physische Integrität und Würde zu bewahren, was den Häftlingen im Lager sonst kaum gelang. Neben weiteren Faktoren – wie den besseren Lebensbedingungen im

14 Miklós Nyiszli: *Im Jenseits der Menschlichkeit. Ein Gerichtsmediziner in Auschwitz*. Berlin: Dietz 2013, S. 97.

15 Ebd., S. 148.

Revier – erhöhte dieser Umstand ihre Überlebenschancen erheblich. Dem slowenischen Partisanen Boris Pahor, der dem Krankenbau als Pfleger zugeteilt war, vermittelte zum Beispiel die einfache Tatsache, dass er Kranken helfen konnte, „ein Gefühl, nützlich zu sein",[16] und dieses Gefühl habe ihn vor der Erfahrung der „bewusste[n] Entpersönlichung" bewahrt, die „schlimmer ist als der Hunger".[17]
Der um eine Gesamtschau bemühte Zeugenbericht von Ernst Federn ermöglicht es, einige Überlebenstechniken genauer zu betrachten, denn in ihm sind Glück, Chuzpe, besondere Fertigkeiten und politische Überzeugungen eng miteinander verknüpft.

Ernst Federn, ein Psychoanalytiker in Buchenwald[18]
Ernst Federn wurde 1914 in Wien geboren und starb 2007 auch dort. 1998 gab er der Shoah Foundation ein Interview über seine Deportation. Auch zuvor hatte er schon darüber gesprochen, etwa mit seinem Biografen Bernhard Kuschey.[19] Sohn von Paul Federn, eines Neurologen jüdischer Herkunft und ehemaligen Mitarbeiters von Sigmund Freud in Wien, trat Ernst Federn mit 18 Jahren der SPÖ bei, wandte sich dann jedoch der trotzkistischen Bewegung zu. 1938 wurde er von der Gestapo verhaftet und zunächst nach Dachau, anschließend nach Buchenwald deportiert, wo er bis 1945 interniert blieb. Nach dem Krieg wanderte er in die USA aus und forschte über die Traumata ehemaliger KZ-Häftlinge. Ihm verdanken wir mehrere wissenschaftliche Veröffentlichungen zu diesem Thema.[20]
Im KZ Buchenwald sei er sofort einem „guten Kommando"[21] zugeteilt worden, dem aus Maurern gebildeten Baukommando III. Dort habe er eine Stelle als Nachtwächter ‚ergattern' können und die ersten drei Jahre, von 1939 bis 1942, auch behalten. Das sei ein vorzüglicher Posten gewesen, wie es keine zweite gegeben habe. Zu Beginn,

16 Pahor: *Nekropolis*, S. 200.

17 Ebd.

18 Ernst Federn: Interview, 1998. VHA, 40799.

19 Bernhard Kuschey: *Die Ausnahme des Überlebens. Ernst und Hilde Federn. Eine biographische Studie und eine Analyse der Binnenstruktur des Konzentrationslagers.* 2 Bde. Gießen: Psychosozial 2003.

20 Siehe etwa Ernst Federn: The Terror as a System: The Concentration Camp. In: *Psychiatric Quarterly Supplement* 22,2 (1948), S. 52–86.

21 Hier und im Folgenden Ernst Federn: Interview, 1998. VHA, 40799.

sagt er, habe er einfach Glück gehabt. Eines Tages sei ein Befehl aus Berlin gekommen: Es solle sofort ein Kommando aus 200 jüdischen Maurern zusammengestellt werden, die jünger als 25 Jahre alt waren. Da er grade 25 Jahre alt geworden sei, habe er sich nicht gemeldet. Der Blockälteste, August Kohn, habe ihm jedoch geraten, es trotzdem zu tun. 5 Minuten habe er für die Entscheidung gehabt, hätte er 5 Minuten länger gebraucht, wäre es zu spät gewesen. So kam Federn zum Baukommando. Wenig später wurden alle Juden aus Buchenwald nach Auschwitz deportiert – mit Ausnahme der Maurer, sowie Emil (Nathan) Carlebachs und August Kohns, der sich um die Versuchskaninchen und ihre Ställe kümmerte. Maurer zu sein, sei ein „Privileg" gewesen, denn sie seien „gebraucht" worden. Seinem Biografen zufolge verstand Federn sofort, dass seine einzige Überlebenschance in der Anpassung an die materiellen Bedingungen des Lagers bestand.[22] An anderer Stelle berichtet Federn, dass es darüber beim Arbeitseinsatz einen kurzen Streit mit Bruno Bettelheim gegeben habe. Als Häftlinge eine Reihe bildeten, um Ziegel zu den Maurern durchzureichen, warf Federn Bettelheim (den er nicht kannte) vor, die Ziegel fallen zu lassen, die er ihm anreichte. Das weckte den Zorn Bettelheims, der glaubte, es mit einem Vertreter der „Arbeitsideologie"[23] zu tun zu haben, einem guten Deutschen gewissermaßen, auch wenn er Häftling war: „Sind das deine Ziegel?"[24], habe Bettelheim ihm zugerufen. Der Streit verpuffte, als Bettelheim gewahr wurde, dass er es mit dem Sohn des Wiener Psychoanalytikers zu tun hatte. Allerdings hatte er keine Gelegenheit mehr zu überprüfen, ob Federns Strategie wirklich die Überlebenschancen mehrte, weil er 1939 amnestiert wurde. Später arbeitete er eine auf der Grundlage von durch Erziehung vermittelten Werten und Haltungen beruhende „Theorie des Überlebens"[25] aus, eine Theorie mithin, von der fraglich ist, ob sie sieben Jahren Lagerhaft standgehalten hätte – von der Politik der Judenvernichtung ganz

22 Kuschey: *Die Ausnahme*, Bd. 1, S. 409.

23 Ernst Federn: Psychoanalyse in Buchenwald. Gespräche zwischen Bruno Bettelheim, Dr. Brief und Ernst Federn. In: Ders.: *Ein Leben mit der Psychoanalyse. Von Wien über Buchenwald und die USA zurück nach Wien.* Gießen: Psychosozial 1999, S. 26–30, hier S. 27.

24 Ebd.

25 Pollak: *Grenzen des Sagbaren*, S. 166–167.

zu schweigen, die zum Zeitpunkt von Bettelheims Internierung in Buchenwald noch nicht beschlossen worden war.[26]

Federn verfügte über einen anderen Trumpf. Eines Tages, schildert er die Begebenheit, habe er beobachtet, wie ein Blockältester einen Häftling schlug. Er habe ihn angesprochen, aufgefordert, über seine Brutalität nachzudenken, und ihm anschließend erklärt, dass er niemanden außer seiner Mutter liebe, die anderen ihm vollkommen gleichgültig seien und er deshalb so brutal sein könne.[27] Das habe dem Blockältesten sichtbar zu denken gegeben, und Federn sagt, er sei seit diesem Tag dessen „Protégé" gewesen – selbst die ‚Kriminellen' hätten ihn in Ruhe gelassen. In gewissem Sinn sei er der „Psychoanalytiker von Buchenwald" geworden. Die Psychoanalyse hatte er schließlich, wie er zu sagen pflegt, gleichsam mit der Muttermilch aufgesogen und das habe ihm im Lager enorm geholfen. Bis zum Ende seiner Haftzeit habe er „Vorzugsstellen" innegehabt. (An dieser Stelle wird Federn von der Person, die ihn interviewt, unterbrochen und nach der Topografie des Lagers gefragt; auf die Psychoanalyse und ihre Bedeutung für Federn kommt sie nicht mehr zurück.)

Die anderen Häftlinge respektierten ihn also. Doch wie sah sein Verhältnis zur SS aus? Im Lager sei die Hauptsache gewesen, nicht aufzufallen, denn wer auffiel, sei fast sofort umgebracht worden. Um zu überleben, habe man so wenig wie möglich mit der SS zu tun haben dürfen.

Federn zählt anschließend die Verstecke auf: die Effektenkammer, die Küchen, die Arbeitsstatistik und das Revier. Als er auf den Funktionshäftling des Reviers, Ernst Busse, zu sprechen kommt, begnügt er sich mit der Feststellung, das sei eine „gute Stelle" gewesen. Sein Überleben erklärt Federn auch mit seinen guten materiellen Lebensbedingungen. Er sei nie im Kleinen Lager gewesen, wo nach 1944 die aus Auschwitz, den Ghettos und Arbeitslagern im Osten eintreffenden Häftlinge eingepfercht und in Quarantäne gehalten wurden. Er habe niemals unter solchen Bedingungen gelebt, immer ein eigenes Bett und einen Schrank gehabt. Federn erinnert sich daran, dass er zu dem Baukommando gehört habe, das in Weimar ein Wohngebiet für SS-Angehörige errichtete. Sie seien dort gut behandelt worden und

26 Bettelheim: Individuelles und Massenverhalten.

27 Hier und im Folgenden Ernst Federn: Interview, 1998. VHA, 40799.

hätten zu essen bekommen – „ein sehr gutes Kommando“, wiederholt er in dem leicht provozierenden Tonfall, der nur auf den Tonaufnahmen des Interviews zu greifen ist. Wahrscheinlich wollte er das traditionelle Bild des Lagers konterkarieren, von dem er ja wusste, dass dort nicht alle gleich behandelt worden waren. Aus demselben Grund spricht er im Interview vermutlich auch gerne Tabuthemen an wie die „Arisierung“ gegen Geld, Homosexualität und Prostitution. Häftlinge, die ‚rosa Dreiecke‘ trugen, seien gewissermaßen die „offiziellen Homosexuellen“ gewesen, andere umständehalber zu „Gelegenheitshomosexuellen“ geworden. Er sei der einzige gewesen, so Federn, der mit diesen Jugendlichen gesprochen habe, die jünger als 16 Jahre gewesen seien und sich für ein Stück Brot oder das Überleben angeboten hätten. Angst habe meist davor bewahrt, davon zu „profitieren“, denn wenn die SS es erfuhr, drohte die Todesstrafe.[28]
Federn bestätigt, dass die letzten Tage des Lagers, als die SS den Juden befohlen habe, sich am Eingangstor für die Evakuierung zu sammeln, besonders gefährlich gewesen seien. Mit etwa 15 anderen Häftlingen habe er dem Befehl nicht Folge geleistet. Bis zur Ankunft der Amerikaner hätten sie sich verstecken müssen, stießen dabei aber offenbar auf weniger Schwierigkeiten als Zacharias Zweig, der, man wird sich erinnern, mit seinem Sohn von Block zu Block irrte.

28 Es gibt wenige Zeitzeugenberichte zu diesem Thema, auch wenn es zuletzt vermehrt zur Sprache kam, besonders im Bericht von Rudolf B., der aufgrund seiner Homosexualität verhaftet worden war und durchblicken ließ, dass er seine Geliebten unter den in der Küche arbeitenden Häftlingen suchte. So konnte er auch Essen in den Jüdischen Block mitbringen, in dem er interniert war. Dieses Interview ist am 25. Juni 2008 von der Stiftung Denkmal für die ermordeten Juden Europas geführt worden. Alles lässt darauf schließen, dass es sich nicht um eine rekonstruierte Erinnerung handelt. Rudolf B. erzählt mit sichtbarem Vergnügen, dass er gefiel, und lässt durchblicken, dass er vor allem dank seiner Geliebten im Lager nicht unter Hunger litt; um zu beweisen, dass er nicht abgemagert war, zeigte er ein Foto, auf dem er kurz nach der Befreiung zu sehen ist. Doch plötzlich, bei der Erwähnung der Töpfe – er nimmt die Arme zu Hilfe, um zu zeigen, wie „riesig die waren“ –, die er in „seinen“ jüdischen Block brachte, bricht er zusammen: „Was haben sie gelitten, die Juden, was haben sie gelitten […]“. Sich zusammennehmend fährt er fort: „Es ist gut, was Sie hier für sie getan haben [er zeigt auf das Berliner Denkmal], aber man müsste auch eins für uns machen, und für die Zigeuner. Wir waren nicht viele, das stimmt, aber wir haben auch gelitten […]“, fügt er fast unhörbar leise hinzu, so als spräche er zu sich selbst. Wie die Fortunoff-Stiftung gibt die Berliner Stiftung Denkmal für die ermordeten Juden Europas die Nachnamen noch lebender Personen nicht an (Rudolf B.: Interview, 2008. Stiftung Denkmal für die ermordeten Juden Europas, 0115/sdje/002).

Federns Bericht gibt einige der Schlüssel an die Hand, mit deren Hilfe nachvollzogen werden kann, wie er die siebenjährige Lagerhaft überleben konnte. Erstens war er bei seiner Inhaftierung jung (24 Jahre alt) und wahrscheinlich bei guter Gesundheit – im Gegensatz zu jungen polnischen Juden, die bei ihrer Ankunft im Lager bereits zwei bis drei Jahre Mangelernährung in Ghettos hinter sich hatten. Zweitens sprach er deutsch und konnte sich mit den Lagerbehörden verständigen; vor allem aber verstand er, was sie von ihm wollten und konnte so Schläge vermeiden. Drittens war er Maurer geworden, verfügte also über handwerkliche Fertigkeiten, die er sich zwar erst im Lager angeeignet hatte, die nichtsdestotrotz aber eine Qualifikation darstellten. Darüber hinaus hatte er die besondere Eigenschaft, zuhören und anderen dabei helfen zu können, sich selbst zu verstehen. Und schließlich kam ihm, wie wir noch sehen werden, auch die Solidarität unter politischen Häftlingen zu gute.
Die SS ließ selten eine Gelegenheit aus, Häftlinge zu schlagen, wenn sie Befehlen nicht Folge leisteten. Dabei war es mehr oder weniger gleichgültig, ob sie die auf Deutsch gebellten Befehle verstanden oder nicht. Schläge zu vermeiden war jedoch entscheidend. „Wer nicht verstand, bekam Schläge", berichtet der Wiener Fritz Kleinmann.[29] Auch Victor Borograd, der aufgrund „einer Verkettung glücklicher Umstände" überlebt zu haben glaubt, erklärt im Interview:

> Bei meiner Arbeit war ich der SS weniger ausgesetzt, weil ich am Durchbruch von Stollen in den Bergwerken arbeitete, dort, wo die SS nie hinkam; außerdem verstand ich die Befehle auf Deutsch und Polnisch, und ich war jung und in guter körperlicher Verfassung.[30]

Die deutsche Sprache war, wie Robert Antelme in *Das Menschengeschlecht* schreibt, ein „Schutzschild": „So greift Gilbert bald in dieser, bald in jener Werkstatt ein, und die von ihm gehandhabte deutsche Sprache wird zu einem Schutzschild für die Kameraden".[31] Hans Frankenthal erinnert sich an die Rede, die ihnen der Blockälteste, ein

29 Fritz Kleinmann: Interview, 1997. VHA, 28129.

30 Victor Bogorad: Interview, 1997. VHA, 25918.

31 Antelme: *Das Menschengeschlecht*, S. 80–81.

deutscher Kommunist, am Abend nach ihrer Ankunft in Auschwitz gehalten habe. Er habe sie auf die Hausordnung hingewiesen:

> Er sagte uns: „Wir müssen überleben; wir müssen durchkommen". Er selbst war seit 1932 dort, er hatte sich mit einem SA-Mann geschlagen und hatte im Gefängnis gesessen. Er riet uns, uns als Handwerker auszugeben [...] und immer mit „Ja" zu antworten, selbst wenn man nicht verstand, weil auf ein „Nein" meistens Schläge folgten.[32]

Den gleichen Rat erhielt Jules Fainzang, der im Krankenbau von Auschwitz arbeitete, von einem jüdischen Arzt: „Wenn du hier überleben willst [...], musst du Schläge vermeiden, denn wenn du geschlagen wirst, bist du zu schlecht ernährt um durchzukommen, und außerdem muss man sauber bleiben."[33]
Sauberkeit war ein Trumpf bei ‚Selektionen', denn sie verbesserte das Äußere. In Auschwitz konnte dies bedeuten, den Gaskammern zu entgehen – und in Buchenwald, nicht nach Auschwitz abtransportiert zu werden, wohin die für ‚arbeitsunfähig' erklärten Juden, Sinti und Roma geschickt wurden.

Das Äußere
Weiterhin auszusehen wie ein Mensch und, koste es was es wolle, wenigstens dem Anschein nach in Form zu sein, sich aufrecht zu halten, war eine weitere Überlebensbedingung. Margareta Glas-Larsson, mit der Michael Pollak Interviews geführt hat, nimmt an, wegen ihres Äußeren gerettet worden zu sein. Sie behauptete im Lager, Chemikerin zu sein und nutzte ihr Wissen für kosmetische Behandlungen.[34] Schönheit konnte nützlich sein, wie Simone Veil sich erinnert.[35] Andere Zeugenberichte erwähnen weitere Fähigkeiten, die nur auf den ersten Blick unangemessen und deplatziert scheinen. So erzählt Artur Sachs, er habe sich ein Rasiermesser „organisiert" und anderen Häftlingen seine Dienste angeboten, die auf diese Weise weniger schmutzig,

32 Hans Frankenthal: Interview, 1996. VHA, 16480.

33 Jules Fainzang: Interview, 1995. VHA, 6480.

34 Pollak: *L'éxpérience concentrationnaire*, S. 64–65.

35 Simone Veil: *Und dennoch leben*, aus d. Franz. v. Nathalie Mälzer-Semlinger. Berlin: Aufbau 2009, S. 67–68.

ja gar gesünder ausgesehen hätten.[36] Solche Dienste konnten einerseits verhindern, dass Häftlinge aufgrund eines ‚vernachlässigten' Äußeren ‚selektiert' wurden. Andererseits kamen diejenigen, die sie anboten, auf diese Weise an zusätzliche Nahrung, z. B. von einem Häftling, der in den Küchen arbeitete, Päckchen vom Roten Kreuz oder Lohn[37] erhielt – Privilegien, von denen Juden, Sinti und Roma ausgeschlossen waren. Auch wer nicht rauchte hatte Glück, denn er konnte Tabak gegen zusätzliche Rationen eintauschen, und ein Stück Brot konnte schon reichen, wenn man unablässig das „Gewicht des leeren Magens"[38] spürte.

Selten erwähnt ein ehemaliger Häftling – solche Dinge sind nicht einfach einzugestehen –, Essen gestohlen zu haben. So erzählt Henry Rotmensch von der folgenden „kleinen" Betrügerei: Er habe zu einem polnischen Häftling (der Päckchen bekam) gesagt, er könne ihm gegen Essen eine goldene Uhr verkaufen. Dieser sollte ihm zunächst die Hälfte des Essens bringen, dann die zweite Hälfte, und da werde er die Uhr dann aushändigen. Das sei eine Lüge gewesen. „Woher hätte ich eine Uhr haben sollen?"[39] Wie die Geschichte ausging, berichtet er nicht, er teilt nur mit, dass es ihm gelungen sei, seinen Hunger zu stillen – zumindest vorübergehend. Ivan Baranenko hat weniger Skrupel: „Wir Russen bekamen gar nichts. Stalin hatte es verboten, die Franzosen dagegen, die bekamen Päckchen. Also gingen wir zu ihnen hin und sagten: ‚Wenn Du mir nichts abgibst, dann stehle ich's mir sowieso.'" „Wir waren stärker", fügt er mit einem gewissen Stolz hinzu.[40] Der französische Deportierte Jean Hoen hat dieses Verhalten ‚der Russen' (wie alle sowjetischen Gefangenen genannt wurden) ausführlich und mit Worten geschildert, die härter kaum sein könnten:

> 36 Päckchen ... wurden dem Blockältesten übergeben, damit er sie unter den Häftlingen verteilte, die keine erhielten. Dabei kam ein Paket auf 10 Häftlinge. Sie bedankten sich herzlich ... und in der Nacht stahlen sie, denen unsere kameradschaftliche Geste zuteil geworden war, den Franzosen 8 ihrer

36 Artur Sachs: Interview, 1996. VHA, 18734.

37 Es gab tatsächlich bezahlte Arbeitsstellen im Lager, etwa die Arztstellen, siehe Fonds David Rousset, BDIC, F delta 1880/46/3.

38 Antelme: *Das Menschengeschlecht*, S. 119.

39 Henry Rotmensch: Interview, 1996. VHA, 24726.

40 Ivan Baranenko: Interview, 1998. VHA, 47742.

> Päckchen … […] Wir verstanden sehr gut, dass diese Häftlinge Hunger hatten, aber war das eine Entschuldigung für ihren Diebstahl? Sie Leute folgten ihren niedrigsten Instinkten, nur zwei Dinge zählten für sie: Essen und Rauchen. Um diese beiden Bedürfnisse zu befriedigen, waren sie zu allem bereit und ließen das uns gegenüber auch durchblicken. Diebstahl folgte auf Diebstahl und alle blieben ungestraft.[41]

Unter den (1995 aufgenommenen) Zeugeninterviews, die in der Gedenkstätte Buchenwald bis zur Umgestaltung der Ausstellung 2016 in Endlosschleife liefen, war auch dasjenige von Boris Taslitzky. Er unterstreicht die Notwendigkeit, sich Selbstdisziplin aufzuerlegen und auf Sauberkeit zu achten.[42] Auch David Rousset erwähnt diese Verhaltensregel in *Les Jours de notre mort* wiederholt. Ein Gespräch zwischen ihm und dem kommunistischen Kapo Emil Künder, mit dem er sich anfreundete, schildert er folgendermaßen:

> Emil bestand beharrlich auf Sauberkeit. Er rasierte sich jeden Abend, war immer gut gewaschen. Er pflegte mit manischer Aufmerksamkeit seine Kleidung. Eines Tages, als ich etwas bärtiger war, sagte er verstimmt zu mir: „Ihr Intellektuellen degeneriert hier sofort." Ich hatte nicht übel Lust ihm zu antworten, dass er immerhin Kapo sei und deshalb über Mittel verfügte, von denen wir Plebejer nicht einmal zu träumen wagten, aber ich schwieg, weil er im Grunde recht hatte. Trotz allem sauber zu bleiben, das bedeutete, einen Teil seiner Würde zu bewahren, es bedeutete, Widerstand zu leisten.[43]

Der ehemalige, französische Häftling Charles Odic, immerhin ein von Beruf auf Hygiene bedachter Arzt, betont hingegen voller Misstrauen: „Sauberkeit! Das ist die Devise der Deutschen!".[44]

Einen Verhaltenscode annehmen

Anton Mason überstand drei ‚Selektionen'. „Das Geheimnis war, dass man gehen konnte, dass man die Füße heben konnte, die Schwachen

41 Hoen: *KLB*, S. 198.

42 Das Zeitzeugeninterview war Teil der 1999 eröffneten Dauerausstellung der Gedenkstätte Buchenwald. Seit der Neueröffnung im April 2016 ist es nicht mehr enthalten.

43 Rousset: *Les jours*, S. 465.

44 Odic: *Demain*, S. 145.

konnten das nicht".[45] Außerdem sei er in Buchenwald von dem Arzt Suslow, einem russischen Häftling, gut behandelt worden (andere Häftlinge erinnerten sich anders an ihn), wobei er sich immer an den Rat seines Vaters gehalten habe: Den SS-Männern nie in die Augen schauen, Mütze abnehmen und Augen geradeaus: „Solches Verhalten konnte helfen zu überleben."[46] Dem Blick eines Vorgesetzten, einer Autorität standzuhalten, lernt man sehr früh, aber während es in der Schule als Frechheit durchgehen mag, galt es im Konzentrationslager als Verbrechen. Klaus Trostorff und seine Kameraden erhielten bei ihrer Ankunft in Buchenwald einige grundlegende Hinweise von einem „erfahrenen Häftling", wie man Schlägen aus dem Weg ging:

> Er hat uns gesagt, wie wir uns verhalten und jeden SS-Mann grüßen mussten, indem wir die Mütze abnahmen, sogar wenn er nur 1,20 m groß war. Außerdem, dass es nicht viel zu essen gebe, und dass der, der seinem Kameraden Brot stehle, erschlagen [*sic*] werde. Er hat gesagt, dass keiner viel zu essen habe und dass jemandem Brot stehlen bedeute, dass man ihn zum Sterben verurteile, dass, wer sowas mache, erschlagen zu werden verdiene.[47]

Es gab weitere Dinge, die man unbedingt unterlassen sollte. Eine ehemalige Deportierte erinnert sich an die Ohrfeige, die sie dafür bekam, dass sie die Hände in die Hosentaschen steckte.[48] Das galt als „Zeichen der Unabhängigkeit", wie Robert Antelme in den kaum zu ertragenden Abschnitten über die ‚Todesmärsche' der Häftlinge schreibt und schildert, welche Anstrengungen es sie kostete, nicht aufzufallen, weil der Tod auf jeden lauerte, der sich von den anderen auch nur geringfügig abhob. Auch Bruno Bettelheim hatte sehr schnell erkannt, dass er seine Brille abnehmen musste, denn sie war ein Merkmal, ein Erkennungszeichen der Intellektuellen, die von der SS mit besonderem Hass bedacht wurden. Antelme über einen Häftling während des Evakuierungsmarschs:

45 Anton Mason: Interview, 1998. VHA, 45754.

46 Ebd.

47 Klaus Trostorff: Interview, 1996. VHA, 14862. Klaus Trostorff war Leiter der Gedenkstätte Buchenwald in der DDR.

48 Françoise Levinthal-Chasseigne: Interview, 2001. BDIC, DV61 (1-3).

> Er spricht stoßweise. „Ich bin auf der Liste: seht mich nicht an, wenn ich spreche." Er schafft sich an die Spitze der Kolonne vor. [...] Wir gehen eine ganze Weile, dann geht der SS-Blockführer, der an der Spitze war, zur Kolonnenmitte zurück. Er bleibt mit gespreizten Beinen am Straßenrand stehen [...]. Er sucht. „Du, komm her!" [...] Der „Fischfang" geht weiter. [...] Ich habe meine Brille abgenommen, um nicht aufzufallen. Wir versuchen uns so gut es geht nach rechts zu verdrücken, auf die Seite der Kolonne, die am weitesten von dem SS-Mann entfernt ist. Wir gehen schnell und schauen unter uns, wobei wir uns nach Möglichkeit hinter einem Größeren verstecken. Vor allem dürfen wir nicht dem Blick des SS-Mannes begegnen.[49]

Besondere Fertigkeiten

Handwerkliche Berufe wie Maurer, Schreiner, Schlosser, Schneider, Schuster, Dachdecker – Fertigkeiten, die das materielle Funktionieren des Lagers garantierten – konnten die Rettung bedeuten, auch wenn sie nicht so angenehme Verstecke boten wie Küchen und Reparaturwerkstätten, wo man im Trockenen und Warmen arbeitete. Einige Arbeitsstellen schützten per se vor der SS, d. h. vor Schlägen: Ein Dach neu einzudecken hieß z. B. auch, außerhalb der Reichweite der SS zu arbeiten. Das galt auch für die Bergwerke, die von der SS aus Furcht vor Einstürzen gemieden wurden. Dort konnte man Plätze finden, um sich hinzusetzen und seine Kräfte einzuteilen. Herbert Weidlich erwähnt in seinem Bericht die Schwierigkeiten der Arbeitsstatistik, Genossen zu verstecken, denen man zu helfen beschlossen hatte. Mehr als einmal hat Jorge Semprún erzählt, wie er bei seiner Ankunft im Lager hartnäckig und begriffsstutzig darauf bestand, als Philosophiestudent registriert zu werden[50] – also mit der Tätigkeit, der er vor der Deportation ja tatsächlich nachgegangenen war. Wie es scheint, ist darauf kaum Rücksicht genommen worden, denn im Lagerarchiv findet man ihn mal als Student, mal als Stuckateur.

Ernst Federn erklärt sein Überleben nicht nur mit einer materiell privilegierten Stellung, sondern auch mit seinen ‚natürlichen' Fähigkeiten als Psychoanalytiker. Bei aller dieser Selbsteinschätzung

49 Antelme: *Das Menschengeschlecht*, S. 321–323.

50 Jorge Semprún: *Schreiben oder Leben* [franz. 1995], aus d. Franz. v. Eva Moldenhauer. Frankfurt am Main: Suhrkamp 1995, S. 106–107; ders.: *Was für ein schöner Sonntag!*, S. 44–48.

gegenüber gebotenen Skepsis bleibt es eine Tatsache, dass er die Lebensbedingungen des Lagers sieben Jahre lang ausgehalten und überlebt hat. Auch Bruno Bettelheim hatte ja während seiner Haftzeit in Buchenwald feststellen können, dass „die Gefangenen gerne von sich redeten, denn es bestärkte sie in ihrer Selbstachtung."[51]
Bei anderen Begabungen ist der Zusammenhang offensichtlicher, Musik ist ein bekanntes Beispiel. So haben von den Mitgliedern des Frauenorchesters in Auschwitz bis auf die Dirigentin Alma Rosé, die wahrscheinlich an einem Tumor starb, alle überlebt.[52] Henry Rosmarin nimmt an, er sei verschont worden, weil er eines Tages die Serenade aus Franz Schuberts *Schwanengesang* auf der Harmonika spielte; er bekam zu essen und es gelang ihm sogar, das Hundefutter an sich zu nehmen. „Ein Wunder, das mir das Leben gerettet hat: eine Serenade für den Kommandanten gespielt zu haben; mein Status hat sich auf der Stelle geändert, ich bekam zu essen und habe sogar zugenommen".[53] Robert Clary berichtet über Privilegien der Musiker, die nicht arbeiten mussten und sonntags Konzerte für die SS gaben. Da er selbst singen konnte, nimmt er an, dass ihm seine Stimme das Leben gerettet hat.[54]
Weil sie begabte Zeichner waren, überlebten auch László Steiner, Boris Taslitzky und Walter Spitzer, Letzterer in „guten"[55] Umständen in Buchenwald. Schon im Lager Blechhammer, so Spitzer, dessen Chef „ein integrer Mann war, weshalb Blechhammer kein zu schlechtes Lager war", sei er „privilegiert" gewesen, denn er habe kleine Porträts angefertigt, die er gegen Essen an SS-Männer verkaufen konnte. Als er im Februar 1945 nach Buchenwald gekommen sei, habe der geheime Widerstand von ihm verlangt, das Museum der „Hexe von Buchenwald" Ilse Koch zu zeichnen. „Eines Tages ruft mich Peter in eine Stube, in der schon mehrere andere Verantwortliche [des geheimen Widerstands, S. C.] sitzen." Spitzer sagt, er habe Angst gehabt, es sei Nacht gewesen, und „im Lager ist jeder Augenblick ein gefährlicher

51 Bettelheim: Individuelles und Massenverhalten, S. 63.

52 *La chaconne d'Auschwitz* (*Bach in Auschwitz*, NL/BE/F 1999, R: Michel Daëron).

53 Henry Rosmarin: Interview, 1994. VHA, 268.

54 Robert Clary: Interview, 1994. VHA, 95.

55 Hier und im Folgenden Walter Spitzer: Interview, 1995. VHA, 5858.

Augenblick. […] Was habe ich falsch gemacht? Es ist wie ein Tribunal…". Ihm sei ein „Handel" vorgeschlagen worden:

> „Du stehst auf der Liste des morgigen Transports, ein sehr hartes Kommando; du weißt, dass man das nur vier oder fünf Tage überlebt. Wir haben beschlossen, dich nicht auf die Liste zu setzen, aber du musst uns im Gegenzug versprechen, dass du mit deinen Zeichnungen bezeugst, wenn du überlebst." Es waren Kommunisten, Aktivisten mit Sinn für Geschichte, ich habe akzeptiert.

Das war seine Chance. In Auschwitz, wo László Steiner gesehen hatte, wie Brüder sich gegenseitig Brot stahlen („Der eine ist gestorben, der andere hat überlebt. Menschliche Beziehungen gab es nicht mehr."),[56] habe er einen „Blutspakt" mit einem Kameraden geschlossen („nun ja, ohne Blut").[57] Sie hätten sich das Versprechen gegeben, einander moralisch und materiell zu helfen. Die SS schickte sie in ein Lager in der Nähe von Groß-Rosen. Eines Tages habe ein SS-Mann von ihnen ein Geschenk für den Lagerkommandanten verlangt. Steiner habe daraufhin ein Figürchen angefertigt, das dem Kommandanten glücklicherweise gefallen habe. Dieser hatte Kunst studiert. Plötzlich sei Steiner Lagerbildhauer gewesen. Wie Bruno Apitz in Buchenwald, der in Innenräumen arbeitete, zusätzliche Nahrung, Kleidung und Schuhe bekam und all das mit seinem Kompagnon (und mit sonst niemandem) teilte. Leider habe dieser Zustand nur zwei Monate gedauert, dann sei der Lagerkommandant ausgewechselt worden. Der neue habe nichts von Kunst verstanden.

Zugehörigkeit zu einer politischen und/oder ethnischen Gruppe

Bruno Bettelheim zufolge sind die politischen Gefangenen psychologisch am besten darauf vorbereitet gewesen, die Haftbedingungen des Lagers auszuhalten.[58] Diese Einschätzung teilt Paul Martin Neurath, für den es zwei Kategorien von Häftlingen gab, die gemeinsame Strategien des psychischen Widerstands entwickeln konnten: die ‚Politischen' (Sozialdemokraten und Kommunisten) und die Zeugen Jehovahs:

56 László Steiner: Interview, 1998. VHA, 44690.

57 Ebd.

58 Bettelheim: Individuelles und Massenverhalten, S. 66–67.

> Beides sind Gruppen mit stark ausgeprägten Ideologien, beide betrachten sich als Außenposten einer Armee, die zwar geschlagen, aber nicht auf Dauer besiegt ist.[59]

Zum selben Schluss gelangt der Straßburger Arzt Robert Waitz, der zunächst nach Auschwitz deportiert und nach dessen Räumung nach Buchenwald evakuiert wurde. „Niemals", bemerkt er, „hat sich die Überlegenheit des Moralischen und des Willens über das Körperliche so klar gezeigt wie in den Konzentrationslagern."[60] Anschließend listet er diejenigen auf, die unter den Franzosen am erfolgreichsten Widerstand geleistet hatten: ‚echte' Résistants (Häftlinge, die in Frankreich in der Résistance gewesen waren); Kommunisten, Jugendliche, die bei den Pfadfindern gewesen waren; Intellektuelle mit großer moralischer Kraft; Handwerker. Und dann „unbestreitbar jene Intellektuelle, die einem Ideal folgten, zu kämpfen gewohnt waren, sich strenge Disziplin auferlegten, das Zusammenleben in Gruppen akzeptierten und keinen ähnlichen Verfall erlebten, wie die Mehrheit der Häftlinge."[61] Doch wie kam Waitz zu dieser Reihenfolge? Anders als die meisten anderen verfolgten Gruppen hatte die Mehrheit der Widerständler – Kommunisten und andere – den Aufstieg des Nationalsozialismus und seiner Ideologie analysiert. Sie verstanden, warum sie verhaftet worden waren: Sie hatten dagegen angekämpft. Es war zwar Unrecht, aber es steckte eine Logik darin, die sie ohne Weiteres nachvollziehen konnten. Außerdem wussten die ‚Politischen', wie man sich gegen den Gegner gemeinsam organisierte, sie waren Aktivisten, die individualistische Haltungen (‚individuelle Lösungen') verurteilten und ablehnten. Und wie bereits erwähnt hatten einige von ihnen gewisse praktische Erfahrungen mit körperlicher Gewalt gemacht, sei es in Deutschland während der 1920er und 1930er Jahre, sei es in Spanien, wo sie 1936 bis 1939 in den Internationalen Brigaden am Bürgerkrieg teilgenommen hatten. Die Soziologin Maja Suderland zeigt, dass selbst in der Extremsituation des Konzentrationslagers *„ähnliche Strukturierungsmerkmale* virulent waren wie in jeder

59 Neurath: *Gesellschaft des Terrors*, S. 234.

60 Waitz: *Médecin*, S. 54.

61 Ebd.

normalen Gesellschaft“[62] und die Erhaltung des Zugehörigkeitsgefühls zu Klasse, ethnischer Gruppe und Geschlecht zu den Faktoren des Überlebens zählte.[63]

Gegenseitige Unterstützung

In den Interviews mit der Shoah Foundation wird auf die Frage: „Wie erklären Sie sich, dass Sie überleben konnten?“ regelmäßig gegenseitige Unterstützung als Faktor genannt. Freilich zeichnet sich ein deutlicher Unterschied ab zwischen den Vernichtungslagern, in denen Juden, selbst wenn sie einem Arbeitskommando zugeteilt waren, für die Gaskammern bestimmt waren, und den Konzentrationslagern. Solidarität zwischen Gegnern des NS-Regimes war in Buchenwald möglich, erwies sich in Auschwitz jedoch als äußerst schwierig:

> Ich bin oft gefragt worden, ob es in Auschwitz eine Form von Solidarität gab. Es konnte keine geben. Auf der einen Seite waren die Rationen zu klein; auf der anderen Seite hatte man keine Zeit, sich zu binden, denn man wurde von einem Tag auf den anderen getrennt. Es war unmöglich, sich anzufreunden.[64]

Alex Deutsch sagt in etwa dasselbe: „Man dachte nur noch an sich selbst um überleben zu können, man war kein menschliches Wesen mehr.“[65] Solidarität wurde hauptsächlich in anderen Lagern erfahren. Dort konnte sie jedoch ausschlaggebend sein, denn „die Fähigkeit, sinnvolle zwischenmenschliche Beziehungen zu entwickeln“[66], zählte zu den Faktoren, die die Überlebenswahrscheinlichkeit erhöhten, wie Bruno Bettelheim später erkannte. Christopher R. Browning führt die vergleichsweise hohe Überlebensrate der nach Auschwitz-Birkenau deportierten Frauen des Lagers Starachowice ebenfalls teilweise auf solche auf Wechselseitigkeit beruhende Beziehungen zurück, denn „Hilfsnetzwerke wie Familien und Kleingruppen, die sie in

62 Suderland: *Extremfall*, S. 319. (Herv. i. O.)

63 Ebd., S. 316–318.

64 Gérard Avran: Interview, 1997. VHA, 30224.

65 Alex Deutsch: Interview, 1997. VHA, 28965.

66 Bruno Bettelheim: Eigner eigenen Gesichts. In: Ders.: *Erziehung*, S. 119–139, hier S. 123.

Starachowice am Leben gehalten hatten, mussten nicht von Grund auf neu aufgebaut werden".[67] Als Kommunist kam man in Buchenwald fast automatisch in den Genuss der Vorzüge eines solchen Netzwerks. So blieb dem Berliner Alfred Arenstein die Zwangsarbeit im Steinbruch erspart, eines der schlimmsten und im Prinzip den jüdischen Häftlingen vorbehaltenen Arbeitskommandos. Stattdessen erhielt er Arbeit als Schneider in einer der Hauptwerkstätten des Lagers und blieb dort bis zum 11. April 1945. Und er weiß auch warum:

> Ich erhielt dieses Versteck, weil ich Genosse war … Sonntags wurden Veranstaltungen organisiert, um die Stimmung der Gefangenen zu heben, man sprach vom Kommunismus und der Gleichheit zwischen den Menschen.[68]

Jenseits des politischen Widerstands kann die gegenseitige Unterstützung von Häftlingen, die im derselben Werk arbeiteten, als beinahe einziger Ausweg betrachtet werden. So etwa im Fall der Zwangsarbeiter der Siemenswerke, unter ihnen Jules Fainzang, der seine beiden Kameraden „Pessimov" und „Optimov" erwähnt, mit denen und dank derer er überlebt hat.[69] Es war unmöglich, ohne eine Bezugsperson zu überleben, erklärt Max Hollweg kategorisch, d. h. ohne jemanden, auf den man sich stützen und verlassen konnte.[70] Einmal, während der Evakuierung, hätten sich Walter Spitzer und sein Freund Lebensmittel beschaffen können. Sie hätten sich versteckt, um zu essen und zu vermeiden, von anderen Deportierten dabei gesehen zu werden. „Es gibt keine Freundschaft, wenn die Umstände so sind, aber zu zweit kann man besser Widerstand leisten."[71] Reidar Dittmann, der dem Netzwerk der norwegischen Sozialdemokraten angehörte, erklärt ebenfalls, dass sie auf diese Weise in Buchenwald „durchgehalten" hätten.[72] In einem Block zusammengedrängt, in dem ausschließlich Norweger interniert waren, habe ein großer Vorteil darin gelegen, dass

67 Browning: *Remembering Survival*, S. 241.

68 Alfred Arenstein: Interview, 1996. VHA, 20426.

69 Jules Fainzang: Interview, 1995. VHA, 6480.

70 Max Hollweg: Interview, 1997. VHA, 37837. Das Wort Bezugsperson ist ein psychologischer Begriff; er verweist in der Regel auf die Mutter oder den Vater, die das Kind braucht, um sich entwickeln zu können.

71 Walter Spitzer: Interview, 1995. VHA, 5858.

72 Reidar Dittmann: Interview, 1999. VHA, 50467.

unter ihnen 22 Medizinstudenten gewesen seien, die zwar aus Mangel an Medikamenten niemanden behandeln, aber immerhin Krankheiten diagnostizieren konnten:

> Wir waren immer hungrig, aber man kann nicht sagen, dass wir an Hunger starben. Der Grund: Wir bildeten eine Gruppe, wir halfen uns gegenseitig [...]. Wer in diesem Lager alleine blieb, dessen Lebenserwartung war nicht sehr groß. Außerdem mussten wir nicht arbeiten. Wir verbrachten die Zeit damit, den Block aufzuräumen. Die Blockältesten waren alle Deutsche, einige bereits seit 1933 im Lager. Unserer war sehr gut, loyal und menschlich. Er hat uns viel geholfen.[73]

Sie waren also nicht nur von der Zwangsarbeit befreit, sondern erhielten auch Hilfe von Funktionshäftlingen. Gegenbeispiele gibt es allerdings ebenfalls. So glaubte etwa Charles Odic weniger an die gegenseitige Hilfe, weil in ihrem Namen seine Päckchen „geplündert" wurden, wie er es formuliert:

> Diese Solidarität musste im Prinzip ohne Ansehen der Nationalität den Zwangsarbeitern der Baracke zugute kommen, die gar nichts bekamen; sie wurde in die Hände fetter und mit der Eleganz von Zuhältern im Sonntagsstaat gekleideter Ganoven gelegt, denen wir nicht vertrauen konnten.[74]

Die „fetten Ganoven" waren niemand anderes als die Kapos, die bekanntlich keine Häftlingsuniformen trugen.

Dass die Franzosen Päckchen bekamen, sei es von ihren Familien (bis zur Befreiung Frankreichs im August 1944), sei es vom Roten Kreuz, wird in mehreren Zeugenberichten erwähnt. Jean Hoen weist auf den Neid hin, den diese Vorzugsbehandlung weckte.[75] Der Arzt Odic wurde vom Roten Kreuz individuell betreut. Nach den Regeln, die die Leitung des geheimen Widerstands aufgestellt hatte, musste ein Teil der Päckchen (die bereits von der SS um ihren Anteil erleichtert worden waren) an diejenigen abgegeben werden, die nie welche bekamen, vor allem an Juden und ‚Russen'. Dieser Anteil wurde als ‚Solidarität' bezeichnet. Jean Rousset sollte später berichten, dass dieser Beitrag

73 Ebd.

74 Odic: *Demain*, S. 89.

75 Hoen: *KLB*, S. 197–198.

vom deutschen Komitee erhoben (ohne Zweifel jene „fetten und mit der Eleganz von Zuhältern im Sonntagsstaat gekleideten Ganoven", von denen Olic schreibt) und an die ‚Russen' verteilt wurde, „die einzigen, die in ihren Augen zählten".[76]

‚Arisierung'

Ernst Federn kam noch auf ein weiteres, allerdings weniger bekanntes Phänomen zu sprechen, die „Arisierung" von Häftlingen. Einige hätten sie gegen Geld vorgenommen, erklärt Federn, ohne darauf genauer einzugehen. Ziemlich viele Zeitzeugen sprechen zwar an, dass sie bei der Registrierung nach ihrer Ankunft im Lager eine ‚arische', d. h. weniger gefährliche Identität bekamen, erwähnen jedoch nicht, dass Geld dabei eine Rolle gespielt hätte. Wie Zacharias Zweig berichtet, wurde sein Sohn zunächst durch ‚Arisierung' vor dem Transport nach Auschwitz gerettet:

> Willi Bleicher kam in den Block und sagte mir, daß sich alle Versuche zur Rettung des Kindes als erfolglos erwiesen hätten. Ihm sei es jedoch an diesem Tage gelungen, die Dokumente des Kindes zu vertauschen. Es figuriere jetzt als Pole.[77]

Gérard Avran, der im Januar 1944 bei einer Razzia in Marseille verhaftet worden war und über Auschwitz und Buchenwald nach Mauthausen deportiert wurde, erzählt, dass Spanier „sich meiner annahmen" und ihm ein rotes Dreieck gegeben hätten.[78] Er sei von diesem Moment an kein Jude mehr, sondern ein ‚Politischer' gewesen. Bis zur Ankunft der Amerikaner hätten sich französische Kommunisten um ihn gekümmert. Eine ähnliche Erfahrung machte Élie Boissy. Aus Sachsenhausen über Buchenwald nach Mauthausen evakuiert, fand er sich „mit einem roten Dreieck" wieder und wurde Katholik.[79] „Dort in Mauthausen war ich genauso unglücklich dran wie alle. Das heißt, ich hatte keine Angst mehr selektiert zu werden. Die Katholiken

76 Jean Rousset: *Chez les barbares*. Lyon: Album du crocodile 1948, S. 12.

77 Zweig: *Mein Vater*, S. 59.

78 Gérard Avran: Interview, 1997. VHA, 30224.

79 Élie Boissy: Interview, 1996. VHA, 14209.

ließen sie ihren eigenen Tod sterben."[80] Er vermutet, dass er sein Leben einem polnischen Kommunisten verdanke, der in Spanien gewesen sei und seine Heimatstadt Toulouse gekannt habe. Adam Drewniak, der seine Kindheit in Polen verbracht hatte und angibt, gute Beziehungen zu Polen unterhalten zu haben, gab sich selbst als nichtjüdisch aus. Auf diese Weise sei es ihm gelungen, der ‚medizinischen Inspektion' immer wieder zu entgehen. Wann immer jemand ihn verdächtigte Jude zu sein, krempelte er die Ärmel hoch und begann ihn zu beschimpfen und zu schlagen. „Also sagten sie: ‚Das kann kein Jude sein, denn er prügelt und wehrt sich.' Ich war unter Polen geboren und aufgewachsen, ich kannte sie gut." Er habe sogar ihre Religion gekannt und an Weihnachten mit ihnen gebetet. „Auf diese Weise habe ich überlebt." Nach Kriegsende habe er dann allerdings umgekehrt beweisen müssen, dass er Jude war: Das sei ihm gelungen, weil er sich noch an jüdische Gebete erinnert habe.[81]
Lucien Fayman, der am 12. April 1943 in Paris als Mitglied des Buckmaster-Netzwerks[82] verhaftet worden war, erinnert sich daran, wie er in Buchenwald von einem Funktionshäftling registriert wurde. Der habe ihn gefragt: „Katholisch, oder?"[83] Und bevor er hätte antworten können, habe er schon gerufen: „Der nächste!"[84] Auch er war kein Jude mehr – und sollte als einer der Wenigen das Lager Mittelbau-Dora, jene „Außenstelle der Hölle", überleben.[85] Hans Fürnberg wurde in Buchenwald ebenfalls offiziell zum Nichtjuden. Von tschechischen Kommunisten gerettet, arbeitete er in der Arbeitsstatistik, wo er mehrere jüdische Kommunisten traf, die als politische Häftlinge registriert und auf diese Weise geschützt waren.[86] Der Berliner Jude Stefan Katz gab sich in Auschwitz als Pole aus und wurde nach Buchenwald gebracht, wo er den Rat erhielt, mit den deutschen

80 Ebd.

81 Adam Drewniak: Interview, 1996. VHA, 13035.

82 Zu diesem von dem britischen Nachrichtendienstoffizier Maurice Buckmaster geführten Résistance-Netzwerk siehe Marcel Ruby: *F Section SOE. The Buckmaster Network*. London: Cooper 1988.

83 Lucien Fayman: Interview, 1996. VHA, 19181.

84 Ebd.

85 André Rogerie: *Vivre, c'est vaincre*. Paris: Hérault 1988, S. 56. Der Bericht war 1946 zunächst im Selbstverlag erschienen.

86 Hans Fürnberg: Interview, 1997. VHA, 30259.

Kommunisten in Kontakt zu treten. „Jeder wusste, dass es von ihnen in Buchenwald viele gab.“[87] Man sagte ihm, er solle mit Bruno Apitz[88] oder einer ähnlich bekannten Persönlichkeit sprechen, dass man für ihn Arbeit finden würde, die nicht allzu schwer sei: „Das tat ich und sie waren sehr nett zu mir. Ich sagte ihnen, ich könne Schreibmaschine schreiben.“[89] (Was nicht ganz richtig war, denn er konnte nur mit zwei Fingern schreiben). Er sei nach Mittelbau-Dora geschickt worden, allerdings habe er dort in einem Büro gearbeitet, es handelte sich also um ein Versteck. Er habe für Nazis in Zivil geschrieben, die ihm Briefe an ihre Familien diktiert hätten. Dabei habe er stets nur ein „P“ und kein „J“ auf seiner Weste getragen. Ein weiteres Privileg: Sein Kopf sei nicht rasiert worden.[90]

Aaron Bulwa und David Perlmutter kamen am 20. Januar 1945 in Buchenwald an. Sie begaben sich zu Block 66, dem Kinderblock. Der 1937 geborene David war eines der jüngsten Kinder in Buchenwald. Ein tschechischer Kommunist, Antonín Kalina, war dort Blockältester:

> Er tauschte ihr gelbes Dreieck gegen die Buchstaben P (für Pole) oder U (für Ungar), was sie zu politischen Häftlingen machte und vor den allerletzten Evakuierungen schützte.[91]

Kalina hatte einen Helfer, den polnischen Kommunisten Gustav Schiller, der sich um die jungen polnischen Juden kümmerte. Später wurden alle Kinder von Block 66 ‚arisiert‘.

Die Rekonstruktion der Akten der Politischen Abteilung, die bei dem alliierten Luftangriff auf Buchenwald am 24. August 1944 zerstört wurden, sollen die dort arbeitenden Funktionshäftlinge dazu genutzt haben, so viele Häftlinge wie irgend möglich zu ‚arisieren‘.[92]

87 Stefan Katz: Interview, 1997. VHA, 29143.

88 Hier griff ein typischer Mechanismus der Integration von Ereignissen ins eigene Gedächtnis, von denen man erst später Kenntnis erhält. Bruno Apitz erlangte erst nach Veröffentlichung seines Romans im Jahr 1958 Berühmtheit.

89 Stefan Katz: Interview, 1997. VHA, 29143.

90 Ebd.

91 Katy Hazan / Éric Gozlan, *Á la vie ! Les enfants de Buchenwald, du Shtetl à l'OSE*. Paris: Éditions le Manuscrit 2005, S. 143.

92 Langbein: *Nicht wie Schafe*, S. 216–217.

Die umfangreichste ‚Arisierung' fand allerdings – wenn man so sagen kann, denn eigentlich handelte es sich um einen Selbsterhaltungsreflex – erst in den letzten Tagen des Lagers statt, als die SS den noch verbliebenen Juden befahl, sich am Torturm zu sammeln, und die Hälfte einfach wegblieb. So riss Milos Povondra seinen Stern ab und begab sich zum Tschechen-Block, wo ihn niemand denunzierte – „Das waren Prominente", erklärt er[93] –, was bedeutete, dass sie zu den Verantwortlichen des geheimen Widerstands gehörten. Der Berliner Ernst Reich zog die Weste eines Politischen über und entkam dem Sammlungsbefehl auf diese Weise. Er hatte sich gewissermaßen selbst ‚arisiert'.[94] ‚Arisierung' rettete auch Chil Elberg das Leben, sollte für ihn jedoch zusätzlich traumatisierende Folgen haben.[95]

Der Identitätstausch

Der 1924 in Polen geborene Chil Elberg wurde im August 1941 in Belgien verhaftet. Zunächst in ein Bergwerk in der Nähe von Katowice deportiert, überlebte er dort mit Hilfe eines Freundes. Beide arbeiteten anschließend in einem Werk der IG Farben, in dem sie Zementsäcke über eine Strecke von fünf Kilometern tragen mussten. Eines Tages, berichtet Elberg, habe sein Kamerad keine Kraft mehr gehabt, ihm sei kalt gewesen und bei der Rückkehr ins Lager habe er angegeben, krank zu sein. Am gleichen Abend sei er beerdigt worden: Man hatte ihm eine mit Luft gefüllte Spritze gegeben. „Beim Appell war der Tod allgegenwärtig". Elberg verlor nach und nach alle Freunde.

> In Fürstengrube kämpfte jeder nur für sich, wollte jeder seine Haut retten, wir hatten nicht einmal eine Nummer auf den Arm tätowiert, wozu die Mühe, wir sollten vernichtet werden, der Tod war allgegenwärtig …

In einem der Lager, in das er geschickt wurde (er durchlief fast ein ganzes Dutzend Lager), sei er Stubendienst geworden. Das sei seine Chance gewesen: Er habe die Mülleimer gelehrt, ein SS-Mann habe ihm von Zeit zu Zeit einen Brotkanten zukommen lassen. An einem

93 Milos Povondra: Interview, 1997. VHA, 36907.

94 Ernst Reich: Interview, 1997. VHA, 29134.

95 Hier und im Folgenden Chil Elberg: Interview, 1997. VHA, 27654.

Tag habe er nicht weit von der Küche entfernt ein paar Kartoffeln gefunden, sie in dünne Scheiben geschnitten und auf den heißen Rohren erhitzt: „Am nächsten Morgen, als ich zur Arbeit ging, hatte ich zu essen, das war ultrageheim." Als er krank wurde, habe ihn der SS-Mann gerettet, dessen Büro er putzte, indem er seine Behandlung verlangt habe; später, als er sich mit Typhus angesteckt hatte, wurde er von Juden gerettet, die bereits immun waren (man kann Typus nur einmal bekommen) und ihm zu trinken gaben. In einem anderen Lager sei er erneut erkrankt und ins Revier gebracht worden. Dort habe ihn der Arzt bei einer ‚Selektion' gezwungen aufzustehen und ihm Bürste und Besen in die Hand gedrückt. Auf diese Weise für ‚arbeitsfähig' befunden, war er erneut gerettet. Im selben Lager sei er auf belgische Arbeiter getroffen, die ihm geholfen und ihm zu essen gegeben hätten. Zwei Monate später ließ Himmler das Lager räumen und die Häftlinge nach Auschwitz-Birkenau deportieren.
Als Chil Elberg dort im August 1944 ankam, wurde er tätowiert und in den für die Menschenversuche bestimmten Block gebracht. Hier sei er zufällig auf einen Friseur aus Brüssel getroffen, den er von früher kannte. Dieser habe ihm geraten, sich Arbeit zu suchen, „irgendwas, sonst wirst du durch den Kamin gehen". Ein französischer Kapo – „ein Mörder", wie er ihn nennt – habe ihn erst dem „Scheißkommando" und anschließend dem Kommando zugeteilt, dass die Leichen aus der Versuchsstation wegbrachte. Er habe getan wie geheißen: „Ich wollte leben ..." Zu diesem Zeitpunkt habe er bereits sechs ‚Selektionen' überstanden gehabt. Jedes Mal habe er sich verloren geglaubt, konnte sich jedoch verstecken und dem Tod entgehen. Als in Birkenau eines Tages Flugzeugmechaniker gesucht wurden, habe er sich gemeldet. Elberg wurde nach Buchenwald und von dort in ein Nebenlager gebracht, in dem sich politische Häftlinge befanden:

> Da war es leichter. Wir bauten Flugzeugflügel. Wir hatten zu essen, weil die Kapos Kommunisten waren, die schon lange in Lagern waren, sie waren menschlich, gaben uns die gleichen Sachen zu essen, die sie auch hatten. Vorher, als Jude, bekam man nicht das gleiche. Ein Kapo war der Onkel von Romy Schneider. Er war Kommunist, aus Halle; da ich Deutsch verstand, sprachen wir miteinander, er machte keinen Unterschied zwischen politischen Häftlingen und Juden. Wir saßen alle im selben Boot.

Nach einer Razzia der SS, die auf das nächtliche Durchtrennen der Steuerungsdrähte in den Flugzeugflügeln durch Mitglieder des geheimen Widerstands folgte, seien sie auf ein Strafkommando geschickt worden:

> Uns Juden trennten sie von den anderen, aber ich machte die Bekanntschaft einiger nichtjüdischer Belgier, die in einer anderen Baracke waren. Sie sagten zu mir: „Hör mal, in unserer Baracke ist ein Kerl, der sehr krank ist … Wenn ihm etwas zustößt …" Gott hat gewollt, dass ich in Buchenwald für tot gehalten wurde und die Chance auf ein neues Leben bekam […]. Sie nahmen die Leiche weg und gaben mir seine völlig verlauste Uniform, aber soviel war das Leben wert, und ihm gaben sie meinen Stern, er trug meinen Namen: Elberg; ich wurde Pepermanns, politischer Häftling, ich nahm beim Appell seinen Platz ein. Niemand hat mich verraten.

Nach seiner Rückkehr wurde Elberg in Belgien, wahrscheinlich wegen Identitätsbetrug, vor Gericht gestellt. Er sagt dazu im Interview nichts Genaueres. Der Ehefrau von Pepermanns war zuvor mitgeteilt worden, dass ihr Mann überlebt hatte. Es war ja ein Mann namens Chil Elberg, der in Buchenwald für tot erklärt worden war. Chil Elberg war durch einen Identitätstausch ‚arisiert' worden. Er hatte aufgehört, Jude zu sein und war ein ‚Politischer' geworden, indem er Platz und Namen des toten Pepermanns annahm.

Das war auch im Fall von Dimitri Wassiljewitsch M.[96] so, der erklärt, er habe überlebt, weil er die Identität eines anderen Häftlings angenommen habe. Er ging jedoch nicht weiter ins Detail. Fragen dazu wurden ihm ebenfalls nicht gestellt.[97]

Diese Form des Identitätstauschs ist oft erwähnt worden, unter anderem bereits 1946 von Stéphane Hessel und David Rousset in Beiträgen für die Zeitschrift *Les Temps Modernes*.[98]

96 Dimitri Wassiljewitsch M.: Interview, 1994. FVA, 00474/Yal/3263.

97 Anders als im Fall der Shoah Foundation waren die Interviews im Fortunoff-Programm weniger direktiv, d. h. offener. Im vorliegenden Fall ist der Zeitzeuge möglicherweise zu weitergehenden Erläuterungen bereit gewesen, entsprechende Nachfragen blieben jedoch aus.

98 Rousset: La signification; Hessel: Entre leurs mains.

Stéphane Hessel: „Boitels Leben bedeutete meinen Tod“

Stéphane Hessel wurde am 17. August 1944 mit 36 anderen französischen, englischen, belgischen und kanadischen Offizieren und Agenten nach Buchenwald eingeliefert, nachdem das Gefängnis in Fresnes vor der bevorstehenden Befreiung Frankreichs von der Gestapo geräumt worden war. Alfred Balachowsky, der als Entomologe in der Fleckfieberversuchsstation des SS-Hygieneinstituts arbeitete, kannte einen von ihnen. Ihm war klar, dass die Offiziere exekutiert werden würden, und so nahm er Kontakt zur deutschen Kommunistenfraktion auf, die sich jedoch, so David Rousset, aus Sicherheitsgründen weigerte, etwas zu unternehmen:

> Man kann sie nicht alle retten. Die Franzosen, die den Vorgang kennen und hohe Posten in Block 50, d. h. im Hygieneinstitut haben, beschließen, mit Unterstützung Kogons wenigstens drei zu retten. [...] Dotkins, Hessel und Pool kommen so in Block 46 [Block der Versuchspersonen].[99]

In seinen unter dem Titel *Tanz mit dem Jahrhundert* erschienen Erinnerungen erzählt Stéphane Hessel, wie er darauf gewartet habe, dass ein junger Franzose namens Michel Boitel starb, um seine Identität annehmen und dem sicheren Tod entrinnen zu können. Die Exekutionen seien bereits angesetzt gewesen und er habe jeden Augenblick aufgerufen werden können.[100] Hessel bestätigt, dass die Verhandlungen mit dem ILK gescheitert seien, „weil die [geheime Führung, S. C.] glaubt, ihre Intervention Parteigenossen vorbehalten zu müssen“.[101] In diesem Punkt weicht seine Erzählung jedoch von der Version ab, die David Rousset 1946 in seinem Beitrag für *Les Temps Modernes* veröffentlichte. Warum die deutschen Kommunisten nicht bereit gewesen seien zu helfen, erklärt er dort folgendermaßen:

> Der Grund für diese Weigerung liegt in den äußeren Umständen. Die Ereignisse spielen sich am Tag nach der schweren Bombardierung des Lagers Buchenwald ab. In beeindruckender Anzahl sind Waffen verschwunden. Die SS durchsucht unablässig das Lager. In der Effektenkammer weiß man, dass

99 Rousset: La signification, S. 1084.

100 Stéphane Hessel: *Tanz mit dem Jahrhundert. Erinnerungen*, aus d. Franz. v. Roseli Bontjes van Beek / Saskia Bontjes van Beek. Berlin: List 2011, S. 104–110.

101 Ebd., S. 105.

> am Turm Häftlingskleidung verlangt worden ist. Also werden Spitzel ins Lager geschickt. Es wimmelt nur so von ihnen. Ein Rapportführer ist extra eingetroffen, der den Auftrag hat, die Häftlinge einzeln zu durchsuchen und sämtliche Papiere einzuziehen, die die Häftlinge bei sich haben. Die Rettung der ausländischen Offiziere ist deshalb ein sehr riskantes Unterfangen. Würde die Fraktion der deutschen Kommunisten in einer so schwerwiegenden Affäre kompromittiert, dann könnte man sicher sein, dass die SS einen Staatsstreich in Buchenwald durchführen, die Roten stürzen und alle Stellen mit Grünen besetzen würde. Die Machtfrage stellt sich in all ihrer Bedeutung: die Wiedereinführung der Herrschaft der Grünen würde unweigerlich tausende Tote und grausamen Terror im Lager zur Folge haben. Diese Einschätzungen führen zur Weigerung der deutschen Kommunisten.[102]

Eugen Kogon, dem Assistenten des SS-Arztes Erwin Ding-Schuler, sei es schließlich gelungen, diesen zu „bestechen",[103] so Rousset weiter. Ding-Schuler habe offenbar gespürt, dass das Ende des Krieges bevorstand und habe als Gegenleistung einen schriftlichen Nachweis verlangt, der seine Zusammenarbeit mit dem Widerstand belegte. Weder Hessel noch Rousset geben allerdings darüber Auskunft, warum nur drei Personen ausgetauscht werden konnten. Vermutlich ist jedoch klar gewesen, dass das Risiko im Fall der „englischen Agenten"[104] ungleich größer war als bei vollkommen Unbekannten. Die SS wird ein Auge auf sie gehabt haben. Wie dem auch sei, Stéphane Hessel gehörte zu den drei Ausgewählten. Warum und nach welchen Kriterien ausgewählt wurde, kann er auch in seiner Autobiografie nicht sagen: „Vielleicht aus Freundschaft."[105] Also habe das Warten begonnen, ein Wettlauf mit der Zeit – ein Warten darauf, dass ein anderer Häftling stirbt. Einen Moment lang habe es den Anschein gehabt, als gehe es Michel Boitel, dem jungen Franzosen, dessen Identität Hessel annehmen sollte, etwas besser. Es sei zu befürchten gewesen, dass der Revierkapo Arthur Dietzsch, der in den Rettungsplan eingeweiht gewesen sei, bei seinem Ableben nachhalf, um „dem so riskanten Abenteuer ein Ende zu setzen".[106] Er habe in diesem Moment an

102 Rousset: La signification, S. 1085.

103 Ebd.

104 Ebd.

105 Hessel: *Tanz*, S. 106.

106 Ebd., S. 107.

Flucht gedacht, schreibt Hessel. Es kam jedoch anders. „Boitels Leben bedeutete meinen Tod. Sein Tod, der an meinem siebenundzwanzigsten Geburtstag eintrat, bedeutete mein Leben."[107] Einige Seiten später erwähnt er das „große Schuldgefühl", das er denen gegenüber empfunden habe, „die an meiner Statt hätten gerettet werden können, wie beispielsweise Henri Frager", der vor seinem Tod bei der Lagerverwaltung erwirkt habe, dass er und die anderen Offiziere nicht gehängt, sondern erschossen wurden.[108] Gemäß der von Herbert Weidlich in seinem Bericht genannten Vorsichtsmaßnahmen wurde Hessel anschließend in ein Außenlager geschickt, damit der SS keine Zweifel an seiner neuen Identität kämen. Der zu Boitel gewordene Hessel sagt von sich, er sei „in den Genuss der Privilegien" gekommen, die diese „erfahrenen Deportierten für sich und ihre Schützlinge erkämpft haben"[109] (er meinte ‚Politische', die als Kapos arbeiteten). Einfache, aber für das Überleben unerlässliche Privilegien: bessere Ernährung, ein wenig mehr Platz auf den Bettgestellen. Hessel nimmt an, dass er diese Vorzüge seinen Deutschkenntnissen verdankte. Er habe Geschichten erzählt, die seine Zuhörerschaft amüsiert hätten: „Wer sich in einem Lager aufs Erzählen versteht, kommt in den Genuß allergrößter Protektion."[110] Den Schutz der Kommunisten habe er jedoch verloren, als er nach seiner gescheiterten Flucht nach Mittelbau-Dora transportiert wurde, ein Vernichtungslager, dessen „Geheimnis [...] ängstlich gehütet" und das von ‚Kriminellen' verwaltet wurde: „Und wir sollten schon bald den feinen Unterschied spüren."[111]
Hessel hat den Briefwechsel veröffentlicht, den er während der sich Stunden des Wartens mit Kogon führte. Er ist sowohl in *Der SS-Staat* von Kogon[112] zu finden als auch in Hessels Erinnerungen[113]. Hessel bestätigt damit nicht nur, dass Boitel wirklich gestorben ist, sondern

107 Hessel: *Tanz*, S. 109.

108 Ebd., S. 110.

109 Ebd.

110 Ebd., S. 111.

111 Ebd., S. 113.

112 Nach der Befreiung als Zeuge im Lager geblieben, hatte Kogon Zugang sowohl zum Lagerarchiv als auch zur Sammlung der Zeugenberichte, die von dem Psychologenteam der US Army zusammengestellt wurde. Man kann sich fragen, wie er das Risiko auf sich nehmen konnte, diesen Briefwechsel bei sich zu behalten. Möglicherweise hat er ihn im Oktober 1946 rekonstruiert. (Siehe Kogon: *SS-Staat* (1974), S. 249–252.)

113 Hessel: *Tanz*, S. 107–109.

auch, dass er um die Praxis wusste, einem Todgeweihten beim Sterben zu helfen, um einen anderen Häftling zu retten. Dieselbe Methode, die später zur Rettung von Stefan J. Zweig angewendet wurde, half einem der beiden anderen Offiziere:

> Um ein Uhr gab Dietzsch Harry Pool eine Milchinjektion. Harry begann sofort, vor Fieber zu zittern und am ganzen Körper zu schlottern. Dietzsch rief den Oberarzt an und teilte ihm mit, dass der Häftling Nr. 8322 nicht zu seiner Exekution kommen könne, weil er von einem höchstwahrscheinlich tödlichen Typhus-Anfall ans Bett gefesselt sei. Der Oberarzt kam herüber [...]: „Geben sie ihm doch hier eine Spritze", sagt der Oberarzt. „Alles was ich wissen muss, ist, dass er tot ist."[114]

Dietzsch habe zwar eingewilligt, aber einen schriftlichen Befehl verlangt. In Hessels Fall lagen die Dinge ‚einfacher': Michel Boitel, dem es kurzzeitig besser zu gehen schien, starb schließlich doch. Wer er war, werden wir wohl nie erfahren. Bekannt ist nur, dass er anders als Hessel kein Deutsch sprach. In seinem in Romanform verfassten Bericht über eine ähnliche Episode schreibt Jorge Semprún, dass er versucht war, mehr über das Leben desjenigen zu erfahren, dessen Identität er annahm. *Der Tote mit meinem Namen* erschien 2001, während Hessels erster Bericht über seine Rettung aus dem Jahr 1946 stammt. Im Gegensatz zu Semprúns Erzählung fast gänzlich frei von Emotionalität gehörte Letzterer zur Gattung der noch stark von Heroismus geprägten Texte aus der Résistance.

Der direkte Tausch

Von Élie Boissy wird der Tausch gleichsam nur im Vorübergehen gestreift.[115] In Birkenau habe er, wie er schildert, sich mit einem deutschen Juden angefreundet, der seine Gesellschaft suchte, um sein Französisch zu verbessern. „Er war ein ‚Dienstrang'", erläutert Boissy,

> er gehörte zu denen, die die Listen für die Arbeitseinsätze und sogar für die Gaskammern erstellten [...]. Wir mochten uns, er bekam kleine Geschenke,

114 Hessel: Entre leurs mains, S. 1078.

115 Élie Boissy: Interview, 1996. VHA, 14209.

> denn er tat Gefallen, bewahrte jemanden vor einem Transport, schickte dafür jemand anderen.[116]

Zu den Gründen für diese „Arbeit“ führt Boissy aus, dass die Kapos jeden Tag den Befehl gehabt hätten, von einem Arbeitseinsatz eine bestimmte Quote an Leichen zurückzubringen, um Platz für Neuankömmlinge zu schaffen. Robert Clary, der Anfang 1945 nach Buchenwald kam, erzählt, er sei von einem „nichtjüdischen deutschen Kommunisten“[117] gerettet worden: „Er gab mir Brot, als wir im Desinfektionsraum warteten; drei Wochen später holte er mich aus dem Kleinen Lager und steckte mich in die Baracke der Franzosen.“[118] Anschließend sei er von zwei französischen Kommunisten in Empfang genommen worden – besser gesagt: er wurde von ihnen ‚aufgefangen‘. Sie hätten ihm zu Essen gegeben, sogar Zucker („sie waren wie Eltern“). Als die SS beschlossen habe, ihn zu evakuieren, weil das Lager überfüllt war, hätten ihn diese beiden Franzosen erneut gerettet. Boissy wurde von der Liste derjenigen gestrichen, die das Hauptlager verlassen sollten, und konnte so dem fast sicheren Tod entkommen.[119] Dennis Urstein berichtet über einen Kapo in Auschwitz (es bleibt offen, ob es ein ‚Krimineller‘ oder ein ‚Politischer‘ war), der es fertig gebracht habe, ihn erst zu schlagen, dann nach einer ‚Selektion‘ in den Block zurückzuschicken („Hau ab, Blödmann!“) und seinen Namen durch den eines anderen – vielleicht eines Toten – zu ersetzen: „Ich weiß nicht, wie er es gemacht hat, aber es ist geschehen, das ist alles.“[120] Er war gerettet. Ein anderes Mal forderte die SS im Lager Blechhammer 50 Zwangsarbeiter an. Ruben Gelbart gehörte zu den ‚Selektierten‘. Er ahnte, was ihnen bevorstand und konnte sich retten.[121] Seinen Platz nahm ein anderer Häftling ein. Für die SS war nur die Gesamtzahl wichtig. Dem Berliner Hermann Flath gelang es bei seiner Ankunft in Auschwitz, in die „richtige Reihe“ zu schlüpfen.[122]

116 Élie Boissy: Interview, 1996. VHA, 14209.

117 Robert Clary: Interview, 1994. VHA, 95.

118 Ebd.

119 Élie Boissy: Interview, 1996. VHA, 14209.

120 Dennis Urstein: Interview, 1995. VHA, 6719.

121 Ruben Gelbart: Interview, 1997. VHA, 37820.

122 Hermann Flath: Interview, 1997. VHA, 29117.

Niemand nahm daran Anstoß, bis auffiel, dass es im Block einen Häftling zuviel gab. Wenn dieser sich nicht selbst stellte, würden zehn Häftlinge in die Gaskammer geschickt werden. Flath stellte sich, doch da er erfahren hatte, dass der Chef des Nachbarblocks ein Cousin war, habe er darum gebeten, ihm Bescheid zu geben. Der Cousin habe seinerseits zugestimmt, ihn „für eine Nacht" zu verstecken. In derselben Nacht sei dann ein Häftling gestorben – dessen Identität Flath angenommen habe. „Ich habe immer Glück gehabt", dieser Satz ist das Leitmotiv seines Zeitzeugeninterviews mit der Shoah Foundation.
Die Ärztin Adélaïde Hautval erzählt, dass sie sich in ihren Erinnerungen oft gefragt habe, was ihr eigentlich die Strafe erspart hat, als sie sich geweigert habe, mit Nazi-Ärzten zusammenzuarbeiten. Sie verstand nicht, „was genau da abgelaufen ist"; später habe sie erfahren, dass ihre Exekution angeordnet gewesen, sie aber durch eine andere Gefangene ersetzt worden sei – der Gedanke daran habe sie lange gequält.[123] Und wer nahm den Platz von Charles Odic ein, der trotz seines Hasses auf Deutsche und Kommunisten gerettet wurde? Drei Mal wurde er für einen Transport ‚selektiert', zwei Mal durch die ‚medizinische Inspektion' gerettet, beim dritten Mal durch das Einschreiten eines Freundes in letzter Sekunde, eines Freundes, den seine Vorwürfe dennoch stark irritiert hatten.[124]
Zacharias Zweig berichtet ohne zu zögern über die Rettung seines Sohnes und ihre Umstände. Stefan Jerzy Zweig war nicht der Einzige: Außer ihm standen die Namen zehn weiterer Kinder auf der Liste. Obwohl er selbst nicht auf einer Liste stand, berichtet Willi Fogel, der am 9. September 1944 von Auschwitz nach Buchenwald deportiert wurde, ebenfalls darüber, durch Krankheit vor einem Transport gerettet worden zu sein.

> Aber da geschieht ein Wunder, ein richtiges Bett, ein richtiger Arzt, richtiges Essen. Ich blieb dort drei Wochen. Dann brachte mich die kommunistische Organisation in der Baracke der Norweger unter, damit ich mich erholen konnte. Nach 14 Tagen konnte ich mich wieder aufrecht halten.[125]

123 Adélaïde Hautval: *Médecine et crimes contre l'humanité. Témoignage.* Paris: L'Harmattan 1991, S. 80.

124 Odic: *Demain*, S. 90.

125 Hazan / Gozlan: *Á la vie !*, S. 141.

Ist Rudolf Morgenstern ebenfalls auf diese Weise gerettet worden?[126] Er berichtet, dass er sich in Buchenwald zum Krankenbau begeben habe, nachdem er erfahren hatte, dass er abtransportiert werden sollte. Dort habe ein Freund gearbeitet, der ihn in dem von der SS nicht betretenen Saal mit den Patienten versteckte, die an schweren Entzündungen litten. Auf die Frage: „Und dann?" gibt er zur Antwort, dass er sechs Tage lang im Revier geblieben sei. Anschließend spricht er über die Befreiung des Lagers, die sehr schnell gekommen sei. Fast scheint es, als hätte er beide Ereignisse durcheinandergebracht. Walter Spitzer und sein Freund „Coco" überlebten beide.[127] Sie hatten sich immer gegenseitig unterstützt. Einmal habe einer der beiden den Namen des anderen auf einer Transportliste bemerkt. „Diese Listen", erklärt Spitzer, „wurden vom Sekretariat gemacht. ‚Den da setzt du auf die Liste oder auch nicht.' Marcel Paul war im Lager, ich habe in derselben Baracke gearbeitet wie er, das war ein Versteck."[128] Soll diese Anspielung bedeuten, dass Marcel Paul etwas unternommen hat? Das ist sehr wahrscheinlich. Ebenso wahrscheinlich ist aber auch, dass ein anderer Häftling an seiner Stelle abtransportiert wurde.
Bei seinem Besuch in der Gedenkstätte Buchenwald im Jahr 1990 sah Imre Kertész, dass sein Name von einer Transportliste gestrichen worden war:

> Im Buchenwalder Häftlingsregister ist nämlich ein sogenannter Abgang vermerkt: „Kertész, Imre, ungarischer Jude, Häftling Nummer 64921", gestorben am 18. Februar 1945. Ein unanzweifelbarer Hinweis, daß mich irgend jemand aus der Liste gestrichen hatte, damit ich, als jüdischer Häftling, nicht im Zuge der Liquidation des Lagers umgebracht würde.[129]

Dieser „irgend jemand" sei, wie der Autor des *Romans eines Schicksallosen* später im Gespräch enthüllte, ein Mitglied der „roten Führung" gewesen. Oder jemand, dem die „rote Führung" vertraut habe.
Jorge Semprún erzählt seinerseits, wie er den französischen Kommunisten den Fall eines Industriellen namens Marcel Bloch – später

126 Rudolf Morgenstern: Interview, 1996. VHA, 10235.
127 Walter Spitzer: Interview, 1995. VHA, 5858.
128 Ebd.
129 Kertész: *Dossier K*, S. 83.

Bloch-Dassault bzw. Dassault – vorgetragen habe, von dem man ihm gesagt hatte, er sei ein echter Résistant, dem sehr wahrscheinlich der Transport nach Mittelbau–Dora drohe. „Sie haben das Notwendige getan, um Maurice [Marcel, S. C.] Dassault in Buchenwald überleben zu lassen.“[130] Er beschreibt auch die Handlungsweisen genauer, die „alles Notwenige tun“ bedeuteten, spricht die ‚Selektion‘ an, die das ILK unter den im Dezember 1944 in Auschwitz angekommenen Juden vornahm. Im Lager zurückgehalten wurden jene, die eine Chance hatten durchzukommen, während die bereits halb Toten für Arbeitseinsätze in Außenlagern eingeteilt und so in den fast sicheren Tod geschickt wurden.[131]

130 Semprún: *Was für ein schöner Sonntag!*, S. 352.
131 Ebd., S. 254–261.

3.
Das Schuldgefühl: ein „Psychomonster"?

Dass der Umstand, die NS-Lager überlebt zu haben, ein Gefühl der Schuld erzeugen könne, nahm bereits Bruno Bettelheim an. Doch erst der US-amerikanische Psychiater Robert Jay Lifton entwickelte den Gedanken weiter, indem er das Schuldgefühl als einen der zentralen Aspekte des „Überlebensschuld-Syndroms" identifizierte.[1]

> Die Stimme der Vernunft will die Frage „Warum wurde ich gerettet?" mit der Auskunft „Es war reines Glück, purer Zufall, sonst nichts" beantworten, während die Stimme des Gewissens entgegnet: „Stimmt, aber der Grund dafür, daß du die Chance des Überlebens erhieltest, liegt darin, daß irgendein anderer Häftling an deiner Statt starb."[2]

Daran schließt Élie Wiesels berühmter Satz an: „Ich lebe, also bin ich schuldig. Ich bin noch hier, weil ein Freund, ein Kamerad, ein Unbekannter an meiner Stelle gestorben ist."[3] Er scheint Bettelheims These endgültig zu belegen, ja, sie sogar unterschiedslos auf alle Überlebenden übertragbar zu machen.

1 Robert Jay Lifton: *Death in Life. The Survivors of Hiroshima.* New York: Simon & Schuster 1967, bes. S. 35–56.

2 Bruno Bettelheim: Trauma und Reintegration. In: Ders.: *Erziehung,* S. 28–46, hier S. 36.

3 Elie Wiesel: *Gesang der Toten. Erinnerungen und Zeugnis* [franz. 1966], aus d. Franz. v. Christian Sturm. Freiburg / Basel / Wien: Herder 1987, S. 151.

Bettelheims Überlegungen haben die Forschung zum Thema lange beeinflusst. Judith Hemmendinger, die im Kinderhilfswerk Oeuvre de secours aux enfants (OSE)[4] mitgearbeitet und nach der Befreiung des Lagers die Kinder aus Buchenwald abgeholt hatte, verfasste zwanzig Jahre danach auf der Grundlage von Interviews mit etwa sechzig dieser Kinder ihre Dissertation. Unter den Nachwirkungen der Deportation identifiziert sie ebenfalls dieses Schuldgefühl. Im Frankreich der 1960er Jahre war ihre Arbeit insofern innovativ, als die Debatte zu dieser Zeit von einer Untersuchung über die körperlichen Folgeschäden geprägt war, die Charles Richet, ein ehemaliger KZ-Häftling, und Antonin Mans 1956 unter dem Titel *La Pathologie de la déportation* veröffentlicht hatten.[5] Judith Hemmendingers Forschungsarbeit konzentriert sich dagegen auf den psychischen Zustand der Überlebenden. Sie zitiert die Studie eines Chicagoer Psychiaters, der zufolge 67 von 100 Patienten am „Überlebenden-Syndrom" litten, und greift Bettelheims Analyse auf. „In dem Maße", fasst sie ihre Ergebnisse zusammen, „wie die Häftlinge nach ihrer Freilassung wieder zu physischen Kräften kamen, kehrte die Erinnerung an halbvergessene Ereignisse zurück und erzeugte Schuldgefühle, die objektiv nicht gerechtfertigt waren."[6] Hemmendinger führt eine Reihe von Gründen für diese Entwicklung an und nennt an letzter Stelle

> die Scham darüber, im Lager nicht auf ihre Nächsten geachtet zu haben, Toten Dinge genommen zu haben (Kleidung, z. B. wenn ihre eigenen nur Fetzen waren) [...]. Es scheint, dass diese zum Schuldgefühl gewordene Scham, so groß gewesen ist, dass sie nicht wagten, sie offen einzugestehen. Und das ist ohne Zweifel der Grund, warum sie so leiden.[7]

Keineswegs alle Überlebenden erwähnen jedoch Schuldgefühle. Einige ehemalige Häftlinge wie die polnischstämmige Soziologin Anna Pawełczyńska oder die französische Psychoanalytikerin

4 Die OSE organisierte während der deutschen Besatzung Frankreichs die Rettung jüdischer Kinder. Nach der Befreiung nahm sie 400 aus Buchenwald entkommene Kinder auf.

5 Charles Richet / Antonin Mans: *La Pathologie de la déportation*. Paris: Plon 1956.

6 Judith Hemmendinger: *Á la sortie des camps. Réinsertion dans la vie*. Dissertation, Université de Strasbourg 1981, S. 36.

7 Ebd.

Anne-Lise Stern haben sich mit mehr oder weniger deutlichen Worten gegen diese zum Gemeinplatz gewordene Annahme gewandt: „Das Überlebenden-Syndrom ist ein Psychomonster", so Stern, „das wer weiß wo herkommt, aus Amerika vielleicht; es existiert nicht! Es gibt keine Schuld der Überlebenden [...] Die Überlebenden-Schuld ist ein schrecklicher Begriff."[8]

Als Gerhard Botz und Michael Pollak 1982 in einem Artikel versuchten, die sozialen Bedingungen des Überlebens im Konzentrationslager anhand des Zeitzeugenberichts einer ehemaligen Deportierten zu rekonstruieren, schlossen sie eher auf Scham denn auf Schuldgefühle:

> Sich in einem Sozialraum durchzusetzen, in dem es ausschließlich um einen Wettlauf ums Überleben geht, führt in einen tragischen Widerspruch: Man kann einerseits nur überleben, wenn man sich auf diesen Wettkampf einlässt, die Überlebenden müssen dann andererseits aber mit der Scham leben, an diesem Wettlauf teilgenommen und sich seinen Regeln unterworfen zu haben.[9]

In dieser Fallstudie, die zu ihrer Zeit ebenfalls innovativ war – Claude Lanzmanns *Shoah* war noch nicht erschienen – verknüpften die beiden Forscher das Schuldgefühl allgemein mit dem Kampf ums Überleben im Konzentrationslager, konnten darüber hinaus aber kein „ausdrückliches Motiv" erkennen, das ein solches Gefühl gerechtfertigt hätte. In den für die vorliegende Untersuchung ausgewerteten Zeitzeugeninterviews dagegen verweist das Schuldgefühl, wenn es angesprochen wurde, durchaus auf ein „ausdrückliches Motiv", auf eine konkrete Situation nämlich, in der ein ‚Opfertausch' stattgefunden hatte.

Ohne zu einer psychologischen Interpretation greifen zu wollen – das übersteigt meine Kompetenzen –, neige ich nach der Auswertung des Korpus an Zeitzeugenberichten dazu, Schuld- und Schamgefühl voneinander zu unterscheiden, wobei viel häufiger von Letzterem die Rede ist. In diesem Sinn scheint das Anhören der Interviews die These der

8 Anne-Lise Stern: *Des expériences intérieures pour quelles modernités ?* Paris: Édition nouvelles Cécile Défaut 2012, S. 122–123.

9 Gerhard Botz / Michael Pollak: Survivre dans un camp de concentration. In: *Actes de la recherche en sciences sociales* 41 (1982), S. 3–28, hier S. 5.

Psychologin Ruth Leys zu belegen, die von einer Verschiebung des Schuldgefühls zur Scham ausgeht.[10] Im Übrigen ist es auch Scham, die Primo Levi empfunden haben will, als er darüber schrieb, wie er sich an einem extrem heißen Tag das Wasser mit seinem Kameraden Alberto geteilt habe, das Tropfen für Tropfen aus einem löchrigen Rohr sickerte, ohne andere Häftlinge darauf aufmerksam zu machen, die ja ebenfalls unter Durst litten und von denen einer sogar starb. Und Levi fragt sich selbst: „Kommt deine Scham daher, daß du an Stelle eines anderen lebst?"[11]

Kam Scham kaum und Schuld noch seltener zur Sprache, wenn die Zeugin oder der Zeuge sich der Gründe ihres Überlebens nur vage bewusst waren,[12] gilt dies nicht für jene, die präzise Erinnerungen an die Umstände hatten, denen sie ihr Leben verdankten, oder die sogar genau wussten, auf wessen Kosten sie überlebt hatten. In diesen Fällen kann von einem Schuldgefühl gesprochen werden. In seinen 1994 veröffentlichten Erinnerungen schreibt Élie Wiesel, was er in seiner ersten Erzählung *La Nuit* (dt.: *Die Nacht*) von 1958 noch unerwähnt gelassen hatte, nämlich dass er zur letzten Gruppe gehören sollte, die Buchenwald am 10. April 1945, dem Vortag der Befreiung des Lagers, verließ und deren Leichen am nächsten Tag die Straßen säumten. „An diesem Tag war ich etwas zurückgeblieben, und ein anderer nahm meinen Platz ein."[13] Dieser Umstand lässt seinen oben zitierten, berühmten Satz in einem etwas anderen Licht erscheinen. In seinen Erinnerungen fährt er fort:

> Seither frage ich mich oft: Wer war es? Wer ist für mich gegangen? Genauer: Wer ist gegangen, weil ich zurückblieb oder damit ich zurückblieb? Ich werde es nie erfahren, aber ich weiß, daß ich ihm das Leben verdanke.[14]

Die Frage, die Wiesel quälte, drehte sich um eine Entscheidung, die er in der Situation mehr oder weniger bewusst traf, gedrängt

10 Leys: *From Guilt to Shame.*

11 Levi: *Die Untergegangenen*, S. 83.

12 Das Adjektiv ‚vage' kann auch verdrängte Erinnerungen verdecken, aber ich halte mich hier an das explizit Gesagte.

13 Élie Wiesel: *Alle Flüsse fließen ins Meer. Autobiographie* [franz. 1994], aus d. Franz. v. Holger Fock. Hamburg: Hoffmann & Campe 1994, S. 135.

14 Ebd.

von jenem Selbsterhaltungstrieb, in dem Terrence Des Pres, der US-amerikanische Experte für Lagerliteratur, sogar den ausschlaggebenden Faktor für das Überleben sah. Wogegen Bruno Bettelheim, wie wir gesehen haben, das Überleben dem Respekt der Werte und ethischen Haltungen zuschrieb, von denen man in Kindheit und Jugend durch Erziehung geprägt worden war.[15] „Eines der besonders verstörenden Merkmale dieser Erzählungen", so Lawrence L. Langer über die Interviews mit Überlebenden, „ist die Häufigkeit, mit der die Zeitzeugen sich selbst die Schuld für die Konsequenzen von Handlungen geben, an denen sie in unseren Augen vollkommen unschuldig sind."[16] In unseren Augen mag dies so sein – es muss aber nicht notwendig auch für die Zeitzeuginnen und -zeugen gelten. Wenn dem so ist, sollten auch die Ursachen benannt werden können, doch oft bieten die Interviewenden einfach nicht den erforderlichen „Raum des Sagbaren"[17] an, sei es, dass sie sich selbst schützen und nicht mehr wissen wollen, sei es, dass sie einfach unaufmerksam sind. Michael Pollak fragt deshalb zurecht, ob

> sich die von Psychiatern und Psychoanalytikern festgestellte, konkrete Manifestation und das Ausmaß mancher charakteristischer Aspekte des ‚Überlebenden-Syndroms' nicht aus der Unmöglichkeit ergeben, einige ihrer Traumata öffentlich anzusprechen und die Erinnerungen an sie mit anderen zu teilen.[18]

15 Terrence Des Pres: *Der Überlebende – Anatomie der Todeslager*, aus d. Amerik. v. Monika Schiffer. Stuttgart: Klett-Cotta 2008, S. 202–235. Bruno Bettelheim kritisierte Des Pres in dem berühmt gewordenen Artikel, „Surviving", der am 2. August 1979 in *The New Yorker* erschien. Für eine auswertende Diskussion des Konflikts zwischen der ‚psychologischen' Interpretation Bettelheims, der in der Aufrechterhaltung der Würde einen Überlebensfaktor sah, und der ‚soziobiologischen' Interpretation Des Pres' siehe Pollak: *L'expérience concentrationnaire*, S. 297–300. Pollak argumentiert hier überzeugend, dass es sich trotz der Härte der Auseinandersetzung um durchaus komplementäre Positionen handelte.

16 Langer: Foreword, S. XVII.

17 Michael Pollak bezieht sich mit diesem Begriff auf die Bedingungen der Möglichkeit von Zeitzeugeninterviews. Ihm zufolge ist „jede Aussage [eines ehemaligen KZ-Häftlings] in einem Raum des Sagbaren angesiedelt, der begrenzt ist vom absoluten Schweigen derer, die physisch vernichtet wurden (dem Schweigen der Millionen KZ-Opfer, deren Tod das einzige ist, was wir von ihnen erfahren) und vom partiellen Schweigen als Folge der Zerstörung der ‚moralischen' (d. h. psychischen, sozialen, ethischen) Voraussetzungen, die zur Aussage befähigen." (Pollak: *Grenzen des Sagbaren*, S. 93.)

18 Pollak: *L'expérience*, S. 291.

„Ein Mann kriecht unter dem Stroh hervor und sagt: Sie oder ich"
Jorge Semprún war selbst am 16. Dezember 1944 vor einem Transport gerettet worden. Ein Arzt hatte ihn für ‚transportfähig' erklärt und er sollte in ein Außenlager gebracht werden, doch sein Name wurde in der Arbeitsstatistik von der Liste gestrichen und durch einen anderen ersetzt.[19] Semprún wurde im Stammlager zurückgehalten. In den letzten Monaten von Buchenwald erhöhte dies die Überlebenschancen erheblich – ein Vorzug, der nur den ‚Privilegiertesten' unter den ‚Privilegierten' vorbehalten war. Es bedeutete nämlich, sich im Bereich des schützenden Einflusses des Widerstands aufzuhalten, der in den Außenlagern weniger stark und oft gänzlich machtlos war. War dem Schriftsteller das bekannt? Ihm blieb jedenfalls der wiederkehrende Traum Chil Elbergs erspart: „Ein Mann kriecht unter dem Stroh hervor und sagt: Sie oder ich."[20] Offenbar hat sich Semprún, wie er 1994 in einer Passage von *L'Écriture et la vie* (dt.: *Schreiben oder Leben*) nahe legt, wirklich nie schuldig gefühlt: „Ich habe nie verstanden, warum man sich schuldig fühlen sollte, überlebt zu haben."[21] Der Schutz, unter dem er stand, war ihm jedoch durchaus bewusst: „Die Spanier", hatte er etwa 15 Jahre früher geschrieben,

> werden überhaupt nicht weggeschickt. [...] Durch einen Beschluß der illegalen Führung ist diese Gruppierung global vor jedem Transport geschützt. Im Gedenken an den Spanischen Bürgerkrieg, deshalb. Denn es gibt nicht wenige Mitkämpfer aus den Internationalen Brigaden unter den kommunistischen Verantwortlichen in Buchenwald. Und Spanien ist das grüne Paradies ihrer antifaschistischen Erinnerung.[22]

Wusste jemand, der vor einem Transport bewahrt worden war, dass ein anderer Häftling seinen Platz eingenommen hatte? „Zu abstrakt-moralischen Überlegungen hat der Häftling in dieser

19 Die Bestätigung des Lagerarztes (Dok.-nr. 5340955#1) und die Liste mit den vom Transport gestrichenen Personen der Arbeitsstatistik stimmen überein. Sie ist im Buchenwald-Archiv erhalten, das beim Internationalen Suchdienst in Bad Arolsen aufbewahrt wird, und ist mit der Häftlingsnummer Semprúns (44904) zu finden (der dort Georges genannt wird).

20 Chil Elberg: Interview, 1997. VHA, 27654.

21 Semprún: *Schreiben oder Leben*, S. 167.

22 Semprún: *Was für ein schöner Sonntag!*, S. 213.

Situation weder Zeit noch Lust [...]. Er wird daher bedenkenlos einen anderen, eine andere ‚Nummer', in den Transport einreihen lassen",[23] so Viktor Frankl. Hier sind wir weit entfernt von der Erhaltung der eigenen Würde, die nach Bettelheim eine Grundbedingung für das Überleben im Lager gewesen sein soll.

„Jeder, der überlebt hat, führte das Leben eines Privilegierten", wiederholt mit Nachdruck einer der von der Shoah Foundation befragten Zeitzeugen am Ende seines Interviews.[24] Jean-Pierre Abitbol erinnert sich daran, seinen Bruder im Revier besucht zu haben, eine Erinnerung, die ihn nicht mehr loslässt.[25] Der Bruder starb, vielleicht sei er auch schon tot gewesen, er weiß es nicht mehr. Er erinnert sich nur noch daran, dass er die Suppe seines Bruders aufgegessen habe: „Ich habe Hunger, ich habe Hunger, ich muss essen, ich muss schlafen", habe er bei sich unablässig wiederholt. Des Weiteren erinnert er sich an das massenhafte Sterben der Häftlinge in Fürstengrube, einem Bergwerk und Außenlager von Auschwitz. Die Häftlinge hätten an ihren Arbeitsplätzen geschlafen. Plötzlich, mitten in der Nacht, habe die SS zum Appell antreten lassen: „Alle raus!" Zehn Häftlinge habe sie vortreten lassen, die auf der Stelle erschossen worden seien. Es habe sich um eine „Vergeltungsmaßnahme" gehandelt, da jemand zu fliehen versucht hatte. In derselben Nacht habe ein zweiter Appell stattgefunden und dieses Mal habe jeder gewusst, was kommen würde: „Als zehn Leute aufgefordert werden vorzutreten, haben alle Angst und versuchen sich zu verstecken ... Aber die Kapos schaffen es, sie herauszuziehen und die Leute werden liquidiert ...".[26] Nicht auffallen – eine Kunst. Wenn nicht du, dann eben ein anderer.

Als Jack Aizenberg im Dezember 1944 nach Auschwitz kam, wurden ihm am ersten Tag seine Schuhe gestohlen. Er sei barfuß zum Appell gegangen. Etwas später habe er ein Paar Holzschuhe entdeckt und sie an sich genommen. Mehr erzählt er nicht.[27] „Ohne Schuhe", erklärt Zwi Katz bezüglich des ‚Todesmarsches', „kann man nicht marschieren

23 Frankl: *Trotzdem Ja*, S. 20.

24 Jean-Pierre Abitbol: Interview, 1997. VHA 44307.

25 Ebd.

26 Ebd.

27 Jack Aizenberg: Interview, 1996. VHA, 29640.

und wer nicht marschieren kann, der wird erschossen."[28] Henry Rosmarin plagt im Interview immer noch sein Gewissen, weil er das letzte Brotstück seines Vaters aufgegessen habe.[29] László Steiner erinnert sich daran, einem Mithäftling im Waggon nicht Platz gemacht zu haben, und dass dieser anschließend gestorben sei. „So habe ich überlebt".[30] Von der Evakuierung in offenen Güterwaggons, in denen sich die Häftlinge den Platz zudem mit auf dem Rückzug befindlichen Soldaten teilen mussten, berichtet Zelig Welcland, dass sich die Häftlinge untereinander einen „Kampf auf Leben und Tod" geliefert hätten: Ein Drittel von ihnen sei bei Ankunft des Zuges in Buchenwald nicht mehr am Leben gewesen.[31] „Um sich hinsetzen zu können", erzählt Gilbert Michlin,

> um ein wenig Platz zu haben, entbrennt ein schrecklicher Kampf. Die Schläge haben nur ein Ziel: denjenigen zu töten, den man trifft. Und es war ein Massaker. Eine entsetzliche Szene, aber man muss überleben.[32]

In *Vivre, c'est vaincre* beschreibt General Rogerie, wie zwischen Lublin und Auschwitz in einem Viehwaggon zwei Häftlinge mit Holzschuhen erschlagen worden seien, um Platz zu schaffen, ohne dass jemand daran Anstoß genommen habe.[33] Und was meint Dennis Urstein genau mit den einfachen Worten: „Es gab Helden im Lager. Die meisten sind tot. Ich war kein Held"?[34] (Man fühlt sich an Viktor Frankl erinnert – „Die Besten sind nicht zurückgekommen."[35]) Durch sein Insistieren darauf, dass er niemals „auf Kosten eines anderen" habe überleben wollen, gibt Anton Mason indirekt einen Hinweis darauf, dass diese Versuchung für ihn durchaus existierte:

28 http://www.das-andere-leben.de/katz.html (Zugriff am 21.04.2017).
29 Henry Rosmarin: Interview, 1994. VHA, 268.
30 László Steiner: Interview, 1998. VHA, 44690.
31 Zelig Welcland: Interview, 1996. VHA, 21105.
32 Michlin: *Aucun intérêt*, S. 107.
33 Rogerie: *Vivre c'est vaincre*, S. 61.
34 Dennis Urstein: Interview, 1995. VHA, 6719.
35 Frankl: *Trotzdem Ja*, S. 20.

> Jeden Tag denke ich an diese Hölle. Jeden Tag, wenn ich aufstehe und mich rasiere, sage ich zu mir selbst, dass ich diesen Horror überlebt habe, aber niemandem geschadet. [...] Sie müssen sich genauso verhalten wie unter normalen Umständen. Der Gedanke, dass ich mein Leben niemandem verdanke, erfüllt mich mit Freude.[36]

Es waren aber keine „normalen Umstände". „Die Deportation ist ein anderer Planet", erklärt Lucien Fayman. „Die moralischen Regeln, mit denen wir aufgewachsen waren, machten keinen Sinn mehr, überhaupt keinen Sinn!"[37] Man habe der vollständigen Auflösung der gewohnten Regeln des Gemeinschaftslebens beigewohnt, einer totalen Umwertung der Werte.

Es scheint, dass Schuldgefühle an die Erinnerung einer Geste oder eines Tuns geknüpft sind, die einen umtreibt und nicht ruhen lässt – was auch immer und wie schwerwiegend es im Einzelnen auch gewesen sein mag. Im Umkehrschluss müssten Schuldgefühle dann keine Rolle spielen, wenn es eine solche verursachende Geste nicht gegeben hat. Während der Arbeiten am Dokumentarfilm über das Frauenorchester von Auschwitz, an denen ich als historische Beraterin beteiligt war (*Bach in Auschwitz*, NL/BE/F 1999, R: Michel Daëron), habe ich darüber oft mit Violette Jacquet-Sylberstein gesprochen, die dort Geige spielte. Das Gefühl für das Unrecht, das ihren in Auschwitz ermordeten Eltern widerfahren ist, hat sie zwar nie verlassen („Ich bin eine Waise von 73 Jahren", pflegte sie zu sagen). Schuldgefühle, weil sie selbst überlebt hatte und dem Tod entgangen war, weil sie wie einige andere junge Frauen ein Privileg genossen hatte und ihr Leben der Musik verdankte, hatte sie jedoch nie gehabt. Sie akzeptierte einfach nicht, dass man sie dafür verantwortlich machen wollte.

Violette Jacquet-Sylberstein hatte ein bemerkenswertes Gedächtnis und erinnerte sich auch an die kleinen Dinge des Alltags. Oft betonte sie etwa die Vorzüge, die es bedeutete, jeden Tag eine Dusche nehmen zu können, passende Kleidung, ein Bett für sich selbst und vor allem genug Essen zu haben, Essen, das zwar zu wünschen übrigließ, aber wenigstens den Hunger einigermaßen stillte. (Einmal gab es eine denkwürdige Meinungsverschiedenheit zwischen dem ehemaligen

36 Anton Mason: Interview, 1998. VHA, 45754.

37 Lucien Fayman: Interview, 1996. VHA, 19181.

KZ-Häftling Henry Bulakow und ihr, die sich auf einen Traum bezog, von dem sie erzählte: Sie hatte in Auschwitz von einem Apfel geträumt. Das ließ Bulakow empört auffahren: „Ein Apfel? Wir haben von Brot geträumt!") Violette Jacquet-Sylberstein war nicht in eine Lage geraten, in der sie hätte stehlen müssen, um essen, sich kleiden oder marschieren zu können. Auch die Evakuierung der Frauen des Orchesters nach Bergen-Belsen verlief unter besseren Bedingungen als die anderer Häftlinge. (Aber wie alle Häftlinge fragten sich auch diese Frauen, ob sie am nächsten Tag noch am Leben sein würden.) Während auf der einen Seite also manche Überlebende ein ‚schlechter' Rat, den sie einer nahestehenden Person gegeben haben, ihr Leben lang verfolgt, stellt sich andererseits die Frage, wie es sich mit jenen verhält, die tatsächlich eine Tat begingen, die moralisch nicht zu rechtfertigen war, sobald sie das Lageruniversum verlassen hatten. Mit Bettelheim zu sagen, dass sie sich schuldig fühlten, weil sie leben wollten, während die ihren um sie herum starben, klingt zunächst reichlich abstrakt. Beim Anhören der Interviews wird dank der auditiven Eindrücke aber sehr deutlich, dass dieses Gefühl nichts Abstraktes hat, wenn es angesprochen wird (Bettelheim schreibt von einem „verschwommenen, aber ganz speziellen Verantwortungsgefühl"[38]). Es entspringt jener ‚Wahl', jener ‚Entscheidung' für eine ‚unter normalen Bedingungen moralisch zu verurteilende Tat', über die man nicht offen sprechen kann oder will. Es versteht sich von selbst, dass es auch Schuldgefühle geben kann, die auf kein objektiv zu verurteilendes Tun zurückgehen und dennoch sehr real sind. Diese Tatsache sollte vor Verallgemeinerungen schützen – im einen wie im anderen Sinn. Denn wie viele Überlebende fühlten sich ihr Leben lang schuldig, weil sie ihrem Vater oder ihrer Mutter nicht in den Tod gefolgt waren, obwohl es sich dabei doch lediglich um einen Selbsterhaltungsreflex gehandelt hatte?[39]

38 Bettelheim: Trauma, S. 36.

39 Siehe Ignatz Bubis: *„Damit bin ich noch längst nicht fertig". Die Autobiographie.* Berlin: Ullstein 1998, S. 55.

4.
Situationen der ‚Nicht-Wahl' und der ‚erzwungenen Entscheidung'

Sobald es sich beim ‚Opfertausch' nicht mehr um eine individuelle Überlebenstechnik, sondern eine kollektiv getroffene Entscheidung handelt, gewinnt die Selbstrechtfertigung die Oberhand. Sie verweist auf die für das Lageruniversum emblematische Situation der ‚erzwungenen Entscheidung' oder der ‚Nicht-Wahl'. Verständlicherweise war die Verantwortung für solche Entscheidungen für manche leichter zu tragen, wenn sie von den Umständen und im Namen eines Kollektivs zu Verstößen gegen geläufige Moralvorstellungen gedrängt wurden, also nicht für sich selbst handelten. Das galt etwa für als Ärzte oder in Funktionsstellen der Lagerverwaltung arbeitende Häftlinge.

Die Wahl des kleineren Übels

Unter den Berichten deportierter Ärztinnen und Ärzte sticht derjenige Frieder Lettows hervor. Wahrscheinlich haben wenige von ihnen ähnliche Kompromisse gemacht oder machen müssen wie er, der Zeit seines Lebens nicht müde wurde, sich zu erklären. Über die Lebensbedingungen in den Revieren bzw. Sterbeanstalten der Lager ist einerseits sehr früh von jenen berichtet worden, die dort gearbeitet haben. Auf der anderen Seite sprechen sehr viel weniger Zeitzeugenberichte die Gewissensfragen an, vor die sich Häftlingsärzte gestellt sahen – als hätte eine besondere Schamhaftigkeit sie am Sprechen gehindert. Das ist besonders im Bericht von Charles Odic greifbar. Odic nährte gegen das Revier von Buchenwald zunächst harte

Vorbehalte, sah „mehr das schlechte, das es anrichtete, als das gute, das es hin und wieder auch tun konnte. Und außerdem war es in deutscher Hand.“[1] Dennoch äußert er Verständnis für die Bemühungen deportierter Ärzte, dort unterzukommen, und sei es als Stubendienst: „Man kämpft um sein Leben wie man kann“. Was ihn selbst betrifft, so habe er sich geweigert, sein Können in den Dienst eines „Universums der Grausamkeit und Gewissenlosigkeit“ zu stellen, „das deutsche Häftlinge geschaffen hatten, um ihm andere Häftlinge auszusetzen“. Das schien ihm falsch zu sein oder, schlimmer noch, eine „Untat“. Schließlich habe er allerdings doch nachgegeben. In seinem späteren Bericht spielt er auf fast literarische Weise (und mit dem Patriotismus, der sich systematisch durch seinen Text zieht) auf die Abstriche an, die er durch die Mitarbeit im Krankenbau an seiner Haltung zu machen gezwungen gewesen sei:

> Ich habe erfahren, wie sehr ein dogmatischer Standpunkt von den Ereignissen widerlegt werden kann. Ich habe das Gegenteil von dem gesehen, was ich erwartet hatte: ein Wissender, der Barbaren eine Zivilisation bringt, die sie gar nicht wollen, ein Franzose, der seine französische Humanität, einem schleichenden Gift gleich, in die deutsche Unmenschlichkeit hineinträgt. Als er im Krankenhaus als Pfleger beginnt, muss er sich einigen Riten beugen, die er ablehnt, muss er ohne Schwäche zu zeigen an Maßnahmen teilnehmen, die er für kriminell hält. Er ist wild: Er tut es, aber er tut es immer auf etwas andere Weise. Er bemüht sich, so wenig wie möglich zu töten, doch nach und nach schleicht sich in sein Spiel etwas ein, das seine Lehrmeister nicht vorhergesehen hatten, etwas Feines und Heimtückisches, etwas, das beweist, dass er menschlich ist, ohne es allzu sehr zu zeigen: eine Geste, die sich noch einen Rest an Steife und Unverschämtheit bewahrt, aber bereits die Gewalt leugnet, in der er lebt.

Odic nahm Arbeit im Revier an, weil „sich verweigern hieß, sich umzubringen“. Er räumt ein, die materiellen Vorzüge (Sauberkeit, reichhaltigere Suppe) durchaus geschätzt zu haben, vor allem aber erkennt er an, dass sein Handeln durchaus von Nutzen gewesen sein könnte. Es sei vorgekommen, dass er Häftlinge rettete oder Schonungen erteilte (Krankenschein und Arbeitsbefreiung), weil der von ihm behandelte Häftling unter Erschöpfung litt. Meistens habe er jedoch

1 Hier und im Folgenden Odic: *Demain*, S. 110–111.

still halten und es über sich ergehen lassen müssen: „Wenn ich mir eine Bemerkung erlaubt hätte, wäre ich nach Dora geschickt worden.“[2] Das sollte Odics einziger Hinweis auf die Entscheidung bleiben, zu der Ärzte gezwungen waren, wenn sie ‚Selektionen‘ vornehmen mussten – sei es zum Transport ‚nichtarbeitsfähiger‘ Häftlinge nach Auschwitz, sei es die Einteilung derjenigen, die im Gegenteil für ‚arbeitsfähig‘ befunden wurden, in Arbeitskommandos, deren Unmenschlichkeit unter den Häftlingen bekannt war, Mittelbau-Dora zum Beispiel. Explizitere, aber auch indirektere und leider nicht verifizierbare Zeugenaussagen finden sich in dem Buch *Les Médecins de l'impossible* des Journalisten Christian Bernadac über die deportierten Ärzte. Bernadac, der sämtliche in der unmittelbaren Nachkriegszeit verfassten Augenzeugenberichte französischer Ärzte (insgesamt 14 zwischen 1945 und 1955) ausgewertet hat und sich auf etwa 60 unveröffentlichte Manuskripte stützen konnte, zählt etwa 150 Ärzte, die in Lagern praktiziert hatten.[3] Das Buch ist in einem dramatisierenden Stil gehalten, der seine Wirkung auf die Leserinnen und Leser kaum verfehlt haben dürfte, zumal sich das Thema dazu besonders gut eignet. Bernadac berichtet über die Arbeitsbedingungen dieser Ärzte, ihre Beziehungen zu den SS-Ärzten und deren Helfern, über ihre Rettungsversuche bei ‚Selektionen‘ und ihr zurückhaltendes Zögern, tödliche Injektionen zu verabreichen. Der Horror hätte gar nicht so betont werden müssen, spricht er doch aus jeder Einzelheit. Ausgehend von den Erinnerungen des in Mauthausen Zwangsarbeit leistenden Arztes Gilbert-Dreyfus beschreibt Bernadac unter anderem eine Szene, in der dieser Häftlinge ‚selektieren‘ sollte. Während der ersten ‚Selektion‘, bei der er dreißig Personen auswählen, d. h. „dreißig Todesurteile aussprechen“ sollte,[4] habe er nicht anders gekonnt, als zwei Franzosen zu ‚selektieren‘, von denen einer, wovon er ausgegangen sei, im Verlauf des Tages in jedem Fall gestorben wäre. Nach dieser ‚Selektion‘ sei er zusammengebrochen:

2 Ebd., S. 119.

3 Für Frankreich verfügt die FNDIRP nicht über umfassende Statistiken über deportierte Ärztinnen und Ärzte. Um sie zu erstellen, müsste jedes Lager einzeln untersucht werden.

4 Bernadac: *Les médecins de l'impossible*, S. 79–80. Im Gegensatz zu David Rousset, der seine Dokumente aufbewahrt hat, ist leider nicht bekannt, wo das Archiv des 2003 verstorbenen Christian Bernadac eingesehen werden kann – wenn es noch existiert.

> […] Übelkeit packt ihn, er denkt an Selbstmord … das ist es, in den (elektrischen) Stacheldrahtzaun laufen. Er rennt aus dem Block … bleibt aber vor der Abteilung für Hals-Nasen-Ohren-Heilkunde des Doktor C. stehen …, ein erfahrener Häftling, der kann ihm Rat geben.
> – Hör' zu, das ist passiert, das habe ich getan. Und wenn sie mich in den Steinbruch schicken zum Verrecken, mir ist's egal. Ich kann nicht mehr. Ich will kein Arzt mehr sein.
> – Beruhige Dich. Wie viele Franzosen auf dem Transport?
> – Zwei.
> – Zwei von wie vielen?
> – Von dreißig.
> – Das ist das erste Mal, dass der Anteil der Franzosen in Mauthausen so gering ist. […]. Lass uns mit Deinen Gewissensbissen in Frieden![5]

Hat sich der Journalist diese – alles in allem durchaus wahrscheinliche – Episode ausgedacht oder ist die Dramatisierung der Zurückhaltung des Arztes geschuldet? Gilbert-Dreyfus erwähnte sie nämlich in seinem 1946 unter dem Titel *Cimetières sans tombeaux* veröffentlichten und von Aragon mit einem Vorwort versehenen Zeitzeugenbericht nicht.[6] Michael Pollak berichtet über den Fall einer polnischen Ärztin, die sich zunächst geweigert habe, eine von Mengele verlangte ‚Selektion' vorzunehmen, sich dann jedoch besonnen und Frauen ausgewählt habe, die im Koma lagen.[7] Um Genaueres über die Gewissensproblematik zu erfahren, der Häftlingsärzte ausgesetzt waren, kommt man nicht umhin, sich Frieder Lettows Fall und dem Kampf zuzuwenden, den er um die Veröffentlichung seines Augenzeugenberichts führte.

Frieder Lettows verbotener Bericht

Der junge, jüdische Kommunist Fritz Leo war 1935 verhaftet worden (Leo nannte sich nach dem Krieg Lettow, weil ihm das ‚deutscher' vorkam). Die Befreiung erlebte er 1945 in Bergen-Belsen. Kurze Zeit später wurde er wegen ärztlicher Kollaboration mit der SS im Lager

5 Bernadac: *Les médecins de l'impossible*, S. 79–80.
6 Gilbert-Dreyfus: *Cimetières sans tombeaux*. Paris: Bibliothèque française 1946.
7 Pollak: *L'expérience concentrationnaire*, S. 195–196.

Natzweiler angeklagt, jedoch freigesprochen. Lettow ließ sich in der DDR nieder und versuchte fortan vergeblich, ein Buch über seine Lagerhaft zu veröffentlichen. Die erste Version seines Manuskripts war mit *Jenseits von Gut und Böse* überschrieben. Später änderte er den Titel zu *Ein Arzt in den Höllen* und schickte das Manuskript an verschiedene Verlage in der DDR. „Aber mit dem ersten Titel", so die mit Lettow verwandte Historikerin Annette Leo, „hatte er wohl am deutlichsten zum Ausdruck gebracht, was ihn vor allem bewegte: die Frage nach dem moralischen Verhalten der Häftlinge unter den extremsten Bedingungen von Terror und Todesbedrohung, das Schuldgefühl des Überlebenden".[8] Lettow selbst ließ daran übrigens keinen Zweifel:

> Dieses Buch ist aber auch eine Rechtfertigung für die zum Teil ungeheuerlich anmutenden Dinge, die unter dem Zwang einer brutalen Diktatur von den Eingekerkerten selbst getan werden mußten. Alle bisherigen, alle üblichen bürgerlichen oder christlichen oder sonstigen Maßstände versagten. Nur die Notlage drückte dem verhalten gebieterisch ihren Stempel auf, nötigte zum Handeln.[9]

Nachdem Frieder Lettow im Oktober 1989 gestorben war, erlangte Annette Leo Kenntnis des Kapitels über den Krankenbau im KZ Natzweiler, in dem dieser „die Vorgänge genau beschrieben" hatte: „Um Platz in den überfüllten Krankenbaracken zu schaffen, suchte der neue Lagerarzt, SS-Obersturmführer Bothmann, jeden Tag zwei Tuberkulosekranke aus und befahl dem Vorarbeiter des Reviers, einem Häftling, sie mit einer Spritze zu töten." Sie fährt fort:

8 Annette Leo: Schwieriger Nachlass. Die unerwünschten Memoiren eines überlebenden Häftlings. In: Dies. / Peter Reif-Spirek (Hrsg.): *Vielstimmiges Schweigen. Neue Studien zum DDR-Antifaschismus*. Berlin: Metropol 2001, S. 259–276, hier S. 270. Nach seinem Tod unternahm es Gerhard Leo, ein Cousin Frieder Lettows, dessen Erinnerungen zu veröffentlichen. Das Manuskript wurde ein letztes Mal überarbeitet, damit es in den Augen Gerhard Leos publizierbar war: Der Cousin teilte die Vorbehalte der ostdeutschen Behörden dagegen, die Dinge beim Namen zu nennen und so zu schildern, wie sie geschehen waren. Der Text erschien schließlich 1997 unter dem Titel *Arzt in den Höllen. Erinnerungen an vier Konzentrationslager* im Berliner Verlag Edition Ost.

9 Lettow: *Arzt in den Höllen*, S. 12.

Frieder schildert die furchtbaren Szenen, wenn die Kranken um ihr Leben flehten, weil sie genau wussten, was die Spritzen bedeuteten, er schildert ihre Angst, ihre Schreie. Er beschreibt auch die inneren Konflikte des Vorarbeiters, eines politischen Häftlings, der den Befehl zum Töten bekam: „Weigerte er sich, so hieße das zunächst, sein eigenes Leben aufs Spiel setzen. Aber das hätte man machen müssen, was lag schließlich daran [...] Doch was wäre dann gewonnen? Nicht nur, daß Bothmann schnell jemand anderes gefunden hätte, nein, wäre ein Politischer aus der Funktion des Vorarbeiters im Revier geflogen, so war es unmöglich, vom Revier aus weiter für die politischen Kumpels zu sorgen. Das Revier aber war eine der wichtigsten Schlüsselstellungen des Lagers, die erst nach vielen Kämpfen von den Politischen bezogen worden war. Sie mußte unbedingt gehalten werden. Und darum mußte er hart bleiben, durfte das Leben einiger sowieso todgeweihter Kranker nicht schonen. Und es war sehr hart.“ [...] „Die Wahl war bitter, aber sie konnte nur eindeutig sein. Es mußte der notwendige Platz für die Politischen geschaffen werden. Ihr Leben war tausendmal wichtiger als das von kriminellen Strolchen oder das der asozialen Landstreicher. Und es wurde Platz geschaffen.“[10]

Von Helden und Henkern bevölkerte Lager

Führt man sich vor Augen, dass es in der DDR-Version der Lagergeschichte nur Helden und Henker gegeben hatte, kann man sich die Schwierigkeiten vorstellen, auf die Frieder Lettow bei der Suche nach einem Verlag für seinen Zeitzeugenbericht stieß. Einmal erhielt er eine

10 Leo: Schwieriger Nachlass, S. 271–272. Annette Leo scheint hier aus dem unveröffentlichten Originalmanuskript zu zitieren. Die schließlich publizierte Fassung erhält einige nicht unwichtige Zusätze und Ergänzungen, die die Aussagen auf gewisse Weise präzisieren. Deshalb sei hier zum Vergleich noch einmal aus der publizierten Fassung von Lettows Bericht zitiert: „Weigerte er sich, so hieße es, sein eigenes Leben aufs Spiel zu setzen. Hätte er das tun müssen? Was lag schließlich daran? [...] Doch was wäre dann gewonnen? Nicht nur, daß Bothmann schnell jemand anderen gefunden hätte, deren es im Lager Dutzende gab: Wäre ein Politischer aus der Funktion des Vorarbeiters im Revier geflogen und ein Krimineller dafür eingesetzt worden, so würde es künftig unmöglich sein, vom Revier aus weiter für die politischen Kumpels zu sorgen. Und daß man einen Kriminellen an seine Stelle gesetzt hätte, das war sicher. Das Revier aber war eine der wichtigsten Schlüsselstellungen des Lagers, die erst nach vielen Kämpfen von den Politischen erobert worden war. Sie mußte unbedingt gehalten werden. Und darum mußte er hart bleiben, durfte das Leben einiger sowieso dem Tode geweihter Kranker nicht schonen. Und das war sehr hart. [...] Die Entscheidung war bitter, aber klar. Es mußte der notwendige Platz geschaffen werden. Ihr Leben war unter KZ-Bedingungen wichtiger als das von Kleinkriminellen oder asozialer Landstreicher. Und es wurde Platz geschaffen.“

„freundschaftlich verpackte Warnung“[11] von Herbert Weidlich, einem Mitglied der Geschichtskommission der Lagerarbeitsgemeinschaft, dessen Bericht über die Arbeitsstatistik schon erwähnt worden ist. Weidlich riet ihm: „Er solle doch seine subjektiven Erinnerungen mit der ‚historischen Wahrheit‘ in Übereinstimmung bringen und er möge sich gut überlegen, wem er diesen Text anvertrauen könne“.[12] Frieder Lettow kämpfte darum, 1952 zur Gerichtsverhandlung nach Metz fahren zu dürfen, für die er eine Vorladung erhalten hatte: Niederländische Überlebende hatten ihn beschuldigt, im KZ Natzweiler Häftlingen tödliche Injektionen verabreicht zu haben. Das Zentralkomitee hielt dies jedoch „nicht für zweckmäßig“[13] und ließ ihn nicht fahren; da zahlreiche Zeugen zu seinen Gunsten aussagten, konnte sein Anwalt schließlich erwirken, dass die Vorladung zurückgezogen wurde. In dem Manuskript, das in seiner ursprünglichen Form nie veröffentlicht wurde, berichtete Frieder Lettow, wie Annette Leo schreibt,

> von einem Alltag im Konzentrationslagers, der in den in der DDR erschienenen Filmen und Büchern nicht vorkam, er schreibt von „Zinkern“, die „fertiggemacht“ wurden, von der Tyrannei der Kriminellen, von Kämpfen zwischen Häftlingsgruppen, von Liebesverhältnissen unter Männern, von Freundschaften, Abhängigkeiten, von Korruption, Intrigen und immer wieder vom raschen Tod, der alltäglicher und normaler war als das Leben.[14]

Der Arzt Frieder Lettow hatte Entscheidungen getroffen und stand für sie ein, vor sich selbst und vor anderen. Manche seiner Kameraden hatten ähnlich gehandelt, schwiegen jedoch darüber. In einem für Christian Bernadac angefertigten Zeugenbericht erinnert sich der Arzt Henry Chrétien an Lettow, den er vor dessen Abtransport nach Natzweiler in Buchenwald traf: „Fritz Leo gab mir ein paar Sulfonamid-Tabletten. Er empfahl mir, sie ausschließlich in wirklich schlimmen Fällen zu benutzen, und nur für die ‚besten‘ Häftlinge.“[15]

11 Lettow: *Arzt in den Höllen*, S. 273.

12 Ebd.

13 Ebd., S. 268.

14 Ebd., S. 271.

15 Hier und im Folgenden Bernadac: *Les médecins*, S. 25–26.

Für den jungen kommunistischen Arzt Chrétien, der im spanischen Bürgerkrieg gekämpft hatte, lagen die Dinge jedoch nicht so einfach. „Vor welche Gewissensfrage die ‚Wahl der Besten' stellte, die den Vorzug genießen sollten, diese seltenen Medikamente zu bekommen!" Er diskutierte darüber mit einem Mithäftling, dem später in Dachau ermordeten Arzt Planchais, der eine vollkommen andere Auffassung vertrat als Fritz Leo:

> Er war Katholik und meinte, dass vor Gott alle Menschen gleich viel galten; er erklärte, dass er nicht versucht hätte, die Besten zu selektieren, die für den Widerstand und ihr Land Wertvollsten; er hätte die Medikamente mit den ersten wirklich schweren Fällen verbraucht, die er diagnostiziert hätte.

Die Frage stellte sich für Fritz Leo nicht in dieser Weise. Mit solchen Skrupeln hätte der Kampf gegen die ‚Kriminellen' nicht geführt werden können. Dass dieser notwendig war, wird in den Zeitzeugenberichten mit großer Einmütigkeit vertreten, denn die ‚Kriminellen' waren, wie David Rousset schreibt,

> für die SS der Abschaum der Gesellschaft, ein ekelerregender Abschaum, Exkremente, aber Exkremente der Herrenrasse [...], sie waren in gewisser Weise von Rechts wegen, qua Erblichkeit, die Herren aller in Konzentrationäre transformierten Volksstämme Europas.[16]

Der Autor von *L'Univers concentrationnaire* merkt wiederholt an: „Die Eroberung der Macht war für die deutschen Aktivisten also buchstäblich eine Frage von Leben und Tod."[17] Charles Odic berichtet von diesem erbittert geführten Kampf in folgenden Worten:

> Uns erreichte ein Transport aus dem Gefängnis Fort Barraux; Knastblüte, weinerliche und willensschwache Tätowierte. Trotz unseren Protests gab man ihnen das rote Dreieck der „Politischen" und nicht das grüne der „Kriminellen". Die Freude der Deutschen war groß bei dem Gedanken, dass sie uns mit Betrügern, Mördern, Zuhältern und Milizionären mischten, aber wir waren härter geworden. Überall wurden die Leute aus Fort Barraux verjagt, bedrängt,

16 Rousset: *L'Univers concentrationnaire*, S. 62.

17 Ebd., S. 159.

> terrorisiert. Wer sich in die Sprechstunde flüchtete, wurde gnadenlos niedergemacht. [...] die Leute aus Fort Barraux verschwanden innerhalb weniger Wochen.[18]

Denn in Buchenwald, notiert Jorge Semprún, „haben nicht alle Menschen das gleiche Gewicht. Ein Maquisard hat nicht das gleiche Gewicht wie ein Kerl, der bei einer Razzia [...] oder der als Schwarzhändler verhaftet wurde".[19] Für Robert Antelme ist

> der Kampf um die Macht zwischen den politischen Häftlingen und den Kriminellen [...] der Kampf zwischen Menschen, deren Ziel es war, eine Legalität zu errichten, soweit eine Legalität in einer planmäßig als Hölle angelegten Gesellschaft überhaupt möglich ist, und Menschen, deren Ziel es war, die Errichtung einer solchen Legalität um jeden Preis zu verhindern, weil sie sich nur in einer gesetzlosen Gesellschaft Vorteile verschaffen konnten.[20]

Anders gesagt: In diesem Kampf waren alle Mittel erlaubt. Wie stets kam Ernst Federn ohne Umschweife auf die Art und Weise zu sprechen, nach der die „grünen Dreiecke", die vollkommen „korrupt" waren, von den Kommunisten umgebracht wurden. Das geschah „mit Hilfe eines Revierarztes, der ihnen eine Luftspritze gab. Die SS hat davon nichts erfahren. Eugen Kogon hat darauf angespielt, sich aber eher bedeckt gehalten."[21] Es gab zwei Wege, sich der Gegner zu entledigen, präzisiert Federn: die Spritze oder ein Todeskommando, etwa die Verschickung nach Mittelbau-Dora. „Der SS war das egal, solange Ordnung herrschte." Er schien darüber nicht sonderlich bestürzt zu sein. Jedenfalls war das der Eindruck, den er in seinem Zeitzeugengespräch mit der Shoah Foundation im Jahr 1997 hinterließ.

18 Odic: *Demain*, S. 130.

19 Semprún: *Was für ein schöner Sonntag!*, S. 214.

20 Antelme: *Das Menschengeschlecht*, S. 8.

21 Hier und im Folgenden Ernst Federn: Interview, 1998. VHA, 40799. Federns Biograf Bernhard Kuschey war der Ansicht, dass dieser gegenüber den ‚Kriminellen' eine weniger stigmatisierende Position einnahm als andere, aber dies wird in dem Interview, das er mit ihm geführt hat und das Federns letztes Zeitzeugengespräch war, nicht deutlich.

„Die Häftlinge hielten mich für den bewaffneten Arm der SS"

Außer den von der ostdeutschen kommunistischen Partei durchgeführten Verhören (auf die ich später zurückkomme) gibt es keinen Zeitzeugenbericht eines Funktionshäftlings aus Buchenwald, der wie Frieder Lettow (in seinem bis 1997 unveröffentlichten Manuskript) versucht hätte, seine Stellung zwischen der Masse der Häftlinge und der SS zu erklären. Wenn es schon für einen Arzt schwierig war, über sein Gewissen zu sprechen, war es das für ‚Politische' erst recht. Das Gefühl, im Namen eines Kollektivs gehandelt zu haben, scheint ihnen eher erlaubt zu haben, ihre Rolle zu sublimieren. Auch wenn es bezüglich dieser Rolle durchaus Ähnlichkeiten zwischen ihnen und den ‚Judenräten' gab – jenen ‚Hilfskräften' der SS in den Ghettos, die die Transporte nach Auschwitz zusammenstellten, bevor sie selbst dorthin deportiert wurden – können beide nicht als äquivalent gelten: Anders als die ‚Judenräte' in Auschwitz hatten die Funktionshäftlinge in Buchenwald reale Überlebenschancen.

Das Zeitzeugengespräch von Nathan (Emil) Carlebach[22] mit der Shoah Foundation erhellt ein wenig die Geisteshaltung der Kapos von Buchenwald. Zwar gehörte der inzwischen verstorbene Carlebach zur Kategorie der ‚professionellen Zeugen' – jener Zeitzeugen, die sehr oft befragt werden bzw. befragt worden sind –, aber das Interview ist dennoch interessant, weil es nach der deutschen Wiedervereinigung stattfand und das Verhalten der Antifaschisten in Buchenwald zum Zeitpunkt des Gesprächs bereits infrage gestellt wurde. Das zwang ihn dazu, von der konstruierten Erzählung und Routine eines viel gefragten Zeitzeugen abzurücken.

Der Kommunist Nathan (Emil) Carlebach, der aus einer berühmten Linie von Rabbinern in Deutschland stammte, war einer der wenigen jüdischen Blockältesten in Buchenwald. Alle anderen Blocks, in denen Juden interniert waren, hatten nichtjüdische Aufseher. Ich zitiere im Folgenden einen längeren Ausschnitt aus seinem Bericht:

> Interviewer: Was mussten sie als Blockältester machen?
> Carlebach: Verhindern, dass die Leute abhauten, sich gegenseitig bestahlen … Sie hatten jede Selbstkontrolle verloren, sie dachten nur ans Essen und Schlafen. Wenn sie sich gerade so aufrechthalten konnten, schicke man sie zum

22 Die Shoah Foundation benutzt seinen Vornamen Nathan, besser bekannt war er allerdings unter dem Namen Emil Carlebach.

Arbeiten in den Steinbruch, und dort wurden sie fast alle umgebracht... [...] Ich musste dafür sorgen, dass die Betten gemacht wurden, dass es kein Ungeziefer gab, dass alle zum Appell gingen, nicht versuchten sich zu verstecken [...]. Kurz gesagt, hatte der Blockälteste im Unterschied zu dem, der Steine klopfen musste, fast ein ideales Leben – mit dem kleinen Unterschied, dass er jeden Moment von einem SS-Mann erschossen werden konnte, wenn dem nicht gefiel, was man machte. [...] Ich musste meine Autorität beweisen, niemals über einen Häftling an die SS berichten, das, das wäre das Ende von allem gewesen, ich hätte aufgehört, Kommunist zu sein. Aber die Häftlinge hielten mich für den bewaffneten Arm der SS. Wenn ich sagte: „In einer Reihe antreten", dann traten sie in einer Reihe an. Wenn ich sagte: „Ruhe!", dann war Ruhe. Diese Art zu handeln war mir so unter die Haut gegangen – und auch die Pflicht, allen zu helfen – in all den Jahren, dass ich nicht realisiert habe, was das für die Leute hieß, die manchmal 20 oder 30 Jahre älter waren als ich, die Familienväter waren und sich sagten: „Weil der Kommunist ist kann der Befehle geben".
Interviewer: Gab es Konflikte?
Carlebach: Konflikte? Natürlich! Aber die waren leicht zu regeln, denn ich war ja der, der die Befehle gab! Einmal hab ich bei der Bettenkontrolle im Stroh eines Gefangenen ein Bajonett gefunden. Wenn es ein SS-Mann gewesen wäre, der das gefunden hätte, das hätte für den ganzen Block eine Kollektivstrafe bedeutet, einer von zehn wäre geschlagen oder umgebracht worden. Also habe ich das Bajonett an mich genommen, das konnte mir noch nützen, so habe ich das Problem geregelt, aber eines Tages habe ich erfahren, dass der Häftling, der ein jüdischer Asozialer war, ins Bordell ging – Sie wissen, dass die SS ein Bordell eingerichtet hatte, um uns zu korrumpieren, die Juden hatten natürlich keinen Zutritt; also bin ich zu ihm gegangen und habe ihm gesagt: „Mein Lieber, wenn das nochmal vorkommt, dann war es das letzte Mal. Dass wir uns da richtig verstehen! Dass du Risiken eingehst, ist mir egal, aber du gefährdest den ganzen Block!" [...]."[23]

In diesem Gespräch erzählt Carlebach – dem Benedikt Kautsky im Übrigen Brutalität vorgeworfen hat[24] – das, was andere Häftlinge von seiner Funktion hatten wahrnehmen können. Es handelte sich um ein Geständnis gleichsam ‚in letzter Minute' (er starb 2001) und unter

23 Nathan (Emil) Carlebach: Interview, 1997. VHA, 17211.

24 Siehe Hans Schafranek: *Zwischen NKWD und Gestapo. Die Auslieferung deutscher und österreichischer Antifaschisten aus der Sowjetunion an Nazideutschland 1937–1941*. Frankfurt am Main: ISP 1990, S. 110–123, 197–198.

dem Druck neuer Informationen über das Verhalten der Kommunisten in den Konzentrationslagern. Seine zehnjährige Haft in Gefängnissen und Lagern (er war 1934 verhaftet worden) hatten ihn sicher hart gemacht, doch sein politisches Engagement gab ihm auch die Mittel an die Hand, sich an das Leben im Konzentrationslager anzupassen. Keine Spur eines Schuldgefühls – jedenfalls nicht offen eingestanden. Nathan (Emil) Carlebach hatte stattdessen für sich selbst die Erinnerung eines stolzen Kämpfers konstruiert. Er gehörte überdies einer Generation an, die generell kaum zu eingehender Selbstbetrachtung neigte. Als hätte das Engagement für die Menschheit und das Gute im Allgemeinen es gestattet, das ‚Böse' im Einzelnen zu verdrängen – wobei dieses ‚Böse' freilich auch für weniger schlimm gehalten wurde als das, was die antinazistischen Aktivisten bereits erlebt hatten. Das ‚Böse' konnte Carlebach wahrscheinlich unter diesen Umständen nicht als solches wahrnehmen, jedenfalls nicht mehr als einige andere Zeitzeugen, denen er das Leben gerettet hatte. Carlebach gehörte zu jenen ehemaligen Buchenwald-Häftlingen, die von den ‚Enthüllungen' über ihr damaliges Verhalten nach der Öffnung des SED-Archivs am stärksten betroffen waren.

„Historisch doch recht gehabt"?

Die Rolle der ‚Politischen' in Buchenwald wird von Zeitzeugen in den Interviews, die ich gehört und gesehen habe, im Allgemeinen positiv bewertet, *a fortiori* von jenen, die nach einem ‚Todesmarsch' ihre Genossen wiedertrafen. Der Kommunist Kurt (Julius) Goldstein erinnert sich an die Freude, die er bei ihrem Empfang empfand, als er am 22. Januar 1945 aus Auschwitz nach Buchenwald kam:

> Diesen Augenblick werde ich immer im Gedächtnis behalten. [...] Wir wurden nicht mehr angebrüllt. Das waren Leute wie wir, die redeten. Genossen. Und wer nicht mehr gehen konnte, den griffen sie unter die Arme und haben ihnen unter die Dusche geholfen [...] und haben das Wasser lange, lange laufen lassen ... und man fühlte langsam das Leben in den gefrorenen Körper zurückkehren, in die Zehen, die Füße, die Beine, die Hände.[25]

25 Kurt (Julius) Goldstein: Interview, 1996. VHA, 10040.

Die Dusche in Buchenwald nach dem überstandenen ‚Todesmarsch' ist eine starke Erinnerung, auch für andere – etwa für Élie Wiesel („[d]ie heiße Dusche nach der Ankunft in Buchenwald tat uns gut."[26]) wie für fast alle ehemaligen Häftlinge, die Evakuierungen überlebt hatten. Die Häftlinge konnten sich offenbar einfach ein wenig Zeit lassen, wurden weder geschlagen noch zur Eile angetrieben. „Es ist warm, niemand treibt uns weg – also ist es gut", schreibt Alexander Agafonow.[27] Goldstein und seine Kameraden erhielten anschließend ein Stück Brot, das „doppelt so groß war wie in Jaworzno, und heißen Tee mit Zucker."[28] Auf dem fünftägigen Marsch war das Brot, das sie bei Verlassen des Lagers erhalten hatten, gefroren; verzweifelt hatten sie, indem sie es am Körper trugen, versucht aufzutauen, aber es war zum Essen zu hart geworden. Die Häftlinge in Buchenwald, ergänzt Goldstein, forderten sie auf, sich beim Essen und Trinken Zeit zu lassen.[29]

Die – voraussehbare – Reaktion von Kurt Goldstein, der seit seiner frühen Jugend Kommunist war und es sein Leben lang blieb, war dieselbe wie die anderer Überlebender unterschiedlicher Herkunft. Rolf Kralovitz, ein junger unpolitischer Jude von 17 Jahren, der 1943 nach Buchenwald deportiert wurde, nennt Robert Siewert und Emil (Nathan) Carlebach als die beiden Personen, die ihm geholfen hätten. Ersterer, indem er ihn in sein Baukommando aufnahm, letzterer als Ältester des Jüdischen Blocks.[30] Ob ein Zeitzeuge aus einer orthodoxen oder assimilierten jüdischen Familie stammte, ob er Zionist war oder bündisch, was auch immer seine Nationalität war: In seinen Erinnerungen an die Ankunft in Buchenwald, nach einem ‚Todesmarsch' aus Auschwitz, erscheint das KZ auf dem Ettersberg als Ort, an dem er wieder zu einem Menschen wurde. Wie Zacharias Zweig bemerkte er den Unterschied unmittelbar bei seinem Eintreffen. Maurice Benroubi erinnert sich an den Moment, als er zusammen mit anderen Juden angewiesen wurde, Buchenwald zu verlassen, folgendermaßen: „Es war

26 Wiesel: *Alle Flüsse*, S. 130.

27 Alexander Agafonow: *Erinnerungen eines notorischen Deserteurs*, aus d. Russ. v. Elvira Laplace. Berlin: Rowohlt 1993, S. 131.

28 Kurt (Julius) Goldstein: Interview, 1996. VHA, 10040.

29 Ebd.

30 Rolf Kralovitz: *ZehnNullNeunzig in Buchenwald. Ein jüdischer Häftling erzählt.* Köln: Walter-Meckauer-Kreis 1996, S. 38–45.

ein harter Schlag für mich, ein politisches Lager und meine französischen Freunde verlassen zu müssen."[31] Ruben Gelbart fallen die „politischen Häftlinge, Kommunisten und Sozialdemokraten"[32] ein, deren Empfang nicht brutal gewesen sei wie anderswo; im Gegenteil, man habe sie aufgefordert zu erzählen, woher sie kamen, was sie erlebt hatten. Und sie hätten erzählt. Zu seinem Leidwesen habe er selbst keine Dusche nehmen können, weil die Kanalisation durch Bomben zerstört worden war. Er insistierte im Interview mehrmals: „Die Kommunisten und Sozialdemokraten haben in Buchenwald alles getan, was sie konnten."[33] Leon Introligator unterstrich ebenfalls: „Buchenwald war kein Lager wie die anderen. Die SS hatte Angst, sich dort zu bewegen. [...] Es war ein Lager für Politische. [...] Hier wurde man nicht geschlagen."[34] Für Norbert S. war Buchenwald nach Auschwitz „ein Erholungslager, die ganze Atmosphäre war anders, dank der ‚Roten' menschlicher."[35] Und Henry Rosmarin sagt, er habe unter der heißen Dusche das Bewusstsein verloren. Man habe ihn für tot gehalten, doch dann habe jemand gerufen: „Er lebt!". Es sei ein Tscheche aus dem Widerstand gewesen, der ihn gerettet und ihm zu essen gegeben habe.[36]

Gérard Sananès erwähnt eine „Baracke mit Prominenten", auf die er gestoßen sei:

> Da war Julien Cain, Leiter der B[ibliothèque] N[ationale], ich glaube, René Blum [*sic*, es handelt sich um Léon Blum, S. C.] war auch dort, und auch ein berühmter Kommunist, der nach dem Krieg Minister wurde; ich bin in diese Baracke und habe ihnen erklärt, dass wir ein paar Jugendliche waren, die verreckten. Sie haben mir bestätigt, dass sie Päckchen erhalten hatten, aber nun keine mehr bekämen. Ich habe sie aufgefordert, mich aufzunehmen. Marcel Paul hat mir gesagt: Wir haben hier eine Verantwortung, wir können nichts für dich tun, du musst alleine zurechtkommen.[37]

31 Maurice Benroubi: *Le petit arbre de Birkenau*. Paris: Albin Michel 2013, S. 92.

32 Ruben Gelbart: Interview, 1997. VHA, 37820.

33 Ebd.

34 Leon Introligator: Interview, 1996. VHA, 19598.

35 Norbert S.: Interview, o. D. FVA, 00425/Yal/2954.

36 Henry Rosmarin: Interview, 1994. VHA, 268.

37 Gérard Sananès: Interview, 1996. VHA, 8767.

Nachdem er sich als Elektriker ausgegeben habe, sei er der Arbeitsstatistik zugeteilt worden: ein Versteck. Von seiner kurzen Zeit in Buchenwald im Dezember 1944 hat der ‚Nazi-Jäger' Simon Wiesenthal den Eindruck im Gedächtnis behalten, dass es „ein gut organisiertes Lager" gewesen sei und dass „Juden uns zu essen brachten."[38] Wieder ist es Gilbert Michlin, der sich dazu am überzeugendsten äußert:

> Ich kann nicht mehr, ich habe genug. Ich bin müde, ich habe Schmerzen, mein Körper brennt. Er tut mir weh. Ich sehe keinen Ausweg mehr. Keinen anderen Ausweg als den Tod. Und ich hoffe, dass es in dem neuen Lager, Gaskammern gibt und dass man es mit dem Wrack, zu dem ich geworden bin, schnell zu Ende bringt. Aber das Schicksal entscheidet anders. Wir sehen schnell, dass dieses neue KZ kein Vernichtungslager ist. Einige Häftlinge, die wie wir gestreifte Anzüge tragen, einige mit einem roten französischen Dreieck, nehmen uns an die Hand, sie wissen woher wir kommen. Sie verstehen unsere Hoffnungslosigkeit und wollen uns trösten: „Versammelt eure Kameraden. Hier habt ihr eine Chance, gerettet zu werden". Das hat mir den Schub versetzt, den ich gebraucht hatte.[39]

„In Buchenwald bin ich wie ein Mensch behandelt worden", sagt Samuel Milo Adoner einfach, als er seine Ankunft in Auschwitz-Birkenau schildert. Obwohl er der französischen Résistance und den Kommunisten vieles vorwirft,[40] geht er davon aus, dass er in Auschwitz-Birkenau von einem deutschen Kommunisten, später in Buchenwald von den französischen Kommunisten gerettet worden ist. Er erinnert sich insbesondere, auf den Rat von Charles Odic hin mit ihnen Kontakt aufgenommen zu haben. Jeritt A. sagt ebenfalls, er sei dort gut versorgt worden: „Buchenwald, war kein Lager wie die anderen, da gab es sehr gut organisierte Christen […]."[41] Wahrscheinlich

38 Simon Wiesenthal: Interview, 1997. VHA, 35104.

39 Michlin: *Aucun intérêt*, S. 110.

40 „Ich weiß, das gefällt den Häftlingen nicht, wenn ich das erkläre, das gefällt den gojischen Résistants nicht, wenn ich ihnen das sage, das gefällt den Leuten von der Résistance-Fer nicht: ‚Ihr habt vom 27. März 1942 bis zum August 1944 nicht einen einzigen Deportationszug entgleisen lassen', die Eisenbahner haben nicht einen einzigen Zug zum Entgleisen gebracht." (Samuel Milo Adoner: Interview, 1995. VHA, 3677.)

41 Jeritt A.: Interview, 1980. FVA, 0054/Yal/0208.

meint er damit die nichtjüdischen deutschen Kommunisten. Hans Fürnberg vermutet, dass er nach einem ‚Todesmarsch' zunächst von einem französischen Arzt, dann von tschechischen Juden gerettet worden ist. Und wie? „Sie kümmerten sich um mich, schickten mich ins Revier, gaben mir Kleider, sprachen mit mir und machten mir Mut."[42]

Französische Häftlinge nehmen oft Bezug auf Marcel Paul, der über sie gewacht habe. Jacques Fages erinnert sich, dass Marcel Paul, „ein Kommunist und patriotischer Résistant",[43] ihnen nach ihrer Ankunft aus Bobrek in Buchenwald im ‚Kleinen Lager', wo sie in Quarantäne waren, einen Besuch abstattete: „Er konnte nicht viel tun". Aber es war eine Geste, die er nie vergaß.[44] „Wir werden hauptsächlich von roten Dreiecken, von Politischen bewacht", schreibt Gilbert Michlin:

> Das ist ein weniger brutales Regime als das der in Auschwitz herrschenden grünen Dreiecken. Außerdem haben wir herausgefunden, dass wir im Einflussbereich von Marcel Paul lebten, einem kommunistischen Franzosen, der mit seinen Kameraden einen Teil der Lagerverwaltung unterwandert. Davon profitieren wir und es erlaubt uns zu überleben, ohne allzu sehr leiden zu müssen.[45]

In der Erinnerungsliteratur findet man jedoch auch widersprechende Berichte. Oft stammen sie von christlichen Widerständlern. So etwa Jean Hoen, der wie Charles Odic die im Namen der ‚Solidarität' geplünderten Päckchen nie vergessen konnte,[46] oder auch der Abbé Roger Chetaneau, der die Kapos im Interview für „treue Komplizen" der SS hält, auch wenn er gleichzeitig sein Bedauern äußert, dass die ‚Politischen' nicht öfter mit der Lagerverwaltung betraut worden sind.[47] Insgesamt drängt sich der Eindruck auf, dass von ihnen heute keiner mehr Lust verspürt, das Verhalten der Kapos besonders hervorzuheben – als wäre eine aufrührende Erinnerung besänftigt. Die Häftlinge hatten schließlich erkannt, dass die „rote Führung" in

42 Hans Fürnberg: Interview, 1997. VHA, 30259.

43 Jacques Fages: Interview, 1997. VHA, 2915.

44 Ebd.

45 Michlin: *Aucun intérêt*, S. 110.

46 Hoen: *KLB*, S. 197–198.

47 Roger Chetaneau: Le Christ chez les rayés, 1947, zit. n. Lalieu (Hrsg.): *Zone grise ?*, S. 89.

Buchenwald ein Fortschritt war, im Vergleich zu anderen Lagern, in denen ‚Kriminelle' das Sagen hatten, denn, wie Paul Hagenmuller erklärt,

> auch die schlimmsten Politischen bewahrten sich einen Rest Menschlichkeit, die besten unter ihnen erwiesen unschätzbare Dienste. Das Ziel ihrer Mitarbeit in der inneren Organisation des Lagers war, die allgemeine Ordnung zu verbessern und die wichtigsten Elemente zu schützen, indem sie ihnen die Vorzüge von Kommandos und Blocks zu teil werden ließen.[48]

Festgehalten werden kann hier also, dass die von Eugen Kogon bereits seit 1946 positiv bewertete Rolle der kommunistischen Funktionshäftlinge in der Lagerverwaltung von der überwiegenden Mehrheit der Zeitzeugen nicht infrage gestellt wird, ob sie nun in der unmittelbaren Nachkriegszeit (schriftlich) oder vier bis fünf Jahrzehnte später (schriftlich oder mündlich) darüber berichten. Eugen Kogon, der seinen Bericht *Der SS-Staat* nach der Befreiung noch in Buchenwald selbst verfasst hatte, machte sich die Mühe, sein Manuskript dem Internationalen Lagerkomitee vorzulesen, insbesondere Walter Bartel und Ernst Busse:

> Um gewisse Befürchtungen zu zerstreuen, der Bericht könnte sich zu einer Art Anklageschrift gegen führende Lagerinsassen gestalten, las ich ihn Anfang Mai 1945, soweit er damals bereits fertig geschrieben war – es fehlten von insgesamt zwölf nur mehr die letzten zwei Kapitel –, einer Gruppe von 15 Männern vor, die entweder der illegalen Häftlingslagerleitung angehört hatten oder für bestimmte politische Häftlingsgruppen repräsentativ waren. Sie billigten den Inhalt als zutreffend und objektiv.[49]

Ein weiteres Argument für Kogons Glaubwürdigkeit ist seine Unparteilichkeit: Er war kein Kommunist, sondern ein christlicher Intellektueller und Nazigegner. Es war ihm bei Erscheinen seines Berichts 1946 wichtig zu betonen, dass „[d]as Buch […] heute mit keiner deutschen oder ausländischen Propagandastelle, mit keiner Partei, keinem Amt oder Büro und mit keiner Person außer meiner

48 Paul Hagenmuller: Le travail à Buchenwald, zit n. Lalieu (Hrsg.): *Zone grise ?*, S. 88.

49 Eugen Kogon: *Der SS-Staat. Das System der deutschen Konzentrationslager.* 2. Aufl. Berlin: Deutsches Druckhaus 1947, S. 14.

eigenen verknüpft"[50] sei. In einer Art Bilanz der kommunistischen Widerstandstätigkeit in Buchenwald stellt Kogon fest, dass „viel Positives unter hohen Opfern erreicht worden"[51] sei und hebt die „zähe, todesverachtende Arbeit"[52] der führenden politischen Häftlinge hervor. Nicht unerwähnt lässt er freilich, dass die Kommunisten „in ihren eigenen Reihen [...] durchaus nicht einheitlich" gewesen seien, „aber die Gegensätze eisern nieder[hielten], gelegentlich sogar durch Mord an opponierenden Genossen."[53] Trotz allem kommt er zu dem Schluss, dass „[d]as Verdienst der Kommunisten um die K[onzentrations]L[ager]-Gefangenen [...] kaum hoch genug eingeschätzt werden" könne.[54]

Die Position David Roussets, dem Kogons Zurückhaltung auffiel, ohne dass er sich deswegen allerdings von ihm distanzierte, ist bekannt. In seiner nachgelassenen Korrespondenz findet sich außerdem ein Brief seines Verlags, La Jeune Parque, der ihn mit Zustimmung Eugen Kogons darum bittet, ein Vorwort für die französische Ausgabe von *Der SS-Staat* zu verfassen. Dazu kam es nicht, weil Rousset aus Zeitgründen absagte.[55]

Robert Antelme, der ins Lager Gandersheim deportiert wurde, ein von ‚Kriminellen' geführtes Außenlager von Buchenwald, vermutet, dass die dortige Situation mit der in Lagern oder Arbeitskommandos, in denen ‚Politische' die Verantwortung trugen, nicht zu vergleichen gewesen sei:

> Selbst wenn diese politischen Kader sich korrumpieren ließen, was tatsächlich vorgekommen ist, war es doch selten, dass sie sich nicht ein gewisses Gefühl der alten Solidarität und einen Hass auf den gemeinsamen Feind bewahrt haben, was sie daran hinderte, bis zu jenen Exzessen zu gehen, zu welchen sich die Kriminellen hemmungslos hinreißen ließen.[56]

50 Kogon: *Der SS-Staat* (1947), S. 17.

51 Kogon: *SS-Staat* (1974), S. 314–315.

52 Ebd., S. 308.

53 Ebd., S. 311.

54 Ebd.

55 David Rousset an Eugen Kogon, 27.05.1947. BDIC, F delta, 1880/46/3.

56 Antelme: *Der Menschengeschlecht*, S. 9.

Jahre später stellte Jorge Semprún in Paris anlässlich einer Diskussion mit ehemaligen Häftlingen die Frage:

> War es nötig, Parzellen der Macht im internen Verwaltungssystem der Lager zu besetzen, um diese partielle Macht zugunsten der Widerstandsbewegung zu nutzen? Hatte man das Recht, gewisse politische Häftlinge aus politischen Gründen auf den Transportlisten zu streichen, um ihr Überleben zu sichern?[57]

Und gibt folgende Antwort:

> Erstens: Man musste sich widersetzen. [...] Also hatten die deutschen Kommunisten in Buchenwald historisch doch recht gehabt, die Machtparzellen in der internen Verwaltung des Lagers zu besetzen.[58]

Dabei blieb er auch lange, nachdem er mit der kommunistischen Bewegung gebrochen hatte.[59]
Dies gilt für Imre Kertész ebenfalls, den ein Leben im ‚Realsozialismus' durchaus dazu veranlasst haben könnte, den Beitrag der Kommunisten anders zu bewerten. Doch bei seinem Besuch in Buchenwald 1990 führt er aus:

> Unter einem bestimmten Blickwinkel – keinesfalls meinem – gehörte Buchenwald 1944/45 schon zu den „milderen" Lagern. Das verdankte sich dem unerbittlichen Kampf, den die politischen Häftlinge [...] über viele Jahre hinweg gegen die Kriminellen führten [...]. Es ging um die innere Führung des Lagers: Da die Innenverwaltung gänzlich durch Häftlinge erledigt wurde, hatte der die Macht, der die Verwaltung innehatte. Und da die „roten" Häftlinge intelligenter, geschickter und besser organisiert als die „grünen" waren, hatten sie sich allmählich das Amt erobert, das für die Einteilung der Arbeitseinsätze und die Transporte zuständig war. So konnten sie sich allmählich von den Kriminellen befreien: [...] – die Einzelheiten wollen wir besser nicht wissen. Aber auf diese Weise konnten die politischen Häftlinge eine Menge bewirken und taten das auch, vor allem für die Kinder, die 1944 in den Typhusbaracken des sogenannten Kleinlagers [...] der sichere Tod erwartet hätte. Ihr langer Arm

57 Semprún: *Was für ein schöner Sonntag!*, S. 210.
58 Ebd., S. 215.
59 Jorge Semprún: Préface. In: Lalieu (Hrsg.): *Zone grise ?*, S. 19–23, hier S. 21–22.

> reichte wahrscheinlich sogar bis zur Rampe, wo sie versuchten, aus den Transporten ein paar Glückspilze unter den Menschenwracks herauszuholen und ins Großlager hinüberzuretten.[60]

Prominente und weniger prominente Zeitzeugen schlossen sich Jorge Semprúns Einschätzung an, die deutschen Kommunisten hätten „historisch doch recht gehabt". Das hinderte weder die Einen noch die Anderen daran festzustellen, dass die Kommunisten ihre eigenen Leute vorzogen. Sie handelten unter Bedingungen, die sie nicht selbst gewählt hatten, sie waren selbst verstrickt in „furchtbare Widersprüche", wie Claude Lanzmann hinsichtlich der Rolle der ‚Judenräte' gesagt hat.[61] Haben sie jedoch wirklich von den Umständen profitiert, um sich ihrer politischen Gegner zu entledigen?

Die Ausschaltung der politischen Gegner

Die Zeitzeugenberichte von David Rousset und Ernst Federn, beide Trotzkisten, und des Sozialdemokraten Benedikt Kautsky können diesbezüglich als einschlägig gelten. Bekannt ist, dass sich die deutsche Arbeiterbewegung in den Jahren 1918/19 in Kommunisten (KPD) und Sozialdemokraten (SPD) spaltete. Diese Spaltung sowie Stalins These von der Sozialdemokratie als „Zwillingsbruder des Nationalsozialismus"[62] ermöglichte den Aufstieg der NSDAP zur Herrschaft, deren erste Opfer Kommunisten und Sozialdemokraten wurden. Zur selben Zeit blies Stalin in der UdSSR zur Jagd auf Trotzki und seine Anhänger, die schließlich ermordet wurden. Benedikt Kautsky war von 1940 bis 1942 im KZ Buchenwald, dann im Vernichtungslager Auschwitz, ab Frühjahr 1945 wieder in Buchenwald interniert. Er kann deshalb über die Beziehungen zwischen den verschiedenen antifaschistischen Fraktionen und ihre Entwicklung sehr glaubwürdig

60 Kertész: *Dossier K.*, S. 86.

61 Claude Lanzmann / Anette Lévy-Willard: « C'est une histoire folle. L'acmé de la cruauté ». In: *Libération*, 17.05.2013. http://next.liberation.fr/cinema/2013/05/17/c-est-une-histoire-folle-l-acme-de-la-cruaute_903854 (Zugriff am 12.07.2017).

62 Gerd Koenen: *Was war der Kommunismus?* Göttingen: Vandenhoeck & Ruprecht 2011, S. 53. Grigori Sinowjew als Vorsitzender der Komintern hatte 1924 argumentiert, die Sozialdemokratie stelle den gemäßigten Flügel des Faschismus dar. In der Folge bekämpften sich die beiden Arbeiterorganisationen KPD und SPD, anstatt sich gegen die NSDAP zu verbünden.

Auskunft geben.[63] Ihm zufolge sei der Hass der Kommunisten auf die Sozialdemokraten, die sie für den Aufstieg des Nationalsozialismus verantwortlich machten, mit den Jahren zurückgegangen und war praktisch verschwunden gewesen, als er 1945 nach Buchenwald zurückkehrte. Die Sozialdemokraten seien geneigt gewesen, sich dem geheimen Widerstand anzuschließen, obwohl dieser von Kommunisten kontrolliert wurde, um so buchstäblich im letzten Moment das gemeinsame Abwehrbündnis doch noch zu schließen, das die nationalsozialistische Herrschaft in der Weimarer Zeit hätte verhindern können. Das galt etwa für den Sozialisten Hermann Brill und seine Freunde. Andere Oppositionelle, Mitglieder der Kommunistische Partei-Opposition (KPO) wie Willi Bleicher, Kapo der Effektenkammer, oder auch Robert Siewert, Kapo des Baukommandos III, taten es ihnen gleich.

Ernst Federn erzählt, er sei in Buchenwald von den Kommunisten keineswegs geschnitten worden. Allerdings habe er Kompromisse machen und sich durchsetzen müssen – und das habe er, wie er seinem Biografen Bernhard Kuschey erzählte, mit Unterstützung von Rudi Arndt geschafft, einem jungen jüdischen Kommunisten, der sich geweigert habe, dem Verbot der Partei Folge zu leisten, Kontakt mit dem „politischen Gegner" zu haben.[64] Federn nimmt des Weiteren an, dass sich viele als Kommunisten ausgegeben hätten, um in die Obhut der von diesen geführten inneren Lagerverwaltung zu gelangen. Einige der unter den 2.000 im Jahr 1944 in Buchenwald internierten ‚Politischen' weniger zahlreichen Sozialdemokraten hätten Hermann Langbein zufolge die Notwendigkeit erkannt, sich mit den älteren Häftlingen aus der KPD zu verbünden, deren Zahl von Walter Bartel auf mehr als 800 geschätzt wird; von diesen wiederum hatten im letzten Jahr der Existenz Buchenwalds etwa 300 mehr oder weniger wichtige Posten in der Lagerverwaltung inne.[65] Aber Federn erklärt darüber hinaus, dass es unter den Kommunisten auch solche gegeben habe, die „keine Stalinisten" gewesen seien und ihn beschützt hätten, obwohl er gegen Stalin und für Trotzki Partei ergriff. Andererseits

63 Kautsky: *Teufel und Verdammte*, S. 33.

64 Kuschey: *Die Ausnahme*, Bd. 1, S. 435–437.

65 Langbein: *Nicht wie Schafe*, S. 112.

erinnert er sich an Werner Scholem, Bruder von Gershom Scholem[66] und wie er Trotzkist, mit dem er im Lager zusammen war. 1940 sei dieser von einem SS-Mann umgebracht worden, nachdem Kommunisten ihn denunziert hätten. Das nimmt Federn zumindest an, beweisen könne er es nicht.[67] Harry Stein, Historiker und Leiter der Gedenkstätte Buchenwald und Mittelbau-Dora, spricht von „Säuberungen" innerhalb der KP im Lager und zitiert den Fall Hans Bechert, der für nicht vertrauenswürdig gehalten worden sei und unter nie geklärten Umständen am 2. März 1943 im Häftlingskrankenbau starb.[68] In einem Brief an Oskar Schoenfeld vom 7. Dezember 1945 erwähnt David Rousset den Tod seines Kameraden Marcel (es handelt sich um den trotzkistischen Aktivisten Marcel Hic), der, wie er schreibt,

> die Bedingungen der Lagergesellschaft nicht richtig einschätzen konnte. Er vertrat seine Position sehr offen und rückhaltlos. Roland [Filiatre, S. C.] tat es ihm gleich und beide wurden in ein Vernichtungslager geschickt [Mittelbau-Dora, S. C.].[69]

Die Funktionshäftlinge, die in der Arbeitsstatistik arbeiteten, konnten einen ‚politischen Gegner' in den Tod schicken. Doch in welchem Ausmaß nutzten sie diese Macht? Zögerten sie anlässlich der Zusammenstellung eines Transports etwa, sich zwischen einem ‚politischen Gegner', einem ‚Kriminellen' oder einem der ihren zu entscheiden? Das kann man mit Recht bezweifeln. Der Trotzkist Jean-René Chauvin, für den „die Quarantäne in Buchenwald nach Mauthausen, Birkenau und der Evakuierung nach Jawischowitz ein Urlaub war"[70], schreibt, dass er zwar die Vorzüge einer Lagerverwaltung durch ‚Politische' gesehen, aber auch die Grenzen der antifaschistischen Solidarität schnell erkannt habe: Er sei in ein Außenlager geschickt und als „Hitler-Trotzkist" behandelt worden, was für ihn nichts Gutes verhieß. Er kam trotzdem durch, weil andere kommunistische Aktivisten ihn

66 Gershom, ein Kabbala-Spezialist und Zionist, war 1923 von Deutschland nach Palästina ausgewandert, während sein Bruder Werner in die KPD eintrat, für die er Abgeordneter im Reichstag wurde.

67 Ernst Federn: Interview, 1998. VHA, 40799.

68 Stein: *Konzentrationslager*, S. 146.

69 David Rousset an Oskar Schoenfeld, 07.12.1945. BDIC, F delta 1880/52/3.

70 Jean-René Chauvin: *Un trotskiste dans l'enfer nazi. Mauthausen-Auschwitz-Buchenwald (1943–1945)*. Paris: Syllepse 2006, S. 217.

verteidigten.[71] Später, nach seiner Rückkehr nach Frankreich, erfuhr er, dass ein französischer Kommunist, mit dem er in Auschwitz befreundet war, versucht hatte, seinen Abtransport zu verhindern. Daraufhin habe man diesem davon abgeraten, weiter Kontakt mit Chauvin zu halten. Das Ergebnis war, das dieser Kommunist nach der Befreiung Frankreichs seinen Parteiausweis zurückgab.[72]

Über die Frage, ob und inwiefern die kommunistischen Funktionshäftlinge ihre Macht missbrauchten, kann eigentlich nur spekuliert werden, denn die Opfer sind *per definitionem* nicht mehr da, um über ihr Schicksal zu berichten. Es gibt allerdings keinen Grund anzunehmen, dass Werner Scholem, Hans Bechert oder Marcel Hic nicht dem brudermörderischen Hass geopfert worden sind und dass sie die einzigen waren. Ebenso ist davon auszugehen, dass nicht alle Kommunisten ‚Stalinisten' waren. Davon ging jedenfalls Ernst Federn aus, Jean-René Chauvin bezeugte es, und auch die Freundschaft, die David Rousset mit dem Kapo Emil Künder verband, dem er *Les jours de notre mort* widmete, lässt darauf schließen. In dem oben zitierten Brief Roussets an Schoenfeld gibt es einen Abschnitt, der sich wie eine Hommage an diesen Kommunisten liest:

> Ein anderer Freund, dem ich viel verdanke, ja ich nehme an, dass ich ihm sogar mein Leben verdanke, ist Emil Künder. Er war ein Kapo und ein extrem einflussreicher Mann in der Lagergesellschaft. Er war auch ein deutscher Kommunist aus der Region Hamburg. Ein ehemaliger Seemann. Zum Zeitpunkt seiner Verhaftung im Jahr 1933 war er Mitglied des Politbüros der KPD und des Westeuropäischen Büros der Dritten Internationale. Er war einer der Führer des Hamburger Aufstands gewesen. Mit ihm habe ich dreizehn Monate täglich zusammengelebt. Ich habe ihn nie schlagen sehen. Für dich mag das einfach sein. Aber es war ein ziemlicher Einzelfall. Dieser Mann hatte sich in zehn Jahren Haft eine Haltung bewahrt, die seinen Vorstellungen von der Revolution, ja des Menschen schlechthin vollkommen zur Ehre gereichte. Durch seine Vermittlung hatte ich erreicht, was ich vor allem wollte, nämlich Zugang zum inneren Kreis der deutschen Kommunisten-Fraktion. Ich habe mehrere von ihnen teilweise recht gut kennen gelernt. Das war eine besonders wertvolle Erfahrung, von der ich dir noch länger erzählen werde.[73]

71 Ebd.

72 Interview mit Jenny Plocki, Lebensgefährtin von Jean-Rene Chauvin, 17.03.2013.

73 David Rousset an Oskar Schoenfeld, 07.12.1945. BDIC, F delta, 1880/52/3.

Durch die Übernahme der inneren Lagerverwaltung waren die deutschen Kommunisten in der Lage, sich sowohl ihrer politischen Gegner zu entledigen als auch ihre eigenen Leute zu bevorzugen. Einige Zuschriften, die David Rousset nach der Veröffentlichung seiner Bücher *L'Univers concentrationnaire* und *Les jours de notre mort* erhielt, bestätigten dies. Ein Brief stammt von einem ehemaligen Buchenwald-Häftling:

> Ich war nur ein französischer antideutscher Patriot, [was] weder in den Augen der Netzwerk-Résistants, deren Chef Manhès war, noch in den Augen der Partei Marcel Paul's ausreichte [...], weshalb ich, der ich von niemandem unterstützt worden bin, und Buchenwald, seine Fauna und seine Sitten, gut kennen gelernt habe, über meine eigene Rückkehr immer noch selbst staune.[74]

Nach einem Interview, in dem er die Position der „geheimen Führer" verteidigt hatte, bekam David Rousset am 21. August 1947 einen weiteren Brief. Die Mutter eines neunzehn Jahre alten Résistant, der in einem Außenlager des KZ Buchenwald umkam, in dem es keine Überlebenschancen gab, schrieb ihm:

> Wenn sie nicht bereit gewesen wären (zur großen Zufriedenheit der Deutschen, die sich immer freuen, wenn ihre Feinde vor ihnen im Staub kriechen), unter ihren Schicksalsgenossen eine Wahl zu treffen, dann hätte es vielleicht nicht weniger Tote gegeben, aber diese Toten hätten dann auch Sie, Ihre geheimen Führer und Ihre Freunde sein können.[75]

Am Schluss ihres Briefes fügte die Mutter des jungen Mannes hinzu, dass sie weder Antikommunistin sei noch Christin. Ob David Rousset die Kraft fand, ihr zu antworten? Hat er weitere solche Briefe erhalten? Die Mappe mit seiner Korrespondenz, die sich in seinem Nachlass befindet, enthält nur diese beiden. Sind sie beim Ordnen zufällig dort hineingeraten? Er hat sie jedenfalls aufgehoben. Die übrigen Zuschriften sind durchweg lobend. Rousset sollte die Entscheidungen des ILK trotz allem stets rechtfertigen.

74 Brief an David Rousset, 23.06.1947. BDIC, F delta, 1880/2-4.
75 Brief an David Rousset, 21.08.1947. BDIC, F delta, 1880/2-4.

Über das Konzentrationslager Buchenwald schien damit schon früh alles gesagt. Der Vereinfachung seiner Geschichte und der Heroisierung der ‚Antifaschisten', wie die verschiedenen historischen Akteure im öffentlichen Diskurs der DDR im Sinn der gebotenen Ökumene genannt wurden, konnte man eine Anzahl Studien und Zeitzeugenberichte gegenüberstellen, die – angefangen mit den Arbeiten ostdeutscher Historiker wie Klaus Drobisch[76] – die Komplexität der Situation zumindest durchblicken ließen, ohne freilich die offizielle Version in Frage zu stellen. In der DDR erschienen weder die Bücher Eugen Kogons oder David Roussets noch *Ist das ein Mensch?* und *Die Untergangenen und die Geretteten* von Primo Levi. Letzteres rechtfertigte Hermann Axen, Mitglied des Politbüros der SED und mit dem doppelten ‚Prestige' eines Opfers der rassistischen Verfolgung und der Deportation als Widerständler nach Auschwitz ausgestattet, damit, dass Primo Levi eine nicht statthafte Klassifizierung der Häftlinge vorgenommen habe und das Wort „Solidarität" bei ihm nicht vorkomme.[77]

Kann man vor diesem Hintergrund eine kausale Beziehung herstellen zwischen der Weigerung, die Existenz der Grauzone anzuerkennen, und der nach der deutschen Wiedervereinigung einsetzenden Revision des Antifaschismus und seiner Geschichte? Zum Teil sicherlich. Aber es sind zwei weitere Faktoren zu berücksichtigen: der zeitliche Rückstand der wissenschaftlichen Forschung über die deutschen Konzentrationslager einerseits (hier ist daran zu erinnern, dass den Forschern wichtige Archive bis 2008 verschlossen blieben) und andererseits das Phänomen der nationalkulturellen Einverleibung Buchenwalds in der DDR.

76 Drobisch: *Widerstand.*

77 Simone Barck: Primo Levi en RDA (1970–1889/90). In: Philippe Mesnard / Yannis Thanassekos (Hrsg.): *Primo Levi à l'œuvre. La réception de l'œuvre de Primo Levi dans le monde.* Paris: Kimé 2008, S. 101–118, hier S. 114.

II
Buchenwald und der politische Gebrauch der Vergangenheit

1.
Die nationalkulturelle Vereinnahmung des Konzentrationslagers Buchenwald

Buchenwald als Gedächtnisort zu betrachten, war den führenden ostdeutschen Politikern zunächst nicht in den Sinn gekommen. Zwar hatten Überlebende unmittelbar nach der Befreiung zum Gedenken an ihre ermordeten Kameraden einen Holzobelisk aufgestellt und am 19. April 1945 feierlich gelobt, „den Kampf erst ein[zustellen], wenn auch der letzte Schuldige vor den Richtern der Völker steht".[1] Doch bis zum Bau des Glockenturms 1952 und zur Eröffnung der Gedenkstätte 1958 wurden lediglich Gedenktafeln angebracht: zur Erinnerung an den am 18. August 1944 ermordeten Ernst Thälmann, an die 1941 exekutierten 8.483 sowjetischen Kriegsgefangenen oder an die Opfer der Novemberpogrome 1938 und des jüdischen Lagers. Ein Grund für die Schwierigkeiten, das ehemalige KZ in eine Gedenkstätte umzuwandeln, war sicherlich, dass es zwischen 1945 und 1950 von den sowjetischen Besatzungstruppen weiterhin als Lager genutzt wurde und hier neue Häftlinge interniert waren – vorwiegend Funktionäre der NSDAP. Auch deshalb fand der Prozess gegen die Naziverbrecher von Buchenwald ab dem 4. März 1947 in Dachau statt, das in der Amerikanischen Besatzungszone lag.
Kurz nach der DDR-Gründung am 7. Oktober 1949 in der Sowjetischen Besatzungszone (SBZ) wurden die meisten Holzbaracken, die von den Häftlingen selbst errichtet worden waren, auf Beschluss des Politbüros abgerissen. Stehen blieben nur einige Steingebäude. In

1 Ritscher: *Buchenwald*, Backcover.

der ersten Zeit wurde das Gelände kaum gepflegt. Die Entscheidung der ostdeutschen Behörden, hier ein Museum einzurichten, erfolgte erst später. An diesen Beschluss war ein doppeltes Ziel geknüpft. Auf der einen Seite sollte die offizielle Version der DDR als rechtmäßige Nachfolgerin des ‚guten' Deutschlands unterstrichen werden, jenes Deutschlands also, das Widerstand gegen Hitler geleistet hatte. Denn gleichzeitig war damit auch hervorgehoben, dass in Westdeutschland zu diesem Zeitpunkt noch keine solche Gedenkstätte mit Bezug auf die nationalsozialistische Vergangenheit existierte. Auf der anderen Seite sollte der kommunistischen Helden gedacht werden, deren strahlendes Bild sich durch die Ereignisse seit Mitte der 1950er Jahre eingetrübt hatte, etwa durch die Unterdrückung des von den Arbeitern auf den Baustellen der Stalinallee (heute Karl-Marx-Allee) ausgehenden Aufstands vom 17. Juni 1953 in Ostberlin sowie des im Herbst 1956 von sowjetischen Panzern niedergewalzten Volksaufstands in Ungarn.

Die Riege der führenden Kommunisten in der DDR war im Widerstand gegen das Dritte Reich gewesen und setzte deshalb eine Politik der Entnazifizierung um, die wesentlich rigoroser war als die in den westlichen Besatzungszonen. Dabei verschoben sie den Akzent auf den antifaschistischen Kampf, dessen Erbe sie sich – aus guten Gründen, wenn auch nicht ohne Hintergedanken – aneigneten, während sie Westdeutschland zu einem Refugium der Altnazis stilisierten. Die Geschichte war zwar komplexer, hatten die ostdeutschen Parteikader doch auch unorthodoxe Kommunisten und antifaschistische Sozialdemokraten verjagt (und inhaftiert), die nicht bereit waren, sich den Beschlüssen der Sowjetunion zu unterwerfen, aber im Großen und Ganzen ist diese Erzählung auch nicht falsch. Die Einweihung der Gedenkstätte Buchenwald bot eine Gelegenheit, die damals in die Regierung Adenauer eingebundenen Altnazis gewissermaßen mit feierlichem Pomp zu verurteilen, angefangen mit Ludwig Erhard, dem Wirtschaftsminister und späteren Bundeskanzler (1963–1966), über den Innenminister Gerhard Schröder, der „seit 1933 Mitglied der NSDAP und später der SA" war bis zu Verteidigungsminister Franz-Josef Strauß, dem „Nazi-Kommissar in der Wehrmacht", kurz:

> [V]on 18 Ministern, die das Kabinett des Herrn Adenauer bilden, vertreten 12 direkt die Interessen der großen Trusts und der Banken und sechs sind ehemalige Funktionäre der NSDAP, der SA und der SS. Alle 90 Generäle und Admiräle der Bundeswehr waren höhere Wehrmachtsoffiziere. Von den 12 Admirälen haben sechs am Überfall auf Norwegen und Dänemark aktiv teilgenommen. Dafür haben sie von Hitler Auszeichnungen erhalten. [...] Die Säuberung des Justizapparats hat nicht stattgefunden. Die SS-Lagerärzte machen in aller Ruhe weiter [...].[2]

So ist es in einer Broschüre mit dem Titel *Buchenwald 1958* zu lesen, die anlässlich der Einweihung des Lagers vom Internationalen Komitee der ehemaligen Buchenwald-Häftlinge herausgegeben wurde. Das ist alles richtig und – wenn man neueren Untersuchungen Glauben schenken darf – sogar noch nicht einmal die ganze Wahrheit.[3] Was das ehemalige Konzentrationslager Buchenwald betrifft, so waren nur 31 Mitglieder der SS-Wachmannschaften als Naziverbrecher vor Gericht gestellt worden. Von 22 Todesurteilen durch Erhängen wurden elf tatsächlich vollstreckt, während die meisten anderen Verurteilten relativ schnell wieder freikamen.

In der BRD wurde es auf dem Höhepunkt des Kalten Krieges jedoch als Verrat gebrandmarkt, diese offenen Geheimnisse öffentlich anzusprechen,[4] eine Erfahrung, die etwa Thomas Harlan machte, Sohn des Regisseurs Veit Harlan, der den berüchtigten antisemitischen Films *Jud Süß* (D 1940) gedreht hatte. Als Harlan 1958 am Schluss seines Theaterstücks *Ich selbst und kein Engel – Chronik aus dem Warschauer Ghetto*[5] über den Warschauer Ghetto-Aufstand die Namen von Altnazis in der Regierung Adenauer auflistete, wurde sein Stück in Westberlin kurzerhand verboten. Harlan blieb nichts anderes übrig,

2 *Buchenwald 1958*. BDIC, 67/49/1958/1.

3 Siehe Eckart Conze / Norbert Frei / Peter Hayes / Moshe Zimmermann: *Das Amt und die Vergangenheit. Deutsche Diplomaten im Dritten Reich und in der Bundesrepublik*. München: Blessing 2010; Norbert Frei: Continuités et ruptures. Les élites allemandes après 1945. In: *Francia* 31 (2005), S. 187–197.

4 Vgl. Dominik Rigoll: *Staatsschutz in Westdeutschland. Von der Entnazifizierung zur Extremistenabwehr*. Göttingen: Wallstein 2013, S. 15, 148.

5 Thomas Harlan: *Ich selbst und kein Engel. Dramatische Chronik aus dem Warschauer Ghetto*. Berlin: Henschel 1961.

als es an der Ostberliner Volksbühne aufführen zu lassen.[6] An diesem Punkt der Entwicklung konvergierten die Interessen von Bruno Apitz, eines ehemaligen politischen Buchenwald-Häftlings, der sich mit einem schriftstellerischen Projekt trug, und die des Regimes, das sich zur politischen Unterstützung des antifaschistischen Gedenkens entschlossen hatte.

Nackt unter Wölfen: das Narrativ der ‚Nationalerzählung'

Thema des erfolgreichen Nachkriegsromans *Nackt unter Wölfen* ist die Geschichte eines dreieinhalbjährigen Kindes, das in Buchenwald von den Kommunisten gerettet wird.[7] Die Erzählung wurde zur Grundlage des gleichnamigen Films von Frank Beyer (DDR, 1963), der auch heute noch hin und wieder auf Festivals über die filmische Darstellung der Konzentrationslager gezeigt wird. Das 1958 von Bruno Apitz veröffentlichte Buch stützte sich zwar auf reale Ereignisse, war durch den Klappentext aber ausdrücklich als Roman ausgewiesen. Apitz schildert darin die Geschichte eines Mannes, der im August 1945 in Begleitung eines kleinen, in einem Koffer versteckten Jungen ins KZ Buchenwald eingeliefert wird. Ein so kleines Kind hat im Lager keinerlei Überlebenschancen. Politische Häftlinge, die bei der Ankunft des Transports zugegen sind, beschließen, es zu retten. Sie verstecken es in der Effektenkammer vor der SS, die um seine Anwesenheit im Lager weiß und es auf die Liste des nächsten Auschwitz-Transports gesetzt hat. Das Kind soll dahin zurückkehren, wo es hergekommen ist, und der Tötungsmaschine nicht noch einmal entwischen. Die Rettungstat setzt jedoch die Aktivität des geheimen Widerstands im Lager, der seinerseits Waffen versteckt hält, der Gefahr aus, entdeckt zu werden. Sollte die SS das Kind suchen, könnten auch die Waffen gefunden, das Vorhaben eines Lageraufstands vereitelt und natürlich die antifaschistischen Anführer exekutiert werden. Die Vernunft rät deshalb, das Kind den Interessen des Widerstands zu opfern. Es kommt jedoch anders: Zentrales Thema des Romans ist

6 Thomas Harlan: *Hitler war meine Mitgift. Ein Gespräch mit Jean-Pierre Stephan.* Reinbek: Rowohlt 2011.

7 Bruno Apitz: *Nackt unter Wölfen.* Halle a. d. Saale: Mitteldeutscher Verlag 1958.

die Gewissensfrage, die sich der Leitung des geheimen Widerstands stellt, ob sie das Kind ausliefern soll oder nicht. Obwohl es alle in Gefahr bringt und die kollektive Aktivität bedroht, wird schließlich beschlossen das Kind zu retten – ein offener Bruch mit dem kommunistischen Dogma, demzufolge das kollektive Interesse steht schwerer wiegt als das individuelle.

Trotz der Abweichungen gegenüber dem Bericht Zacharias Zweigs wird man die Geschichte von Stefan Jerzy gleich erkannt haben. Tatsächlich findet sich die Geschichte eines dreijährigen Kindes, das Buchenwald überlebt haben soll, in vielen weiteren Zeitzeugenberichten. Zwar könnte es sich, wenn diese schriftlichen Berichte oder Interviews erst nach Veröffentlichung von Apitz' Roman entstanden sind, auch um ‚geborgte' Erinnerungen handeln. Sie ist jedoch auch schon in unmittelbar nach der Befreiung verfassten Augenzeugenberichten dokumentiert. So spielt der französische Arzt Georges Revel auf ein dreijähriges jüdisches Kind an, das monatelang kein Tageslicht gesehen habe, da es „dank der Komplizenschaft aller versteckt war, ein Symbol des Widerstands, von Block zu Block gereicht, immer versteckt, nie gefunden".[8] Um das ‚Buchenwaldkind' spann sich also bereits vor dem ersten Erscheinen von Apitz' Roman eine umfassende Mythologie.

In der DDR wurde *Nackt unter Wölfen* sofort zum Bestseller. Die erste Auflage von 10.000 Exemplaren war bereits im Sommer 1958 vergriffen. Im gleichen Jahr musste sich der Verlag bereit erklären, fünf weitere Auflagen zu drucken, die 62.000 bis dahin nicht bedienten Vorbestellungen entsprachen; Ende 1959 waren schon mehr als 200.000 Exemplare verkauft worden. Ab 1960 wurde *Nackt unter Wölfen* in die Sprachen fast aller kommunistischen ‚Bruderländer' sowie ins Englische und Schwedische übersetzt, ein Jahr später ins Finnische, Französische und Japanische. 1961 kaufte die BRD die Rechte. 1986 erreichte das Buch in der DDR seine 52. Auflage; die Zahl der hier verkauften Exemplare wird auf 2 Millionen geschätzt, die der weltweit vertriebenen Ausgaben sogar auf fast 3 Millionen.

8 Georges Revel: *Évocation de Buchenwald*. Strasbourg: Imprimerie alsacienne 1947, S. 11. Jean Hoen zufolge war ein dreieinhalbjähriges Kind von den Funktionshäftlingen der Arbeitsstatistik „adoptiert" worden (ders.: *KLB*, S. 249).

Nackt unter Wölfen ist damit der größte Kassenschlager des DDR-Buchhandels.[9] Wie war es dazu gekommen?

Zu diesem Erfolg trug sicher bei, dass der Roman in den Schulen der DDR Pflichtlektüre wurde und die Verlage der kommunistischen Parteien im Ausland den Absatz ankurbelten. Doch das ist noch keine wirklich zufriedenstellende Antwort, schließlich hatte das Buch ja sein Publikum bereits gefunden, bevor er auf die Lehrpläne gesetzt wurde. Auch wurde weder in der DDR noch im Ausland jemand gezwungen, das Buch zu kaufen. Der Erfolg hat zweifellos auch mit der kindlichen Hauptfigur zu tun, gilt das Kind doch in der Kultur der Moderne als Symbol der Unschuld (bzw. des unschuldigen Opfers) schlechthin. Seine Wehrlosigkeit und Verletzungsoffenheit machen es zu einer Identifikationsfigur, auf die sich auch Erwachsene beziehen können. So ist jedenfalls das Nachleben von Fotos gedeutet worden, die Kinder als NS-Opfer zeigen, wie dasjenige des kleinen Jungen mit erhobenen Händen, das nach der Niederschlagung des Warschauer Ghetto-Aufstands aufgenommen worden ist, oder das Foto von Anne Frank, das sie als Schülerin verewigt. In der DDR war *Nackt unter Wölfen* im Übrigen erfolgreicher als das *Tagebuch der Anne Frank*, das kurz zuvor erschienen war und 1959 ebenfalls eine Neuauflage erfuhr. Anschließend wurde das Buch in der DDR erst 1986 neu aufgelegt und zwar von dem auf Kinderbücher spezialisierten Kinderverlag. In den 1980er Jahren, der letzten Dekade ihres Bestehens, interessierte sich die DDR ostentativ für die Geschichte der Juden in Deutschland und die Shoah. Doch während weder der kleine Junge aus dem Warschauer Ghetto noch Anne Frank überlebt haben, suggerierte Bruno Apitz einen glücklichen Ausgang seiner Geschichte, wobei man damals noch nicht wusste, was wirklich aus dem Kind geworden war und wo es lebte. „In der Generation der nach dem Holocaust Geborenen", schreibt Marianne Hirsch,

9 Susanne Hantke: „Das Dschungelgesetz, unter dem wir alle standen". Der Erfolg von „Nackt unter Wölfen" und die unerzählten Geschichten der Buchenwalder Kommunisten. In: Bruno Apitz: *Nackt unter Wölfen*. Neuauflage. Berlin: Aufbau 2012, S. 515–574, hier S. 515.

> haben wir die Tendenz, in jedem Opfer ein wehrloses Kind zu sehen […], wir stellen uns die Rettung auch nur eines einzigen Kindes als Form äußersten Widerstands gegen die Totalität des völkermörderischen Unternehmens vor.[10]

Diese Bildproduktion und die mit ihr verknüpften Sehgewohnheiten tragen umso mehr zur Erklärung der Rezeption von Apitz' Buch in der DDR bei, als das ‚Buchenwaldkind' jüdisch ist. Dabei war es nicht einmal nötig, dies im Buch in den Vordergrund zu stellen oder es anderweitig hervorzuheben, der Kontext sprach für sich. Es sei daran erinnert, dass das Wort ‚Jude' auch in Alain Renais' Dokumentarfilm *Nuit et brouillard* (*Nacht und Nebel*, F) von 1956 nur ein einziges Mal fällt, obwohl es in ihm fast ausschließlich um den Völkermord an den europäischen Juden geht. Er wurde allerdings zu einer Zeit gedreht, in der man sich weigerte, den nationalsozialistischen Vernichtungsplan besonders hervorzuheben – dies teilweise aus dem reflexartigen Wunsch heraus, die rassistische Politik der Nazis nicht dadurch weiterzuführen, dass man die ihre Opfer in Gruppen differenzierte. Die Menschheit war eins und unteilbar. Sich auf in Archiven verfügbares Bildmaterial stützend, wobei die später eingeführte Differenzierung zwischen Konzentrations- und Vernichtungslagern noch nicht bekannt war, hatte Resnais bevorzugt Bilder benutzt, welche die Erinnerung an die Judenverfolgung wachriefen: Man sieht den erwähnten kleinen Jungen aus dem Warschauer Ghetto und bei Razzien festgenommene Personen, die den gelben Stern tragen. Der Umstand, dass die auf einigen Fotos zu sehenden Bettgestelle und die sich darauf drängenden Häftlinge im Kleinen Lager von Buchenwald aufgenommen worden waren und nicht in Auschwitz, tut der Wahrhaftigkeit des Dokumentarfilms keinen Abbruch.
Auch wenn Apitz' Buch weniger darauf abzielt, das Schicksal der Juden zu zeigen, funktioniert es in ähnlicher Weise: Im Zentrum des Geschehens stehen ein Jude und ein Kind – ein jüdisches Kind. Wie *Nuit et brouillard* in Frankreich konnte *Nackt unter Wölfen* in der DDR als Roman über die Shoah wahrgenommen werden. Hier sei

10 Marianne Hirsch: *The Generation of Postmemory*. New York: Columbia UP 2012, S. 163; siehe auch Frédéric Rousseau: *L'enfant juif de Varsovie. Histoire d'une photographie*. Paris: Seuil 2009.

daran erinnert, dass das Thema zu diesem Zeitpunkt in der offiziellen ostdeutschen Geschichtsschreibung zwar nicht wirklich Tabu war (das war es zu keiner Zeit), die Judenverfolgung jedoch keine besondere Aufmerksamkeit erfuhr. Während die Antifaschisten als Widerständler und Kämpfer betrachtet wurden, galten Juden, Sinti und Roma, Homosexuelle und Zeugen Jehovas als Opfer. Auch wenn die Verfolgung der Juden durch das Naziregime öfter zur Sprache kam als die anderer Gruppen, wurde sie doch erst in den 1970er und 1980er Jahren tatsächlich zu einem Thema der geschichtswissenschaftlichen Forschung. Etwas vereinfacht und im Gegensatz zur aktuell herrschenden Wahrnehmung könnte man sagen, dass, während Apitz seinen Roman schrieb, Sinti und Roma, Homosexuelle und Zeugen Jehovas weder in der wissenschaftlichen Geschichtsschreibung noch im öffentlichen Diskurs der DDR (aber nicht nur dort) als Hauptopfergruppen der Naziideologie galten, weil diese sich im Wesentlichen gegen Kommunisten und in zweiter Linie gegen Juden gerichtet habe.

Der Umstand, dass ein jüdisches Kind in Buchenwald versteckt, geschützt, gefüttert und umsorgt werden konnte, war jedenfalls anrührend: ein Hauch von Menschlichkeit in einem unmenschlichen Universum. Nach dem Krieg hatte das Publikum – ob ‚eingeweiht' oder nicht – ein Bedürfnis nach solchen ‚schönen Geschichten'. Die Erzählung über ein Kind, das unter solchen Bedingungen gerettet wird, hatte alle Voraussetzungen für einen literarischen Erfolg. Apitz' erzählerischer Ansatz ist dem von David Rousset ähnlich, der für *Les jours de notre mort* ebenfalls die Form des Romans gewählt hatte. Aber diese abstoßende Gegenwelt als Roman erzählen? In seinem Vorwort zur Neuauflage von Roussets Text führt Maurice Nadeau dafür folgende Gründe an:

> Er [Rousset] wollte, dass *Les jours de notre morts* ein „Roman" ist und erklärte das so: Um eine fremde, außergewöhnliche, unglaubliche Wirklichkeit ins Bewusstsein zu rücken, um sie so lebendig werden zu lassen wie sie Millionen Menschen erlebt haben, musste er auf Techniken schriftstellerischer Kreativität zurückgreifen. Situationen synthetisieren, Personen zu Typen zusammenfassen, die Maschine in ihre Einzelteile zerlegen, kurz: Er musste sich der Freiheiten bedienen, die sich der Schriftsteller nimmt, um dem Leben einzuhauchen, was die Zeit verblassen lässt, der Raum verstreut, das Gedächtnis

vergisst und das von nun an eine Wirklichkeit bildet, die für immer Einzug in unsere Herzen und Köpfe gehalten hat.[11]

Rousset hatte mit seiner Mischung aus Fakten und Fiktion also das Bewusstsein der Leserinnen und Leser erreichen wollen. Für die gleiche narrative Technik entschied sich Apitz, auch wenn sich beide Werke weder im Schreibstil noch im Thema ähneln. Er ließ sich offenbar von der Tradition des deutschen Realismus inspirieren, etwa von Hans Falladas Roman *Jeder stirbt für sich allein*.[12] Die erzählerische Mischung aus Fakt und Fiktion wird von einem Zeitzeugen genutzt, wenn er sich zum Berichterstatter und zugleich zum Historiker seiner eigenen Erfahrung macht. Er kann damit eine allwissende Erzählerposition einnehmen (was nicht notwendig negativ zu verstehen ist), die ihm gestattet, andere Zeugenberichte in seine Erzählung einzuflechten. Dieses Genre – das nicht mit dem der Romane verwechselt werden sollte, die nach dem Ersten Weltkrieg von Schriftstellern verfasst wurden, die nie an der Front gewesen waren und gegen die jemand wie Jean-Norton Cru wetterte[13] – ist nicht ganz unproblematisch. Inzwischen ist nämlich verstärkt die Tendenz zu beobachten, dass Romane oder Filme wissenschaftlich gesichertes Wissen verdrängen. Und genau dies ist auch im vorliegenden Fall geschehen.
Dennoch erweist sich *Nackt unter Wölfen*, wenn der Roman vor dem Hintergrund des gesellschaftlichen Kontextes und Klimas seiner Zeit betrachtet wird – einer Zeit, in der auch in Frankreich die ‚Großerzählung' der Résistance galt –, nicht als völlig verfehlt. Sicher warf Boris Taslitzky, selbst ein ehemaliger Buchenwald-Häftling, dem Autor im Februar 1962 in einem Beitrag der Zeitschrift *Europe* vor, den deutschen Mitgliedern der geheimen Widerstandsorganisation ILK mehr Platz eingeräumt zu haben als den anderen („und im Porträt des französischen Delegierten, das im Buch gezeichnet wird, [es handelt sich um den kommunistischen Widerständler Marcel Paul, S. C.], ist die wahre Person kaum zu erkennen"), verzichtet aber darauf, sich

11 Maurice Nadeau: Postface. In: David Rousset: *Les jours de notre mort*. Neuauflage. Paris: Ramsay 1988.

12 Hans Fallada: *Jeder stirbt für sich allein*. Berlin: Aufbau 1947.

13 Jean-Norton Cru: *Témoins*. Paris: Les Étincelles 1929.

„nur mit diesen nationalen Aspekten“ aufzuhalten.[14] Denn, so fährt er fort, „es handelt sich überhaupt nicht um ein historiografisches Werk, obgleich die Geschichte auch nicht verraten wird, sondern um einen Roman und zwar um einen großen Roman.“[15] Im Westen erging sich nicht nur die kommunistische Presse in überschwänglichem Lob. In der Bundesrepublik etwa widmete auch der Literaturkritiker Marcel Reich-Ranicki dem Roman in der Wochenzeitung *Die Zeit* eine eingehende Analyse. In seinen Augen ist es Apitz trotz mangelnden Talents und einiger Unplausibilitäten gelungen zu zeigen, dass das Herz über den Verstand siegen konnte. „In einem Land“, notiert der künftige ‚Literaturpapst‘,

> in dem ein Lied gesungen wird, das mit den Worten beginnt: „Die Partei, die Partei, die hat immer recht … “, ist man für einen Roman dankbar, der eine Aktion rühmt, die möglich wurde, weil ein Genosse sich der Partei widersetzt hat.[16]

Immer wieder ist die Auffassung vertreten worden, Bruno Apitz’ Roman sei ein Auftragswerk der Staatspartei gewesen.[17] Tatsächlich sprach mehr für diese Annahme als gegen sie. Nur wenige Monate nach Erscheinen des Buches sollte im September 1958 die Eröffnung der Gedenkstätte Buchenwald feierlich begangen werden; außerdem war der Autor Parteimitglied. Wie sich inzwischen herausgestellt hat, war das Zusammentreffen dieser Umstände jedoch ein Zufall. Die Historikerin Susanne Hantke konnte nach ihrer Durchsicht des Nachlasses von Bruno Apitz im Archiv der Berliner Akademie der Künste überzeugend darlegen, dass der Roman das genaue Gegenteil einer Auftragsarbeit war, nämlich ein verschleierter Widerstandsakt. Der Autodidakt Apitz stammte aus einer Arbeiterfamilie und war nach dem Ersten Weltkrieg Kommunist geworden. 1933 hatte man

14 Boris Taslitzky: Trois livres sur les camps d’extermination nazis. In: *Europe* 394/395 (1962), S. 262–263 (zu Apitz).

15 Ebd.

16 Marcel Reich-Ranicki: Mehr als die Autoren sagen wollten … In: *Die* Zeit, 27.10.1961, S. 17. Der Autor spielte hier auf das vertonte Gedicht „Die Partei hat immer recht“ von Louis Fürnberg an.

17 Das habe ich selbst ebenfalls geschrieben (siehe Sonia Combe: Mémoire collective et histoire officielle. Le passé nazi en RDA. In: *Esprit* 131 (1987), S. 36–49).

ihn verhaftet und nach der Eröffnung des Lagers 1937 in Buchenwald interniert. Träger der Häftlingsnummer 2417, wie er in seinen Zeitzeugenberichten regelmäßig anmerkt, war er bis zur Befreiung des Lagers am 11. April 1945 dort. Sein Überleben verdankte Apitz nach eigener Auskunft der unter den Kommunisten herrschenden Solidarität, offenbar aber auch seinen Fähigkeiten als Holzbildhauer, die von der SS geschätzt wurden und ihm im Lager eine „herausgehobene Stellung mit Vergünstigungen und Privilegien“[18] einbrachten. David Rousset erwähnt ihn in *Les jours de notre mort*, als er eine Versammlung der Kommunisten im Lager beschreibt: „Sie hatten sich bei Einbruch der Nacht in der Pathologie versammelt. [...] Tagsüber musste Bruno Apitz dort zeichnen und schnitzen.“[19] Er gehörte nicht ausdrücklich zu den Prominenten, galt aber als erfahrener Häftling und vertrauenswürdiger Genosse.

Apitz war nicht unmittelbar an der Rettung des Kindes beteiligt, sondern erfuhr davon indirekt. Zur Zeit der Weimarer Republik hatte er als Journalist gearbeitet und begriff deshalb, welcher Stoff sich ihm hier bot. Wie wir unten sehen werden, hatte er noch weitere Gründe, ihn aufzugreifen. Nachdem er sich im sozialistischen Teil Deutschlands als Schriftsteller niedergelassen hatte, fasste Apitz für die Erzählung der Geschichte auch die Verwendung literarischer Formen ins Auge. Zum einen gestattete ihm dies gewisse Freiheiten, zum anderen waren die Erinnerungen seiner alten Kameraden lückenhaft und er selbst verfügte über keinerlei Aufzeichnungen. Von dem Kind wusste er nur, dass es gerettet worden war. Vielleicht gab er ihm deshalb einen anderen (jüdischen) Namen; möglicherweise wollte er damit aber auch den Unterschied zu einem dokumentarischen Bericht betonen.

Allerdings hatte Apitz noch ganz andere Schwierigkeiten. Seine Anträge auf Finanzierungsbeihilfen beim Deutschen Schriftstellerverband, die im Prozess der Veröffentlichung einer ersten Hürde gleichkommen, wurden einer nach dem anderen abgelehnt. Mitte der 1950er Jahre hielt man ihm entgegen, dass die Leserschaft genug habe von diesen Geschichten aus den Lagern und dass, was die Nazivergangenheit betreffe, das Feld schon von Autorinnen und Autoren wie Anna Seghers oder Willi Bredel besetzt sei. Das mochte so sein.

18 Hantke: Dschungelgesetz, S. 529.

19 Rousset: *Les Jours*, S. 480.

Doch weder die Autorin von *Das siebte Kreuz*, die in Mexiko im Exil gewesen war, noch Bredel, der sich während des Krieges in Moskau aufgehalten hatte, waren selbst in Konzentrationslagern interniert gewesen. Apitz dagegen hatte dort acht Jahre verbracht.
Die Niederschrift des Romans beschäftigte Apitz zwei Jahre lang. In dieser Zeit lebte er unter prekären Umständen, ohne jeglichen Komfort, wie Zeugen berichten, und vor allem ohne Veröffentlichungsvertrag. Der von Susanne Hantke und der Lektorin Angela Drescher für die Neuausgabe des Buches im Jahr 2012 vorgenommene minutiöse Abgleich des 1958 publizierten Textes mit dem im Archiv der Berliner Kunstakademie verwahrten Originalmanuskript zeigt, wie sehr Apitz ursprünglich versucht hatte, die Lebensbedingungen im Lager wirklichkeitsgetreu wiederzugeben. Dabei hatte er wahrscheinlich weniger Freiheiten als David Rousset, versuchte aber doch objektiver zu sein, als die ostdeutschen Behörden letztlich duldeten. Von seiner Geschichte besessen belastete ihn das erneute Durchleben traumatischer Erinnerungen seelisch bisweilen in einem solchen Ausmaß, dass er es körperlich nicht mehr schaffte zu schreiben.

> Das führte zu neurologischen Störungen wie Krämpfen in der Schreibhand. Apitz versuchte zwar, auf Tonband zu sprechen, um den Gedankenfluss nicht stoppen zu lassen, jedoch kam er davon wieder ab. Er benötigte die schreibende Hand, und einige seiner Manuskriptseiten zeigen, wie akribisch er in mehreren Anläufen nach einer „richtigen" Formulierung suchte.[20]

Ein Buch also, dessen Inhalt von Schmerz zeugt – und dem Autor neuen verursachte, noch vor seinem Erscheinen. Er gab das Manuskript Freunden zu lesen, ehemaligen Buchenwaldhäftlingen wie er, von denen einige ihm Mut zusprachen, während andere ihn eher bremsten, weil ihnen offenbar deutlicher bewusst war, bis zu welchem Punkt in der DDR die Wahrheit gesagt werden konnte. Marlies ‚Kiki' Apitz, seine Witwe, gab nach dem Ende der DDR und Jahre nach dem Tod ihres Mannes 1979 zu Protokoll, dass Apitz gesagt habe: „Ich habe mich den Nazis nicht gefügt und ihnen werde ich mich erst recht nicht fügen."[21]

20 Hantke: Dschungelgesetz, S. 544.

21 *Das Buchenwaldkind oder: Was vom Antifaschismus bleibt* (D 2010, R: Ute Gebhardt).

‚Sie', das waren ‚die da oben', zu denen Apitz trotz seiner langen Vergangenheit als Kommunist nicht gehörte. ‚Sie' kamen nach Kriegsende zum größten Teil aus Moskau zurück und besetzten Schlüsselpositionen. Walter Ulbricht, Leiter der unmittelbar nach der Einnahme Berlins durch die Rote Armee von Moskau in die Reichshauptstadt entsandten Gruppe und bis 1971 Partei- und Staatschef, widerstrebte die Veröffentlichung antifaschistischer Zeitzeugenberichte. Kommunistische Führungskader seines Schlages hatten eine Menge sowohl subjektiver als auch objektiver Gründe dafür, die Erinnerung an die nahe Vergangenheit zu verdrängen. Auf einer Konferenz der in SED umbenannten Kommunistischen Partei am 7. September 1949 zog Ulbricht einen Schlussstrich: Das sei doch alles längst passé, aber wenn es immer noch jemanden gebe, der es nicht lassen könne, davon zu erzählen, dann solle er dafür nicht auch noch um Papier betteln.[22] Zweifellos zielte er damit vor allem auf diejenigen, die aktiv gegen Hitler gekämpft hatten und nun erwarteten, ihre Erfahrungen schriftlich festhalten und weitergeben zu können. Er traf damit aber auch Schriftstellerinnen und Schriftsteller, die sich im Namen der schöpferischen Freiheit der Geschichte annehmen und Erzählungen produzieren konnten, die noch wesentlich schwieriger zu kontrollieren waren als Zeitzeugenberichte. Auf jeden Fall war die DDR-Führung an der Wahrheit über die Lager kaum interessiert – es sei denn, sie konnte für die Ausschaltung von parteiinternen Rivalen instrumentalisiert werden. Der ungleiche, eher verdeckt als offen ausgetragene Konflikt zwischen überlebenden Widerständlern und KZ-Häftlingen auf der einen Seite und aus der Sowjetunion zurückgekehrten ‚Moskauern' auf der anderen sollte hinter den Kulissen der ostdeutschen Innenpolitik weiterschwelen, bis Letztere mit der Ablösung Ulbrichts als Partei- und Regierungschef durch den ‚Neutralen' Erich Honecker 1971 von der Bühne abtraten. Honecker hatte das ‚Dritte Reich' als ‚Politischer' in einem Moabiter und später in einem Brandenburger Gefängnis verbracht.

Da sie keine ähnliche Geschichte zu erzählen hatten wie die Überlebenden der Lager, denen obendrein die Bevölkerung den größeren Respekt entgegenzubringen schien, verdrängten die ‚Moskauer' sie von einflussreichen Posten, wenn sie nicht gleich dafür sorgten, dass sie im Gefängnis verschwanden. Beinahe hätte es in der DDR ‚Schauprozesse'

22 Combe: Mémoire collective, S. 44.

gegeben wie in Prag und Budapest, wo in den Jahren 1949 bis 1952 ‚Kosmopoliten' und ‚Titoisten' vor Gericht gestellt und kommunistische Kader wie der Tscheche Rudolf Slánský oder der Ungar László Rajk und ihre Kameraden zum Tode verurteilt wurden. In Moskau wurde in dieser Phase das berüchtigte ‚Weißkittel-Komplott' inszeniert, bei dem meist jüdischen Ärzten unterstellt wurde, sie hätten Stalin nach dem Leben getrachtet. Allerdings war es nicht nur Stalins Tod, der solche Prozesse im kommunistisch regierten Teil Deutschlands verhinderte. Der mit dem Begriff ‚Kosmopolitismus' nur notdürftig kaschierte Antisemitismus hätte dort unangenehme Erinnerungen an den Nationalsozialismus wachrufen können. Mehrere nach dem Ende der DDR veröffentlichte Zeitzeugenberichte belegen, dass der sich in der Sowjetunion offen manifestierende Antisemitismus die ostdeutsche Parteiführung in Verlegenheit brachte. Der „Sozialismus der dummen Kerls",[23] wie August Bebel den Antisemitismus angeblich genannt hat, scheint KPD und Sozialdemokratie insgesamt erspart geblieben zu sein.

Der *stalinistische* Habitus

In Ostberlin hatte man andere Sorgen. Die aus der Sowjetunion zurückgekehrten Parteikader hatten während ihres dort verbrachten Exils den stalinistischen Habitus angenommen, in dem konstitutives Misstrauen und bedingungslose Unterwerfung unter die Moskauer Linie miteinander verschmolzen. Argwöhnisch beäugten sie nicht nur die Remigranten aus westlichen Exilländern, sondern auch die durch lange Lagerhaft abgehärteten ehemaligen KZ-Häftlinge. Die einen wie die anderen waren möglicherweise weniger fügsam. In Ostdeutschland – aber auch im Westteil Deutschlands, wo die KPD Ende 1954 verboten und Berufsverbote[24] sowie andere Beschränkungen gegen Kommunisten verhängt wurden – stießen die ehemaligen kommunistischen Häftlinge des Konzentrationslagers Buchenwald und anderer NS-Lager auf Repressionen und offene Ablehnung. Sie durchlebten eine längere ‚Durststrecke', die auch zu Bruno Apitz' Sorgen nicht unerheblich beitrug.

23 Siehe zu dieser bekannten, August Bebel zugeschriebenen Wendung: Peter G. J. Pulzer: *Die Entstehung des politischen Antisemitismus in Deutschland und Österreich 1867–1914*. Göttingen: Vandenhoeck & Ruprecht 2004, S. 280.

24 Rigoll: *Staatsschutz*.

Diesem gelang es schließlich, mit dem Mitteldeutschen Verlag in Leipzig einen Vertrag abzuschließen. Allerdings warnte man ihn dort: Er dürfe nicht davon ausgehen, mit einem solchen Roman reich zu werden.[25] Nach den langen Jahren mühevoller Arbeit musste Apitz nun unter dem schmachvollen Joch des *Imprimatur*, der Zensur hindurch. Tapfer überarbeitete er binnen fünf Monaten sein Manuskript. Wie der kritische Apparat belegt, der bei der Neuauflage von *Nackt unter Wölfen* 2012 mit abgedruckt wurde, ging er eine ganze Reihe von Kompromissen ein und tat sein Bestes, um den Roman nicht in Widerspruch zur offiziellen Erzählung geraten zu lassen. Letztlich strich er alles, was auch nur entfernt an die Grauzone und die kontrastreiche Wirklichkeit der Lagergesellschaft erinnerte. Am Ende wurde von ihm sogar verlangt zu bezeugen, dass die politischen Häftlinge das Lager noch vor Ankunft der 3. US-Armee selbst befreit hatten, obwohl er die Befreiung gar nicht selbst miterlebt hatte (Apitz stand auf einer Liste mit zu exekutierenden Häftlingen, da er Zeuge der medizinischen Menschenversuche geworden war. Er hatte deshalb mehrere Tage in einem unterirdischen Versteck verbracht). Die Korrespondenz mit seinem Verlag zeigt, wie sehr ihm dies widerstrebte: „Einigen Ihrer Vorschläge kann ich nicht folgen […], hier dulde ich keine höheren Götter neben mir. […] Bitte, Kollege Schmidt, das bleibt!“[26]

Doch auch mit seiner Schilderung der Lagerbefreiung waren die Zensoren nicht zufrieden. Obwohl er ursprünglich näher an der Wahrheit hatte bleiben wollen, lieferte Apitz ihnen schließlich das von Emotionalität beherrschte Bild eines zwischen Gut und Böse geteilten Lagers, das sich wie ein Abenteuerroman liest und den Zensoren sehr gut gefiel. Dieser Kompromiss war der Preis dafür, dass er seine Kameraden doch noch ehren konnte. Die in der kritischen Edition aus dem Jahr 2012 enthaltenen Anmerkungen zu den gestrichenen, hinzugefügten oder geänderten Passagen des Manuskripts, diese ganze an der Praxis der Literaturzensur orientierte Überarbeitung, macht die Fallstricke sichtbar, über die Apitz fortwährend stolperte, und verdeutlicht die Inkompatibilitäten zwischen seiner Augenzeugenschaft

25 Ingrid Hähnel / Elisabeth Lemke: Millionen lesen einen Roman. Bruno Apitz, Nackt unter Wölfen. In: Inge Münz-Koenen (Hrsg.): *Werke und Wirkungen. DDR-Literatur in der Diskussion.* Leipzig: Reclam 1987, S. 21–61, hier S. 23.

26 Zit. n. Hantke: Dschungelgesetz, S. 548.

und der von der Zensur autorisierten Erzählung. Dennoch trug, so argumentiert Susanne Hantke, Apitz bezogen auf sein wichtigstes Anliegen einen Sieg davon: Er konnte seine Kameraden rehabilitieren; sie werden seinen Roman zweifellos auch so wahrgenommen haben. Wie hätten sie auch das Wort ergreifen können, um die von Apitz dargebotene romanhafte Vision des Lagers öffentlich zu kritisieren, wenn ihnen der Staat ausschließlich in Sonntagsreden Anerkennung zuteilwerden ließ? Wenn Apitz mit den Behörden verhandeln konnte, dann definitiv, wie Marcel Reich-Ranicki richtig gesehen hat, weil er die Interessen des Kindes über diejenigen der Partei stellte und den Kommunisten damit just in dem Moment ein menschliches Antlitz gab, als das Regime es benötigte. Das Bild der Kommunisten in der ostdeutschen Bevölkerung bedurfte dringend einer Aufbesserung, um den Exodus gen Westen aufzuhalten, der den jungen Staat in seiner Existenz bedrohte.

Die Entscheidung des kommunistischen Regimes, Buchenwald in ein Lagermuseum umzuwandeln, war ein weiterer Faktor, der das Erscheinen des Romans *Nackt unter Wölfen* begünstigte. Denn nicht zuletzt seinetwegen konnte die Fiktion die historische Wahrheit verdrängen: Apitz' von der Zensur durchgearbeitete Erzählung wurde selbst zur Lagerwirklichkeit. In der DDR ging die Identifizierung Buchenwalds mit der Geschichte der Rettung des Kindes soweit, schätzte später Harry Stein, Historiker und Kustos der Gedenkstätte Buchenwald, dass die wissenschaftliche Forschung ein Jahrzehnt lang blockiert war.[27] Mit dem Roman in der Hand besuchten Schülerinnen und Schüler die Stätten, an denen es den politischen Häftlingen gelungen war, das jüdische Kind zu retten. Das Zusammentreffen der Interessen des Schriftstellers und seines Projekts auf der einen Seite und der des Staates auf der anderen sollte aus Apitz' Roman eine Nationalerzählung machen – und aus seinem Helden, dem geretteten Kind, das ‚Opfer' ihrer nach der Wiedervereinigung einsetzenden Dekonstruktion.

27 Harry Stein: „Nackt unter Wölfen" – literarische Fiktion und Realität einer KZ-Gesellschaft. In: Ursula Gödde (Hrsg.): *Sehen, Verstehen und Verarbeiten. KZ Buchenwald 1937–1945, KZ Mittelbau-Dora 1943–1945. Materialien für die Vorbereitung von Besuchen in den Gedenkstätten.* Bad Berka: Thüringer Institut für Lehrerfortbildung, Lehrplanentwicklung und Medien 2000, S. 27–41.

Eine stillschweigende Übereinkunft

In der Gedenkstätte und dem angeschlossenen Lagermuseum des ehemaligen Konzentrationslagers Buchenwald – in deren Szenografie und Erzählung die Kommunisten natürlich großen Raum einnahmen, schließlich waren sie vor allem ihnen zu Ehren eingerichtet worden – war die aus Gründen der narrativen Stringenz von der Vorstellung Bruno Apitz inspirierte Geschichte des Kindes gut sichtbar platziert. Eine gusseiserne Gedenktafel wies auf den Ort hin, wo es zwischen Säcken in der Effektenkammer versteckt worden sein soll. Apitz nahm sich große Freiheiten gegenüber der historischen Wahrheit, größere sogar, als sie die Fiktionalisierung einer authentischen Geschichte in der Regel zulässt, selbst wenn die Grenze diesbezüglich nie klar gezogen werden kann. Aus Gründen, die mit der Konstruktion des Spannungsbogens zusammenhingen, hatte er aus dem kleinen Jungen das einzige in Buchenwald internierte Kind gemacht und die Schilderung auf die allerletzten Momente vor der Befreiung des Lagers im April 1945 konzentriert, während der echte Stefan Jerzy Zweig neun Monate früher eingetroffen war. So konnte er die Rettung in den Kontext der Vorbereitungen eines Lageraufstands der politischen Häftlinge und des Gewissenskonflikts verlegen, in den sie dabei gerieten. Die zeitliche Verdichtung der Geschichte des Kindes setzte die politischen Häftlinge als die eigentlichen Befreier des Lagers in Szene – was ohne Zweifel eine Übertreibung war, denn das Lager hätte ohne die unmittelbar bevorstehende Ankunft der amerikanischen Truppen kaum befreit werden können. Der Autor nahm sich noch eine weitere Freiheit: Er schrieb die Rolle des (angeblich toten) Vaters vollständig aus der Geschichte heraus. Das Kind verdankte seine Rettung also ausschließlich den Kommunisten.

Apitz gewann mit der Veröffentlichung auf allen Ebenen: Innerhalb weniger Monate wurde er so berühmt, dass er sich sogar erlauben konnte, seine kurze und eher unbedeutende Zusammenarbeit mit der Stasi zu beenden, da er, wie er seinem Führungsoffizier mitteilte, von nun an viel zu beschäftigt sei;[28] er genoss jetzt das Vertrauen der Behörden und konnte daran arbeiten, die Rolle seiner Kameraden ins rechte Licht zu rücken. Hatte man diese zunächst von den Schaltstellen der Macht verdrängt, waren sie nun wieder gefragt. Im

28 Bruno Apitz: Akten. BStU, Mfs AP 8993/82

öffentlichen Diskurs der DDR wurde ihr Mut im Angesicht der Nazibarbarei unablässig gepriesen. Die DDR gestand ihnen eine Rente und materielle Vorteile zu, die nicht zu verachten waren, da sie über dem durchschnittlichen Lebensstandard lagen (in den Genuss dieser Leistungen kamen alle in der DDR lebenden Opfer des ‚Dritten Reichs'). In Buchenwald wurden sie fortan als Helden verehrt. Die meisten von ihnen spielten die Rolle, die man ihnen abverlangte, und beteiligten sich an der Konstruktion des DDR-Gründungsmythos. In diesem Sinne ‚diszipliniert' und unterworfen, trugen sie selbst die „symbolische Gewalt"[29] des offiziellen Diskurses mit: Ihre implizite Zustimmung als Beherrschte verstellte ihnen den Blick für die realen Machtverhältnisse und insbesondere ihre eigene beherrschte Position; vielen im Osten, die den stalinistischen Säuberungen entkommen waren, ging es ähnlich.

Im Gegensatz zur BRD, die der Vergangenheit den Rücken zuwandte und ihren Gründungsmythos – in etwas kleinerem Maßstab – im ‚Wirtschaftswunder' fand, das sie in erster Linie dem Marshall-Plan verdankte, verankerte die DDR ihre Identität in der unmittelbaren Vergangenheit, von der sie freilich eine verherrlichende Erzählung konstruierte und verbreitete. Sie stützte sich zwar auf reale Tatsachen, doch diese wurden – wie in allen nationalen Gründungsmythen – gewissermaßen episch gewendet, d. h. ihrer Komplexität und ihres Konfliktcharakters beraubt. Außer dem Stolz, der stellvertretend aus diesen edlen Taten und hehren Dingen gezogen werden konnte, diente der offizielle Antifaschismusdiskurs der Bevölkerung gleichsam als Nebengleis, auf der sie den traumatischen Zusammenbruch des Nationalsozialismus umgehen und hinter sich lassen konnte. Er kam einer Gesellschaft entgegen, die sich nicht mit dem ‚Dritten Reich' und seinen Gräueln, sondern lieber mit seiner entschiedenen Bekämpfung identifizieren wollte. Die DDR-Führung schlug der physisch und moralisch am Boden liegenden Bevölkerung also eine stillschweigende Übereinkunft vor: Wenn sie ihr Gesellschaftsprojekt akzeptierte und mit trug, sollten die Naziverbrechen ausschließlich auf die BRD zurückfallen. Die öffentliche Antifaschismuserzählung

29 Pierre Bourdieu: *Sozialer Sinn. Kritik der theoretischen Vernunft*, aus d. Franz. v. Günter Seib. Frankfurt am Main: Suhrkamp 1987, bes. S. 222–245 (Kap. 8).

hatte die doppelte Aufgabe, das Gefühl der Schuld für die Nazibarbarei zu erhalten und die Erlösung durch das sozialistische ‚Fegefeuer' in Aussicht zu stellen. Selbst noch die Dissidenten blieben der ursprünglichen DDR-Vorstellung eines Deutschlands verbunden, das sich von der Nazi-Vergangenheit seit den Anfängen radikal distanziert hatte. Literatur, Kino und Theater waren von ein und demselben Thema durchdrungen: von einer Vergangenheit, die durch den kärglichen und reinigenden ‚Realsozialismus' und seine Führungseliten ‚sublimiert' wurde, Eliten, die zwar in überkommenen Denkmustern verharrten, sich aber der blutigsten Verbrechen, des Völkermords, nicht schuldig gemacht hatten – wobei Letzteres nicht einmal explizit gemacht zu werden brauchte.

Buchenwald – ein antifaschistischer Wallfahrtsort

Damit diese Gründungserzählung ‚greifen' konnte, brauchte es einen Ort, an dem sich Rituale der Zivilreligion durchführen ließen, zu welcher sich der ursprüngliche Antifaschismus in der DDR entwickelte. Das auf dem Staatsgebiet der DDR gelegene ehemalige Konzentrationslager Buchenwald bot sich dafür an. Andere Konzentrationslager wie Dachau oder Mauthausen, die vor Beginn der 1970er Jahre, als Auschwitz in seiner Einzigartigkeit als Vernichtungslager erkannt wurde, ähnlich bekannt waren wie Buchenwald, lagen auf dem Gebiet der BRD bzw. in Österreich. Die Bundesrepublik hatte allerdings noch kein auf ihrem Staatsgebiet gelegenes ehemaliges Konzentrationslager in einen Gedächtnisort umgewandelt. Die Gedenkstätte Dachau sollte erst 1968 eröffnet werden. Im Wettbewerb zwischen den beiden deutschen Staaten nahm die DDR dies als Beweis für die Weigerung der BRD, sich der NS-Vergangenheit zu stellen.

Die feierliche Einweihung der Nationalen Mahn- und Gedenkstätte Buchenwald, des Wallfahrtsorts der antifaschistischen Zivilreligion, fand kurz nach Erscheinen von Apitz' Roman statt. Am Eingang wurde eine imposante Skulptur von Fritz Cremer aufgestellt. So wie der Schriftsteller sein Manuskript wiederholt hatte umschreiben müssen, war auch von Cremer mehrmals verlangt worden, seinen Entwurf zu überarbeiten, bevor die Partei ihn schließlich billigte. Angeblich stellte ein Detail der Skulptur, eine Kinderfigur, Stefan J. Zweig dar.

Das von einem Architekten der Berliner Stalinallee (heute Karl-Marx-Allee), Hermann Henselmann, vorgeschlagene Projekt wurde abgelehnt. Auch daran lässt sich die Bedeutung ablesen, die die Behörden der künftigen Gedenkstätte beimaßen. Das KZ Buchenwald besaß jene Doppelfunktion, die Reinhart Koselleck für Kriegerdenkmale allgemein herausgearbeitet hat,

> nämlich die Geschichte der Sieger so fortzuschreiben, daß sie zu Beschützern der Besiegten werden und deren ehemaligen Status der Vergessenheit überantworten. Das reicht soweit, daß selbst das zentral gelegene Mahnmal für die Opfer des Konzentrationslagers Buchenwald – von Cremer [...] – das Überleben thematisiert, nicht aber den Massenmord.[30]

Mit der Neuordnung der Gedenkstätte nach der Wiedervereinigung wurde das Gegenteil umgesetzt. Was Stefan J. Zweig betrifft, so blieb er im Lagermuseum das einzige Kind im Konzentrationslager Buchenwald – in Übereinstimmung mit Bruno Apitz' Roman, aber im Gegensatz zu Ergebnissen ostdeutscher Historiker.[31] Weil er sich auf gleichwohl fiktionalisierte Tatsachen stützte, Emotionen, Action und Spannung in einem historischen Rahmen miteinander verknüpfte, erfüllte Apitz' emblematischer, zu einer veritablen Nationalerzählung gewordener Roman *Nackt unter Wölfen* eine identitätsstiftende Funktion, die durch eine Verfilmung für das DDR-Fernsehen sowie die Produktion eines Kinofilms sogar noch verstärkt wurde. Frank Beyers gleichnamiger Film erschien ebenfalls zu einem günstigen Zeitpunkt, nämlich 1963, kurz nach dem Bau der Mauer am 13. August 1961, als sich das Problem der Konstruktion einer ostdeutschen Identität in aller Dringlichkeit stellte.

Nackt unter Wölfen*, ein Film im Wettbewerb mit *8½

Anfang der 1960er Jahre griff der Regisseur Frank Beyer die Geschichte des ‚Buchenwaldkinds' auf, wobei er sich eng an die

30 Reinhart Koselleck: Kriegerdenkmale als Identitätsstiftungen der Überlebenden. In: Odo Marquard / Karl-Heinz Stierle (Hrsg.): *Identität*. München: Fink 1979, S. 255–276, hier S. 266.

31 Siehe v. a. Walter Bartel: *Buchenwald. Mahnung und Verpflichtung*. Berlin (Ost): Kongress 1960.

literarische Vorlage hielt. Im Gegensatz zu Bruno Apitz, der, wie Marcel Reich-Ranicki bemerkt hatte, nicht wirklich über schriftstellerisches Talent verfügte, war Frank Beyer wirklich ein Regisseur, der sein Handwerk beherrschte und die spannungsreiche Dramatik der Geschichte meisterhaft umzusetzen verstand. In seinen nach der Wiedervereinigung verfassten Memoiren kommt er auf sein anfängliches Zögern zu sprechen, den Roman zu verfilmen.[32] Er hätte gerade erst einen Film über den Antifaschismus gedreht gehabt und habe sich nun eigentlich anderen Themen widmen wollen. Natürlich hätte er ablehnen können, aber der Erfolg des Buches ließ ihn seine Haltung überdenken. Außerdem habe ihn die Geschichte gerührt. Und so findet man in seinem Film den gleichen Manichäismus und die entsprechenden Klischees wie in der Romanvorlage: die ‚Guten', die unter der Folter schweigen, den sowjetischen Kriegsgefangenen, der sich als der vernünftigste und menschlichste von allen Charakteren herausstellt, als der, auf den die meisten anderen hören usw. Mit Komparsen, die zum Teil ehemalige Häftlinge waren, und Apitz als Berater konnte Beyer seinen Historienfilm jedoch unter besten Bedingungen drehen: Motivierte und sehr gut angeleitete Schauspieler spielten am Ort der historischen Handlung selbst, auf dem Lagergelände, dessen Steinbauten wie die Effektenkammer, die dem Kind als Versteck gedient hatte, erhalten geblieben waren. Stärker als im Roman ging es im Film aufgrund der für die Leinwand notwendigen Verdichtung der Handlung um die jüdische Identität des versteckten Jungen, die in Dialogen zwischen Vertretern der Lagerleitung, der SS und der aus Weimar zur Verstärkung angerückten Gestapo zur Sprache kam.

Auch wenn das eng an den Roman angelehnte Drehbuch den Stempel seiner Zeit trug, fand die kinematografische Qualität von Beyers Film – wie übrigens die vieler anderer DEFA-Filme – umgehend Anerkennung. Von der Kritik im Osten wie im Westen hoch gelobt, profitierte der Film von einer hochkarätigen Besetzung: Erwin Geschonnek, Gerry Wolff und auch Armin Mueller-Stahl,[33] der später

32 Frank Beyer: *Wenn der Wind sich dreht. Meine Filme, mein Leben*. München: List 2002, S. 109–113.

33 Armin Mueller-Stahl reiste 1980 aus der DDR aus, nachdem er gegen die Ausbürgerung des Protestsängers Wolf Biermann im Jahr 1976 protestiert hatte. Er spielte in zahlreichen Fernseh- und Kinoproduktionen, unter anderem in der Emigrationstrilogie *Wohin und Zurück* (A 1982–1985) von Axel Corti.

im Westen in Filmen von Rainer-Werner Fassbinder Karriere machen sollte. Hauptdarsteller wie Erwin Geschonnek oder Peter Sturm hatten die Konzentrationslager selbst erlebt – Geschonnek war in Dachau Kapo gewesen. Gerry Wolff kannte die Lager zwar nicht aus eigener Anschauung, war aufgrund seiner politischen Überzeugungen und jüdischen Herkunft jedoch im Exil gewesen. Während eines Interviews sollte sich Armin Mueller-Stahl später daran erinnern, mit welcher Gewissenhaftigkeit Apitz und alle anderen ehemaligen Häftlinge (einige von ihnen ehemalige Buchenwaldhäftlinge) kleinste Details des Filmsets unter die Lupe nahmen.[34] Daher hatte der Film schließlich fast die Überzeugungskraft eines Dokumentarfilms, die Zacharias Zweig, als er gefunden worden war, nach der Vorführung des Films sagen ließ: „Ja, so ist es gewesen" – was sich freilich nicht auf das Narrativ des Films bezog, in dem gar nicht vorkam, sondern auf die Darstellung des Lagers.[35] Wie in der Romanvorlage bricht der Film mit der Szene ab, in der die Häftlinge zum Ausgang des Lagers strömen, während die letzten SS-Männer die Flucht ergreifen und die Ankunft der amerikanischen Panzer unmittelbar bevorsteht, die man auf der Leinwand freilich nicht zu Gesicht bekommt.

Wie Bruno Apitz 1958 für seinen Roman erhielt auch Frank Beyer einige Jahre später den Nationalpreis der DDR für seinen Film. 1963 wurde er außerdem auf dem Internationalen Filmfestival in Moskau ausgezeichnet. Dort stand er im Wettbewerb mit *8½* (*Achteinhalb,* I/F 1963) von Federico Fellini, der den Großen Preis gewann, obwohl er den Organisatoren als ‚dekadent' galt, während Beyer die Silbermedaille erhielt. Moskau erlebte in dieser Zeit das letzte Jahr des ‚Tauwetters' und damit einer Phase, in der man einen ‚dekadenten' einem ‚moralischen' Film vorziehen konnte, auch wenn dem Moskauer Publikum *Nackt unter Wölfen* besser gefiel als *8½*. (Von 12.000 Zuschauern, die am 21. Juli 1963 zur Vorführung von Fellinis Film in den Lutschniki-Sportpark kamen, sollen tatsächlich 9.000 den Saal vor dem Ende des Films verlassen haben.)[36] Die heftigste Kritik an *Nackt unter Wölfen* äußerte der polnische Regisseur

34 Siehe das Bonusmaterial der von Icestorm in Berlin vertriebenen DVD des Films.

35 Stefan J. Zweig / Zacharias Zweig: *Tränen allein genügen nicht. Mit einem Epilog, zeitgenössischen Illustrationen, Bildern, Texten und Satiren.* Wien: Selbstverlag 2005, S. 215.

36 Niven: *Buchenwaldkind*, S. 173.

Jan Rybkowski, Jurymitglied und Auschwitzüberlebender. Er fand es unverschämt, wie die DDR in diesem Film ihre eigenen Interessen in den Vordergrund spielte. In der polnischen Presse stellte er *Nackt unter Wölfen* dem im selben Jahr herausgekommenen Film *Pasazerka* (*Die Passagierin*, PL) von Andrzej Munk sowie Wanda Jakubowskas *Ostatni etap* (*Letzte Etappe*, PL) von 1948 gegenüber, an dem er selbst mitgewirkt hatte. Vor allem die letzte Szene, in der die Widerständler mit der Waffe in der Hand der Freiheit entgegenstürmen, stieß auf Ablehnung. Kritiker aus Polen unterstrichen die Rolle der im Film abwesenden amerikanischen Armee und merkten an, diese habe bei ihrer Ankunft im Lager nur „zu Skeletten abgemagerte Überlebende" angetroffen, „die sich nicht mehr bewegen" konnten.[37] Anderen Zeitzeugen zufolge kam den Befreiern eine mit Gewehren bewaffnete, halb oder vollständig zerlumpte Horde entgegen. Freilich war diese Szene die bei weitem unglaubwürdigste des Films, auch wenn sich Beyer in seinen Erinnerungen gegen die Kritik verteidigte. Er erwähnt eine andere Szene, in der er einen Häftling während des Appells sagen lässt: „Die Amerikaner sind über den Rhein, die zweite Front kommt näher … Endlich, die Amerikaner haben in Remagen einen Brückenkopf errichtet."[38] Eine schwache, wenn auch angesichts des Kontextes löbliche Verteidigung. 1965 erhielt der Film auf dem Festival von Melbourne eine weitere Auszeichnung und heute ist sein dokumentarischer Wert unumstritten.

Während des Moskauer Festivals wurde jedoch zufällig eine Spur des echten ‚Buchenwaldkinds' gefunden. Ein Bruder von Zacharias Zweig war in die Sowjetunion ausgewandert und befand sich bei der Vorführung des Films im Saal. Ihm fielen die Ähnlichkeiten mit der Odyssee seines Neffen auf und so informierte er einen Journalisten der ostdeutschen *Berliner Zeitung am Abend* (*BZ*), die herausfand, dass Zacharias Zweig sich in Israel niedergelassen hatte und sein Sohn in Frankreich studierte, nachdem er seinen Militärdienst in den israelischen Streitkräften abgeleistet hatte. Und so vermeldete das Blatt am 3. Februar 1964 auf der ersten Seite, dass sie das ‚Buchenwaldkind' gefunden hatte. Stefan J. Zweig wurde offiziell in die DDR eingeladen, wo man aus ihm ein Symbol für den Humanismus der Kommunisten

37 Hähnel / Lemke: Millionen, S. 47.

38 Beyer: *Wenn der Wind*, S. 112.

gemacht hatte, und wie ein Star empfangen. Seine von Apitz' Roman und Beyers Film verbreitete Geschichte war überall bekannt. In Apitz' Begleitung, der Werbung für die Neuausgabe seines Romans machte, reiste er durchs Land. Man bot ihm an, an der Hochschule für Film und Fernsehen in Potsdam-Babelsberg Film zu studieren. Stefan J. Zweig blieb bis 1971 in der DDR. Wie Hans Coppi, dessen Eltern als Mitglieder des Spionagenetzwerks ‚Rotes Orchester' von den Nazis ermordet worden waren, teilte Stefan J. Zweig in der DDR eine Zeit lang das Schicksal jener vom Regime ‚verhätschelten' Kinder, deren berührende und sehr reale Geschichte dazu dienen sollte, das antifaschistische Erbe in Gedächtnis und Gewissen zu halten. Die *BZ* veröffentlichte Auszüge aus dem Zeitzeugenbericht, den Zacharias Zweig 1961 der Gedenkstätte Yad Vashem in Israel übergeben hatte, unterschlug jedoch alle Passsagen, die dem Roman widersprachen. Dabei wurde die Idealisierung des geheimen Widerstands in Buchenwald zwar im öffentlichen Diskurs fortgesetzt, nicht aber in der wissenschaftlichen Geschichtsschreibung. Der Historiker Klaus Drobisch fand die Wahrheit über Stefan J. Zweigs Fall heraus: Der Vater des ‚Buchenwaldkinds' hatte sich ebenfalls im Lager befunden und das Kind war keineswegs durchgehend versteckt worden, sondern hatte ‚legal' dort gelebt.[39]

Zacharias Zweig hat der offiziellen Version, die ja mit seinem eigenen Erleben nicht übereinstimmte, öffentlich nie widersprochen. Stefan Jerzy hebt hervor, dass sein Vater jenen ‚christlichen deutschen Kommunisten',[40] die geholfen hatten, ihn zu retten, bis zu seinem Tod dankbar war. Auch wollte Bruno Apitz gar keine wissenschaftliche Abhandlung, sondern einen Roman schreiben und verfügte während des Schreibens nur über einen kurzen Bericht des Vaters, der zusammen mit anderen rasch gesammelten Häftlingserinnerungen in einer 1946 erschienen Broschüre veröffentlicht worden war.[41] Wie wir gesehen haben, entfernte sich vor allem des Ende von Bruno Apitz' Roman, das auch Frank Beyer in seinem Film übernahm, von Zacharias Zweigs Zeitzeugenbericht. Erst dank der Veröffentlichung

39 Drobisch: *Widerstand*, S. 105.

40 Zweig: *Mein Vater*, S. 39.

41 Karl Barthel: *Die Welt ohne Erbarmen. Bilder und Skizzen aus dem KZ*. Rudolfstadt: Greifen 1946.

dieses Texts auf Deutsch 1987 war es möglich, „literarische Fiktion und Realität einer KZ-Gesellschaft" miteinander zu vergleichen, so der Untertitel eines Aufsatzes von Harry Stein.[42] Wie die Arbeit von Susanne Hantke über Bruno Apitz' zensiertes Manuskript bestätigte Harry Steins kritische Lektüre die radikale Verdrängung der Grauzone im DDR-Diskurs über Buchenwald. Alle Beschreibungen des Konzentrationslagers und der Beziehungen zwischen den Kapos und der SS, die das von der DDR-Führung gezeichnete manichäische und eindimensionale Bild störten, wurden zensiert. Religionen, und seien es Zivilreligionen, tendieren zur Auslöschung von Widersprüchen, weil sie Zweifel am Dogma säen. Daher ist nur zu verständlich, dass sich nach dem Fall der Mauer der Wille regte, die Geschichte des Konzentrationslagers einer Revision zu unterziehen. Hinzukam, dass man nun auch noch über neue Quellen verfügte.

42 Stein: „Nackt unter Wölfen".

2.
Ein Schauprozess in Ostberlin

> Ein gedrungener Schatten gleitet zwischen die Boxen. Marcel Paul kriecht zurück auf sein Stroh. Er verdreht die kleinen Augen in seinem breiten Gesicht. [...] Wenn er spricht, bewegen sich seine schweren Lippen langsam. Seine Stimme klingt tief, ein bisschen belegt, müde. Er hat nie vergessen, niemals, dass sich der Kampf im Lager durch tausend unsichtbare Kopplungen in die Welt der Menschen jenseits des Stacheldrahts verlängert. Er errät das Ende, spürt es nahen. Vage ahnt er bereits sämtliche Feindseligkeiten der Zeit danach. Jemand hat ihm neulich anvertraut: „Diese Schlacht in der Scheiße, die wir hier führen, die werden wir erklären, vor Leuten rechtfertigen müssen, die niemals ein Konzentrationslager aus der Nähe gesehen haben."[1]

Diese Vorahnung – ob der Häftling sie wirklich gehabt hat oder ob sie ihm von David Rousset in *Les jours de notre mort* apokryph zugeschrieben wurde – sollte sich als zutreffend erweisen. Dies gilt zwar nicht so sehr für Marcel Paul, der, wie wir weiter unten sehen werden, nach dem Krieg nur kurz juristische Probleme bekam, sondern vor allem für die deutschen Kommunisten. Während das Interesse der Stasi-Opfer sowie der Journalistinnen und Journalisten nach dem Fall der Mauer hauptsächlich dem Archiv des Ministeriums für Staatssicherheit galt, gingen Historikerinnen und Historiker daran, auch die Überlieferung der Staatspartei zu untersuchen und insbesondere Geheimakten zu lesen. Obwohl ihr Inhalt weniger medialen Lärm

1 Rousset: *Les Jours*, S. 615.

verursachte, entpuppte er sich in mancher Hinsicht sogar als noch finsterer, vor allem im Hinblick auf die Verhöre und Prozesse ehemaliger kommunistischer Funktionshäftlinge in Buchenwald, die in der SBZ und der DDR in der unmittelbaren Nachkriegszeit durchgeführt wurden.

Anfang 1994 berichtete der Historiker Lutz Niethammer in der wissenschaftlichen Zeitschrift *Bios* über die Aktenfunde.[2] Da er sich nach eigener Auskunft dessen bewusst war, dass die Dokumente einer tendenziösen Interpretation Vorschub leisten könnten, hielt er es für notwendig, sie in vollem Umfang zu veröffentlichen.[3] Mit anderen Historikerinnen und Historikern, darunter auch Mitarbeiterinnen und Mitarbeiter der Gedenkstätte Buchenwald, machte er sich umgehend daran, die Originaldokumente der Verhörprotokolle ehemaliger Kapos von Buchenwald mit einem kritischen Apparat versehen zu publizieren.[4]

Buchenwald im Kalten Krieg

Diese Dokumente enthalten zum Teil bereits Bekanntes, etwa in der Nachkriegszeit gegen Häftlinge erhobene Vorwürfe, in verschiedenen Lagern und Ghettos mit den Nazis ‚kollaboriert' zu haben. Mit Bezug auf das KZ Buchenwald hatte Donald B. Robinson, ein Historiker der US-Armee, 1946 solche Anschuldigungen vorgebracht.[5] Die Geheimdokumente der SED sollten nun erweisen, dass diese Vorwürfe zunächst von der neu gegründeten Staatspartei und dann auch von den Sowjets ernst genommen und benutzt wurden.

Robinsons durch Zeugenaussagen von SPD-Mitgliedern stark beeinflusster Bericht trägt den Titel „Kommunistischen Gräueltaten in Buchenwald" und erschien im Oktober 1946 in der Zeitschrift *The American Mercury*. Nur wenige Monate zuvor, am 5. März des gleichen

2 Lutz Niethammer: „In der Angelegenheit des Genossen Busse". Zwei Dokumente aus einer SED-Untersuchung von 1946. Btr. Beschuldigungen gegen führende deutsche Kommunisten im KZ Buchenwald. In: *Bios. Zeitschrift für Biographieforschung, Oral History und Lebensverlaufsanalysen* 7,1 (1994), S. 1–45.

3 Lutz Niethammer: Vorwort des Herausgebers. In: Ders. (Hrsg.): *Der „gesäuberte" Antifaschismus*, S. 11–19, hier S. 12; ders.: „In der Angelegenheit", S. 22.

4 Niethammer (Hrsg.): *Der „gesäuberte" Antifaschismus.*

5 Donald B. Robinson: Communist Atrocities at Buchenwald. In: *The American Mercury*, 10 (1946), S. 397–404.

Jahres, hatte Churchill jene berühmte Rede gehalten, die den Kalten Krieg einleitete: „Von Stettin an der Ostsee bis Triest an der Adria hat sich ein eiserner Vorhang auf Europa herabgesenkt."[6] Robinson stützte sich auf verkürzte Berichte bzw. Auszüge aus Berichten von Zeugen, die das amerikanische Psychologenteam ebenfalls vernommen, die dessen leitender Offizier Albert G. Rosenberg jedoch weniger stark gewichtet hatte („nicht alle Kommunisten!"[7]). Robinson brachte daher vor allem abweichende Stimmen zur Geltung. Wie Lutz Niethammer zurecht anmerkt, ist sein Text damit einerseits ein Paradebeispiel für die sensationsheischende, stark vereinfachende Darstellung von Geschichte zu politischen Zwecken, das im neuen Gleichgewicht der Kräfte, das in Europa gerade entstand, den antikommunistischen Diskurs des Kalten Krieges speiste.[8] Auf der anderen Seite nahm ihn allerdings die ostdeutsche SED als Vorwand, die ehemaligen Buchenwaldhäftlinge zu diskreditieren und sie von wichtigen politischen Ämtern auszuschließen.

Das Verhör des Revierkapos Ernst Busse

Die im Archiv des Politbüros der SED aufbewahrten Dokumente deuten darauf hin, dass Generalsekretär Walter Ulbricht im Herbst 1946 die Entscheidung traf, eine Untersuchung des Verhaltens der Antifaschisten im KZ Buchenwald zu eröffnen. Es ging um eine Reaktion auf Robinsons Vorwürfe, denen zufolge 300 in Schlüsselpositionen der internen Lagerverwaltung gerückte deutsche Kommunisten ihre Widersacher in Außenlager zu Arbeitseinsätzen geschickt haben sollen, wo man schneller starb, oder in Blocks, in denen medizinische Versuche durchgeführt wurden. Zudem hielt der Bericht fest, dass sie ihre politischen Gegner oder schlicht alle, die mit ihnen nicht einer Meinung waren, mit dem Tod durch eine Phenolspritze ins Herz bedroht hätten.[9] Letztlich war es der Umstand, dass sie diese

6 Winston S. Churchill: The Sinews of Peace, Rede vom 5. März 1946 am Westminster College, Fulton, Missouri. In: http://www.nato.int/docu/speech/1946/s460305a_e.htm (Zugriff am 22.4.2017).

7 Albert G. Rosenberg: Interview, 1998. VHA, 43931.

8 Dokument III.9.3: „KZ-Opfer zu Henkern gestempelt", 14.9.1947. In: Niethammer (Hrsg.): *Der „gesäuberte" Antifaschismus*, S. 369–371, hier S. 370.

9 Ein weiterer Bericht, derjenige eines in Frankreich verhafteten englischen Offiziers, Christopher Burney, sollte bald danach den Mord an Hunderten Häftlingen anklagen, die nach den ‚Todesmärschen' halb tot in Buchenwald ankamen und von der SS und

Stellung als Helfer der SS überhaupt akzeptiert hatten, der in Frage gestellt wurde. Außer um die Rivalität zu den ehemaligen Deportierten, die ursprünglich zu einem großen Teil hinter der von Ulbricht angestrengten Untersuchung steckte, ging es der Parteiführung auch darum, sich hinsichtlich des Buchenwald-Prozesses abzusichern, der im März 1947 in Dachau beginnen sollte. Ehemalige kommunistische Häftlinge waren dort vorgeladen und einige sollten im Verlauf der Verhandlungen selbst unter Verdacht geraten. Doch zuvor wurden sie vor die Zentrale Parteikontrollkommission der SED zitiert.
Der ehemalige Kapo des Reviers Ernst Busse wurde dabei zum Hauptziel. Busse war zu der Zeit nicht nur Minister in der SBZ, was ihn schon grundsätzlich ins Fadenkreuz des Westens rückte, sondern letztlich jener Funktionshäftling in Buchenwald, der über die größte Machtfülle verfügt hatte. Er war für den Häftlingskrankenbau verantwortlich gewesen und zugleich Mitglied des ‚Dreierkopfes', der geheimen Parteiführung im Lager. Die Kontrollkommission befragte ihn am 8. Oktober 1946. Busse wurde hier mit zwei seiner Ankläger konfrontiert, ehemalige Buchenwald-Häftlinge wie er selbst. Beim Lesen der Vernehmungsprotokolle drängt sich jedoch der Eindruck auf, dass die Kommission eher danach gestrebt hat, beide Seiten zu verstehen, als die Vorwürfe zu belegen. Im Folgenden paraphrasiere ich einige der Fragen und Busses Antworten:[10]
Ist die Übernahme einer Funktionsstelle als Kapo von der Parteileitung diskutiert und akzeptiert worden? Die Antwort lautet „Ja", zumindest bis zu einem gewissen Punkt: Nur die Verantwortung für den Lagerschutz (die innere, von Häftlingen gebildete Hilfspolizei) sei kontrovers diskutiert worden. Hat der Lagerschutz bei der Auswahl von „Todeskandidaten" eine Rolle gespielt?[11] Des Weiteren wird gefragt,

ihren Helfern brutal mit einer tödlichen Spritze umgebracht wurden. (Siehe Christopher Burney: *The Dungeon Democrazy*. New York: Duel, Sloan & Pearce 1946.)

10 Zum Folgenden siehe Dokument II.4: Gegenüberstellung der Genossen Ernst Busse, Toni Waibel und Victor Drewnitzki, 8.10.1946. In: Niethammer (Hrsg.): *Der „gesäuberte" Antifaschismus*, S. 271–282.

11 Es ging um die Häftlinge, die auf Anforderung der SS-Ärzte in die Versuchsstation des Hygieneinstituts geschickt wurden.

> [o]b bestimmte Personen zum Vergasen ausgesondert wurden. Hatten unsere Genossen die Möglichkeit, einzelne Korrekturen vorzunehmen? Wurden auch von unserer Seite Vorschläge gemacht, wer mit dazu kommt? Welchen Einfluß hatte die Lagerleitung respektive ein Kapo auf die Auswahl?[12]

Auf all diese Fragen antwortet Busse, dass im Streitfall die Parteileitung entschied. Aufgeworfen wird auch die „Frage der Auslieferung des russischen Offiziers".[13] Busses Antwort: Es habe sich um einen „gewöhnlichen Dieb" gehandelt, das sei die Entscheidung der (Partei-)Führung gewesen. Busse sagt, er könne sich nicht erinnern und fügt hinzu, da es sich um einen Russen gehandelt habe, müssten die Russen die Entscheidung getroffen haben. Einer seiner Ankläger ist jedoch der Meinung, dass Busse sich erinnern müsse: Die Angelegenheit habe im Lager für „ziemliches Aufsehen" gesorgt. Worauf dieser erwidert, es habe solche Fälle jede Woche gegeben. Sein Ankläger insistiert, „es gab ihn nur einmal, und jeder könne sich darauf besinnen"![14] Auf die Frage bezüglich der Todesspritzen, die Kommunisten verabreicht haben sollen, gibt der Befragte zu Protokoll:

> [E]s gäbe [...] das allgemeine Abspritzen, veranlaßt von der SS. Dazu war eine Sicherung geschaffen, daß nicht Leute von uns dazwischen geraten. Es wurden Leute ausgesucht, die überhaupt keine Disziplin hatten, Elemente die sich überhaupt nie in eine Ordnung fügten. Wo Angriffspunkte waren, wurde ja bekanntlich zugegriffen. [Die Häftlinge] kamen in den Block 61 und wurden dort von der SS umgebracht. Unsere Leute allein durften nicht umlegen. Vielleicht Einzelerscheinungen, normalerweise mußte das die SS machen.[15]

Die Zahl der auf diese Weise jede Woche getöteten Häftlinge kann Busse auf Nachfrage nicht präzisieren. Ob er selbst daran teilgenommen habe? Nein, das habe nicht zu seinen Aufgaben gehört. Er

12 Dokument II.4, S. 271.

13 Ebd., S. 272.

14 Ebd., S. 272–273. Der Fall dieses sowjetischen Häftlings, der sich seinem Abtransport durch Flucht zu entziehen versucht hatte und vom Lagerschutz an die Gestapo ausgeliefert worden war, taucht in mehreren Zeugenberichten auf. (Siehe insb. Eugen Kogon und Hermann Langbein.)

15 Dokument II.4, S. 273.

hätte sich um Hygieneprobleme zu kümmern gehabt, um das Pflegepersonal und Medikamente, aber über keinerlei Macht verfügt, was die „Todeskandidaten“ betraf. Busse wird erneut gefragt, ob „unsere“ Leute Spritzen gegeben hätten. Nein, beteuert Busse, nur die SS. Einer der Ankläger widerspricht, nennt einige Fälle und erwähnt die Tatsache, dass unter der Leitung Walter Krämers, des Vorgängers von Ernst Busse als Revierkapo, Kommunisten sehr wohl Spritzen verabreicht hätten. Busse erwidert, dass es sich um „Liquidierungen“ gehandelt habe, an denen „wir auch ein Interesse hatten, alle [nationalen] Sektionen.“[16] „Wenn neue Transporte ankamen, wurden die Leute aus den Lagern gefragt, was das für Leute sind. Wurden dann auf verschiedenste Art liquidiert.“[17] (Hier bezog er sich darauf, dass es darum ging zu wissen, aus welchen Gründen die Neuankömmlinge verhaftet und deportiert worden waren, um zwischen ‚Kriminellen‘, ‚Politischen‘ und aus rassischen oder religiösen Gründen Verfolgten unterscheiden zu können.) Wie sei man denn vorgegangen, um genau zu wissen, um wen es sich handelte? „Das war nicht so einfach für die Leute“, erläutert Busse. „Sie kamen ja zuerst in Quarantäne. Sie wurden von den Verantwortlichen der Sektionen ausgesucht.“[18] Dann ging es um den Fall eines Kommunisten B., von dem Busse sagt, er sei ein Säufer gewesen. Einer seiner Ankläger stimmt ihm zu: B. habe nie an einer politischen Diskussion teilgenommen, nur geklaut und gesoffen. Die Frage, ob die Parteileitung Kommunisten mit dem Tod bedrohte, gibt Busse an einen seiner Ankläger zurück: „Ist Dir ein Fall bekannt, daß wir Genossen bedroht haben? – Das nicht“,[19] räumt dieser ein, äußert aber Verständnis dafür, dass sich Genossen bedroht gefühlt hatten.

Noch einmal auf den vom Lagerschutz an die Gestapo ausgelieferten „Russen“ angesprochen, wiederholt Busse, dass er sich nicht erinnern könne. Es sei sehr häufig vorgekommen, dass Leute von einem Transport absprangen und man sie dann habe suchen müssen. Einer der Ankläger verweist auf eine Entscheidung der Genossen von der

16 Das ist die Frage. Gab es die Sektionen bzw. nationalen Komitees schon, als Busse seine Funktionsstelle im Revier antrat?

17 Dokument II.4, S. 274.

18 Ebd.

19 Ebd., S. 277.

Parteileitung in der Schreibstube, Leute (sowjetische Gefangene) nicht zu schützen: „Sie haben gesagt, in den Akten der Gestapo steht drin, diese Leute haben gestohlen, deshalb könne man sie nicht in Schutz nehmen. Seit wann kann man sich auf solche Akten stützen[?]“[20] Auch an diese Entscheidung kann sich Busse angeblich nicht erinnern.

Anschließend geht es um das Lagerbordell. Es hätte, führt ein Kommissionsmitglied aus, unter den Kommunisten eine „stille Vereinbarung“[21] gegeben, nicht dorthin zu gehen. Der an Busse gerichtete Vorwurf lautet, er habe sich nicht an diese Vereinbarung gehalten und in seinem Raum im Revier sogar eine Geliebte gehabt. Das räumt er zwar ein, stellte jedoch klar:

> daß die Mädels da waren, dagegen konnte man nichts machen. Wir waren uns darüber klar, keinen Beschluß gegen den Besuch des Bordells zu fassen, denn einen Beschluß können wir nicht halten. [...] Als Kapo konnte ich reingehen. Ich wurde hineingeschickt und habe mich deswegen auch eingemischt. Man hat natürlich nachher darüber gesprochen: Da geht der Busse hin. [...] Später hat man mir dann gesagt, es ist besser, Du machst Schluß. [...] Ich ging nicht mehr hin.[22]

Zuletzt geht es um die Verteilung der Päckchen des Roten Kreuzes. Busse wird gefragt, ob die Leitung des Lagerschutzes von diesen Sendungen zum Nachteil der übrigen Häftlinge profitiert habe. Busse erklärt, dass die Päckchen unter den Nationalkomitees aufgeteilt wurden. Vier oder fünf Personen hätten die Aufgabe gehabt, sie zu verteilen. „Ich behaupte nicht, daß wir nur Engel im Lager hatten, Unregelmäßigkeiten werden immer mal vorkommen und im Lager erst recht.“[23]

20 Ebd., S. 278.

21 Ebd., S. 279.

22 Ebd., S. 280. Es handelte sich bei den Frauen und Mädchen in der Regel um Gefangene, die in den ab 1942 eingerichteten Lagerbordellen zur Prostitution gezwungen wurden. Über die Gründe für die Einrichtung der Lagerbordelle gibt es mehrere Theorien: Kampf gegen die Homosexualität, die Annahme, dass sie die Arbeitsproduktivität der Häftlinge steigern würden, oder eine Verstärkung der Abhängigkeit der Kapos von der Autorität der SS. Juden, Sinti und Roma sowie sowjetischen Häftlingen war der Bordellbesuch verboten. Von der SS wurden sie nicht aufgesucht.

23 Ebd., S. 281.

Einer von Busses Anklägern äußert anerkennend, dass die Verteilung der Päckchen im Revier unter seiner Leitung immer vorbildlich gewesen sei. Das sei nicht die Regel gewesen.

Verschiedentlich ist zu lesen, Busses Kritiker seien wegen des hohen Postens, den dieser in der SBZ bekleidete, zurückgeschreckt, alle Vorwürfe anzusprechen. Das ist durchaus möglich. Die Ergebnisse der Untersuchung blieben geheim. Außer des Bordellbesuchs, von dem das ILK[24] den Kommunisten ausdrücklich riet, Abstand zu nehmen, konnte Busse nichts nachgewiesen werden und auf das Verfahren folgte auch keine Strafe. Allerdings erwiesen sich Mutmaßungen über die Möglichkeiten der Kapos, sich ihrer ‚Feinde' zu entledigen, sowie über den Umfang ihrer Macht als richtig. Ableiten ließ sich aus Busses Aussagen zudem, dass die Praxis des Tauschs ebenso gängig war wie die der Transportzusammenstellung, ja, dass sie deren logische Konsequenz war. In der Arbeitsstatistik gehörte sie zum Alltag. (Man wird sich an den Zeugenbericht des Franzosen Frédéric-Henri Manhès erinnern: „Eine Liste mit 500 Namen wird erstellt. [...] Es ist ein verzweifeltes Gerenne."[25]) Und wenn Busse zu den ‚Liquidierungen' und anderen Vorwürfen aussagte, dass er sich nicht mehr erinnere, weil das ‚jede Woche' vorgekommen sei, dann mag uns das heute zwar irritieren, aber es ist kein Grund, ihm nicht zu glauben. Dass er die Zahl der durch „Abspritzen" ermordeten Häftlinge nicht beziffern konnte, ist ebenfalls nicht verwunderlich. Es gibt dazu offenbar auch keine Statistiken. Die Leichen wurden zusammen mit den eines ‚natürlichen' Todes Gestorbenen ins Krematorium gebracht.

Zweifel an Marcel Paul

Kurze Zeit vor Busses Vernehmung waren Kommunisten in Paris beschuldigt worden, in Buchenwald „den Tod umverteilt"[26] zu haben. Am 27. April 1946 veröffentlichte *Paroles françaises, hebdomadaire*

24 In seiner Untersuchung über die Lagerbordelle berichtet Robert Sommer darüber, wie die SS den sich weigernden kommunistischen Funktionshäftling Erich Reschke 1943 dazu zwang, der Eröffnungszeremonie des Bordells im KZ Buchenwald ‚vorzusitzen'. In diesem Moment stellte sich wie in vielen anderen die Grundfrage: Sich weigern hieß, dass die Aufgabe einem anderen auferlegt wurde und dass eine Machtparzelle verloren war. (Sommer: *KZ-Bordell*, S. 125.)

25 Manhès: *Buchenwald*, S. 23.

26 Hier und im Folgenden FNDIRP, Dossier Marcel Paul.

pour la rénovation nationale („Wochenzeitung für nationale Erneuerung“) Vorwürfe gegen Marcel Paul und Frédéric-Henri Manhès – wobei sie es vor allem auf Ersteren abgesehen hatte. Im November 1945 von Charles de Gaulle zum Minister für Industrieproduktion ernannt, schickte er sich gerade an, nach der Gas- und Stromversorgung auch die Kohleförderung zu verstaatlichen. Anders als Busse konnte Paul sich jedoch öffentlich verteidigen und tat es auch ohne Umschweife. In einer Sonderausgabe von *Ce Soir*, einer Parteizeitung der französischen KP, ging er mit Argumenten zum Gegenangriff über, die freilich ganz der Zeit verhaftet waren:

> „Umverteilung des Todes“, hat Monsieur Mutter [André Mutter, Herausgeber der Zeitung, S. C.] zu schreiben gewagt [...]. Die Transporte in Arbeitskommandos außerhalb des Lagers waren Sache der SS, Monsieur Mutter; der Kampf gegen den Abtransport in Todeskommandos, das war die Sache der einzelnen nationalen Geheimkomitees. [...] Nicht mit allen Kräften darum zu kämpfen, einem Transport in ein Kommando zur Vernichtung durch Arbeit einen Franzosen zu entreißen, und sei es nur einer von Tausenden, für den es aber diese Möglichkeit gab, das wäre Verrat am Vaterland gewesen, Monsieur Mutter. Und Sie, Herr Mutter, wagen es, mit verstörender Zweideutigkeit ganz einfach zu schreiben: „Den einen zu entreißen heißt, einen anderen abfahren zu lassen“. Wie können Sie so etwas schreiben? In diesen Lagern kämpfte jeder für sein Land. Hier ein Fall: Die SS beschließt, 3.000 Männer nach Dora zu schicken. Ihnen war es vollkommen gleichgültig, welcher Nation die Opfer angehörten, sie brauchten 3.000 Männer, nicht einen weniger, aber in der internationalen Organisation der Lager [gemeint ist das ILK, S. C.] begann eine Schlacht. In der ging es darum, wer die meisten Landsleute retten konnte, Jugoslawen, Polen, Russen, Belgier, alle wollten ihre Leute retten. Jedes Mal, wenn ein Häftling mit anderer Nationalität einem Transport entrissen wurde, ging an seiner Stelle ein Franzose. Und einen Franzosen zu entreißen – das hieß, ja, richtig, einen Tschechen, einen Russen oder einen Ungarn gehen zu lassen, um die Lücken aufzufüllen, die dieser Abzug von der geforderten Menge verursachte. Nun gut, ja, das habe ich getan. Vor meinem Gewissen nehme ich diese Verantwortung auf mich, ja, ich fordere sie ein.[27]

27 (Herv. i. O.).

Paul erwähnt bei dieser Gelegenheit, dass er bei seiner Ankunft in Buchenwald im Mai 1944 festgestellt hatte, dass fast alle im Dezember 1943 und Januar 1944 deportierten Franzosen nach Mittelbau-Dora geschickt worden seien, wo sie in den Stollen der sichere Tod erwartete. In diesem Augenblick habe er nur einen einzigen Gedanken gehabt:

> Frankreich musste unbedingt endlich Teil des geheimen internationalen Komitees [ILK, S. C.] werden, die antifranzösische Stimmung der anderen Kollektive abgestellt werden [...]. Die französischen Kommunisten hatten in Buchenwald im Mai 1944 überhaupt keinen Einfluss, hin und wieder erfuhren sie schützende Gesten, wahrscheinlich von Seiten der deutschen Politischen, von denen einige altgediente Kommunisten waren, die vom Leben im Lager nicht nur verbogen, sondern geradezu vertiert waren [...].

Interessanterweise geht Marcel Paul hier praktisch Punkt für Punkt auf dieselben Anschuldigungen ein, die auch gegen Ernst Busse erhoben werden sollten, kann dies aber mit dem guten Gewissen eines kämpferischen Patrioten tun, eine Möglichkeit, die dem ehemaligen Revierkapo Busse verwehrt blieb. Paul fährt fort:

> Das ist noch nicht alles, Monsieur Mutter. Dasselbe Problem gab es bei den Zulassungen zum Revier [...]. Dort einen Franzosen unterzubringen hieß, einen Belgier auszuschließen. Jawohl, auch das habe ich getan, im Namen und auf Befehl des französischen Komitees, und mit welcher Leidenschaft!

Er streitet auch in der Frage der tödlichen Injektionen nichts ab und bestätigt damit insgeheim diese Praxis:

> Sie haben keine Ahnung, Monsieur Mutter, was es bedeutet, jeden Morgen zu Block 61 zu schleichen, um unter den aufgebahrten, zum Tod durch die Spritze verurteilten Ruhrkranken im letzten Stadium Franzosen zu erkennen zu versuchen, sie zwei Boxen weiter zu verlegen und dadurch zu retten. Sicher ging es auch darum, Monsieur Mutter, ob diese kaum noch des Sprechens mächtigen Männer Kommunisten waren oder nicht [...]. Dann bekamen die Kranken anderer Nationalitäten die Spritzen, werden Sie sagen, denn auch hier mussten ja die Zahlen stimmen, und da haben Sie recht.

Festzuhalten ist allerdings, dass die französischen – und anderen nichtdeutschen – Kommunisten generell der Kritik weniger ausgesetzt waren als die deutschen, weil sie seltener Funktionsstellen innegehabt hatten und erst ab Mitte 1944 überhaupt auf niederen Posten zugelassen worden waren.[28] David Rousset zufolge versuchten nur die Polen, es mit den Deutschen aufzunehmen.[29] Während die Reaktionen der ehemaligen Gefährten und Mithäftlinge Ernst Busses nicht bekannt sind (wussten Sie überhaupt Bescheid?[30]), erhielt Marcel Paul in Frankreich von ehemaligen Buchenwaldhäftlingen breite Unterstützung. Der Verlag Éditions de la Déportation et de la Résistance stellte unter dem Titel *Buchenwald, camp d'extermination par la mort lente* umgehend (1946) ein Weißbuch mit Zeugenberichten zugunsten von Frédéric-Henri Manhès und Marcel Paul zusammen.[31] Manche Zuschriften bestätigen, dass die ‚altgedienten' deutschen Kommunisten in den langen Jahren der Lagerhaft zu ‚Tieren' wurden, um das Wort Marcel Pauls aufzunehmen.

> Lieber Kamerad, ich erhebe mich empört gegen die Verleumdungen, die im Wahlkampf verbreitet werden. Ich habe die Lebensbedingungen im Lager vor und nach Deiner Ankunft kennengelernt, da ich im Juni 1943 nach Buchenwald deportiert worden bin. [...] Jeder Franzose, der Buchenwald erlebt hat, weiß, dass es Deinem Wirken geschuldet ist, wenn die brutalen Methoden des Lagerschutzes aus dem Verhaltenscodex des Lagers ausgeschlossen worden sind.[32]

Die „brutalen Methoden" deutscher Funktionshäftlinge prangert ein weiteres Dokument an. Es handelt sich um den Bericht der Geheimen Untersuchungskommission im Lager Buchenwald, der offenbar noch im Lager selbst angefertigt worden ist, denn er trägt den Vermerk:

28 Hartewig / Niethammer: Einleitung, S. 56.

29 Rousset: *L'Univers concentrationnaire,* S. 158.

30 Es gibt darauf jedenfalls keinen Hinweis, weder in dem Dossier über Marcel Paul der FNDIRP noch im Archiv David Roussets. Unbekannt ist auch, wie Marcel Paul auf das Todesurteil reagierte, das im Prager Slánský-Prozess 1952 über Josef Frank verhängt wurde, einen ehemaligen Kameraden und Mithäftling in Buchenwald.

31 FNDIRP, Dossier Marcel Paul.

32 Brief von André Lemaire, 14.05.1946. FNDIRP, Dossier Marcel Paul.

> Zunächst am Abend des 31. März [1945] unter Block 51 verscharrt, zu Authentifizierungszwecken wieder hervorgeholt für den Fall, dass die Unterzeichner nicht nach Frankreich zurückkehren; in einer Flasche versiegelt und am späten Nachmittag des 7. April an einem Ort im Zeltlager [d. h. im Kleinen Lager, S. C.] begraben [*sic*], der zehn absolut vertrauenswürdigen Kameraden bekannt war.[33]

Diesem Bericht zufolge erlebten die ersten französischen Deportierten bei ihrer Ankunft 1943 eine „knüppelbewehrte Disziplin“:

> Der Geist der deutschen politischen Gefangenen, die im Lager Leitungsposten innehatten, war durch die lange und schwere Haftzeit verkrüppelt. Die jahrelang ertragenen, kaum vorstellbaren Leiden hatten sie so hart gemacht, dass sie Schläge als normal betrachteten.[34]

Sicher, das räumt der Bericht ein, waren die deutschen Kommunisten von ihrer Verantwortung überfordert. Aber „eine gewisse Anzahl von ihnen war moralisch korrumpiert. Sie waren nur noch dem Namen nach politische Häftlinge.“[35] Die französischen Kommunisten hätten als erstes versucht, den schlechten Ruf zu bekämpfen, den die Franzosen im Allgemeinen bei den polnischen und vor allem den tschechischen politischen Häftlingen hatten, weil diese das Münchner Abkommen von 1938 nicht vergessen hatten. (Im Übrigen galten die Franzosen, wie Benedikt Kautsky schreibt, unter den Häftlingen als unhygienisch und wenig einfühlsam[36].) Marcel Paul war zu seinem Glück kein Unbekannter. Als Kader der Confédération Générale du Travail (CGT) war er in der Vorkriegszeit viel im Ausland unterwegs gewesen und hatte in der internationalen Arbeiterbewegung eine gewisse Prominenz erlangt. Er trat mit den deutschen Kommunisten in Kontakt und konnte sich Gehör verschaffen. Es gelang ihm, sie von der Brutalität einiger Kapos zu überzeugen. So wurde der Kapo von Block 57 – ein „prinzipien- und zügelloses

33 Bericht der Geheimen Untersuchungskommission im Lager Buchenwald. FNDIRP, Dossier Marcel Paul.

34 Ebd.

35 Ebd.

36 Kautsky: *Teufel und Verdammte*, S. 150–151.

Individuum, das aus Auschwitz eingetroffene Franzosen beschimpft und alle bewusstlos prügelt, die ihm missfallen“[37] – von seinen Funktionen entbunden, obwohl seine Kameraden (deutsche Kommunisten) ihn zunächst unterstützten. Mit Hilfe der deutschen Sektion sei er schließlich „der Lösung zugeführt worden, die von den Franzosen, die Opfer des Wahnsinns und der Zügellosigkeit ihres Blockältesten geworden waren, mit Genugtuung begrüßt wurde“.[38] Schenkt man mehreren anderen Zeugenberichten Glauben, darunter dem des französischen Deportierten Marcel Conversy, dann wurde der Kapo in den Latrinen erdrosselt.[39] Auch Jean Hoen erwähnt die finstere Figur des Ältesten von Block 57.[40] Auf die gleiche Weise wurde auch gegen andere Blockälteste vorgegangen, etwa den von Block 34:

> Der Vorfall, der es der kommunistischen Sektion schließlich ermöglichte, den Ältesten von Block 34, einen Schläger und Dieb, loszuwerden, war sein Übergriff auf den Direktor der Pariser Nationalbibliothek [Julien Cain], der allgemeine Abscheu hervorrief. [...] Der Chef von Block 34 ging auf Transport.[41]

Anschließend erläutert der Bericht, was die französischen Kommunisten alles unternahmen, um den Abtransport von Landsleuten nach Mittelbau-Dora oder ihre Zuweisung zu ‚schlechten Arbeitskommandos‘ zu verhindern, mithin jenen „erschöpfenden und monotonen Kampf gegen die Transporte“[42], wie David Rousset schreibt. Schließlich habe das im Juli 1944 von Marcel Paul gegründete Comité des intérets français (CIC) durchgesetzt, dass französische Ärzte im Revier zugelassen wurden, während er selbst in das ILK eintrat.

Als Mitglied der ‚Partei der 75.000 Erschossenen‘, wie die KPF sich unter Bezugnahme auf ihre Rolle in der Résistance selbst bezeichnete,

37 Bericht der Geheimen Untersuchungskommission im Lager Buchenwald.

38 Ebd.

39 Marcel Conversy: *Quinze mois à Buchenwald*. Genf: Éditions du Milieu du monde 1945, S. 110.

40 Hoen: *KLB*, S. 75–76.

41 Bericht der Geheimen Untersuchungskommission im Lager Buchenwald. Es wird angenommen, dass Marcel Paul Julien Cain sehr geschätzt und dieser ihn dazu benutzt habe, französische Intellektuelle zu schützen (siehe Fonds David Rousset, BDIC F delta 1880 (2-4)).

42 Rousset: *Les Jours*, S. 615.

blieb Marcel Paul in Frankreich jemand, der das Leben vieler Franzosen rettete, insbesondere dasjenige von Marcel Bloch-Dassault, einem Großunternehmer der Luftfahrtindustrie. Dass diesem geholfen worden war, sollte nun als Beweis dafür dienen, dass Paul nicht nur Kommunisten beschützt hatte.[43] Wie wir gesehen haben, wird dies von mehreren Zeitzeugen bestätigt. Auch französische Juden hatte er geschützt.

In seinem Interview mit der Shoah Foundation erklärt Albert G. Rosenberg, der Leiter des Psychologenteams der US-Armee, er habe seinen erst 50 Jahre später von David Hackett veröffentlichten Bericht zurückgehalten, „weil er zeigte, wie Kommunisten in wichtigen Stellungen Leute umgebracht haben, das war ein heißes Eisen"; er erwähnt einen „französischen Abgeordneten" (wahrscheinlich Marcel Paul), über den ihm französische Häftlinge gesagt haben sollen: „Das ist ein Mörder, er hat die Päckchen des Roten Kreuzes nicht unter allen aufgeteilt".[44] Insgesamt scheint die Rechtschaffenheit Marcel Pauls in Buchenwald aber außer Zweifel zu stehen. Trotz des Schicksals, das die Trotzkisten Marcel Hic und Jean-René Chauvin ereilte, deutet alles darauf hin, dass er während seiner Haftzeit integer blieb. Bekannt ist etwa, dass er es vorzog, in einem Block des furchtbaren Kleinen Lagers zu bleiben, obwohl er im Stammlager einen besseren Ort hätte finden können.

43 Als zwei Jahre nach seinem Tod im Jahr 1982 eine Straße in Sartrouville nach ihm benannt werden sollte, führte ein Ratsmitglied dieses Ortes erneut eine Kampagne, während der er Marcel Paul vorwarf, seine Genossen unter den Mithäftlingen bevorzugt zu haben. Von der Association Buchenwald-Dora und der FNDIRP wegen Rufschädigung verklagt, kam der Stadtrat ohne Strafe davon, weil das Gericht kein Urteil fällen mochte. (Siehe Lalieu (Hrsg.): *La zone grise ?*, S. 325–330.)

44 Der Zeitzeugenbericht von Albert G. Rosenberg für die Shoah Foundation enthält schwer verständliche Abschnitte (Albert G. Rosenberg: Interview, 1998. VHA, 43931). Es wird jedoch klar, dass die amerikanischen Soldaten seiner Psychologeneinheit unter dem Eindruck sowohl der widersprüchlichen Erzählungen als auch des Schocks standen, den sie durch die Entdeckung des Lagers erfahren hatten. Mal wurden die Kommunisten beschuldigt, mal wurden sie als Retter gezeichnet, Letzteres besonders von jüdischen Überlebenden, was Rosenberg ihnen zugutehält. Albert Rosenberg scheint im Übrigen einiges durcheinander zu bringen. Um eine Idee davon zu erhalten, was die amerikanischen Soldaten bei der Entdeckung der Lager empfanden, siehe die Erinnerungen des Regisseurs Samuel Fuller, die 2002 unter dem Titel *A Third Face. My Tale of Writing, Fighting and Filmmaking* (New York: Applause Theatre & Cinema Books) erschienen sind.

Ernst Busse befand sich in Berlin nicht in einer ähnlich günstigen Lage wie Marcel Paul in Paris. Die Kontrollkommission der KPD/SED hielt ihn im Herbst 1946 allerdings nicht für schuldig und ließ gelten, dass sich die Kommunisten in Buchenwald generell für das Gemeinwohl eingesetzt hätten. Trotzdem musste Busse seinen Ministerposten wenige Monate später im Mai 1947 aufgeben und sah sich auf eine unbedeutende Stelle in der Wohnungspolitik eines Berliner Bezirks abgeschoben. Sein weiteres Schicksal war da wahrscheinlich schon beschlossen. Er versuchte zwar noch einmal, seine Verteidigung zu organisieren, indem er ehemalige Buchenwaldhäftlinge in einem Rundbrief dazu aufforderte, ihre Erinnerungen an die Haftzeit aufzuschreiben. Zum Buchenwald-Prozess in Dachau fuhr er nicht. Angeklagt war dort der Kapo der Medizinischen Versuchsstation, Arthur Dietzsch, und dieser war kein Parteimitglied (und lebte auch nicht in der SBZ), obwohl er den Kommunisten nahestand. Im Westen ging die Kampagne jedoch weiter. In Texten der SOPADE[45] verbreitete ein Teil der Sozialdemokraten weiterhin den Robinson-Bericht. Das Bündnis, das im Juli 1944 in Buchenwald zwischen den Kommunisten und den Sozialdemokraten um Hermann Brill und das Volksfrontkomitee entstanden war, brach unter dem Druck der Sowjets auseinander. Sozialdemokraten, die von den Kommunisten vom Wiederaufbau in Ostdeutschland ausgeschlossen worden waren – bzw. sich 1946 geweigert hatten, der Fusion mit der KPD zuzustimmen – verstärkten diese Spannungen und so wurde die Rolle der Kommunisten in Buchenwald auch weiterhin propagandistisch ausgeschlachtet.

Ein ‚Moskauer Prozess' in Berlin

In Berlin konnten die ‚Moskauer' diese Stimmung gegen die ehemaligen Buchenwaldhäftlinge wenden. Sie wollten beweisen, dass der ‚Dreierkopf' im Herbst 1944 geplant hatte, nach dem bevorstehenden Ende des Krieges in Deutschland die Macht zu übernehmen und eine Regierung zu bilden. Für Walter Ulbricht und seine Getreuen, die *de facto* ausgeschlossen worden wären, war dies eine Beleidigung

45 Sozialdemokratische Partei Deutschlands. So kürzte die SPD den Parteinamen während des Krieges ab.

und für die Sowjets ein Affront, da sie sich Entscheidungen dieser Art selbst vorbehalten wollten. Also wurden Zweifel über die Gründe gestreut, aus denen Ernst Busse, Willi Bleicher und einige andere Gestapo-Verhöre im Bunker von Buchenwald überleben und ins Lager hatten zurückkehren können, nachdem sie wegen einer Veranstaltung zu Ehren Ernst Thälmanns im Lager denunziert worden waren. War das nicht Beweis genug für einen kompromittierenden Handel mit den Nazis?[46]

Der künftige Minister für Staatssicherheit, Erich Mielke, ging ans Werk: Er sammelte Material für eine Anklage gegen Ernst Busse, wobei er sich besonders auf die Angelegenheit des sowjetischen Häftlings konzentrierte. Dieses Material wurde im Prozess verwendet, den die Sowjetische Militäradministration in Deutschland (SMAD) Busse in Berlin-Karlshorst machte. Im Februar 1951 verurteilt, verschwand Busse anschließend im GULag. Gibt es eine Verbindung zur Hinrichtung von Josef Frank, dem tschechischen Kommunisten und ehemaligen Buchenwaldhäftling, während des Slánský-Prozesses? Das ist möglich, sogar wahrscheinlich. Frank wurde wegen ‚Kollaboration' mit der SS im KZ Buchenwald verurteilt und hingerichtet. Während man ihn bereits 1963 rehabilitierte, wurde Ernst Busse erst 1990 entlastet, d. h., als es gerade noch Sinn machte, bevor sich das Regime auflösen sollte, zu dessen Aufbau er beigetragen hatte.

Über Ernst Busse, den Arbeitersohn aus Solingen, der mehr als ein Drittel seines Lebens im Gefängnis und im Konzentrationslager verbracht hat und dessen Tod im Alter von 55 Jahren man in einem sowjetischen Zwangsarbeitslager vermutet, schreibt David Rousset: „Der Revierkapo Busse war offen frankophob und doch muss man anerkennen, dass er sich in seinem Verhalten ernsthaft um Gleichbehandlung bemühte."[47] Eine Diskussion unter Häftlingen schildernd lässt er einen von ihnen sagen:

> Busse hat erdrückende Verantwortung getragen. Bevor er Kapo im Revier wurde, war er Lagerältester. Genau bis 1942. Nun, du kennst ihn ja heute gut

46 Hartewig / Niethammer: Einleitung, S. 62–63.

47 Rousset: *Les jours*, S. 175.

genug um zu wissen, dass er immer ein einwandfrei menschliches Verhalten an den Tag legt, jedenfalls unter den Bedingungen, in denen wir hier leben.[48]

Hätten die Amerikaner Busse wegen der Vorwürfe sozialdemokratischer Häftlinge festgenommen wie seinen Helfer Otto Kipp und andere kommunistische Kapos, darunter Wilhelm Hammann (dem 1985 in Yad Vashem die Medaille des Gerechten überreicht wurde), wäre er wahrscheinlich ebenso wenig verurteilt worden wie diese.[49] Was wissen wir über seinen ‚Moskauer Prozess' in Ostberlin? Da er sich nicht verteidigen durfte, kann man gefahrlos behaupten, dass ihm nur die Möglichkeit blieb, alles zu gestehen was von ihm verlangt wurde. Das Szenario der stalinistischen Schauprozesse ist zu gut bekannt, um daran Zweifel aufkommen zu lassen.

Ein Verhör, das zum Geständnis führt

Bei der Lektüre eines Vernehmungsprotokolls vom 29. Mai 1953 drängt sich der Eindruck auf, dass es sich um eines dieser Verhöre gehandelt haben muss, die zwangsläufig zu einem Geständnis führen. Die Vernehmung Walter Bartels, eines weiteren Mitglieds des ‚Dreierkopfes' und Funktionshäftling in der Arbeitsstatistik, dem nach dem Revier zweitwichtigsten Schlüsselposten in der Lagerverwaltung, durch die Zentrale Parteikontrollkommission (ZPKK) fand nach der Verurteilung Ernst Busses statt. Einige Ausschnitte genügen, um die Strategie zu verdeutlichen, mit der Verhörte selbst bei Gegenwehr unweigerlich dazu gebracht wurden, das zu sagen, was die Vernehmer hören wollten. Wobei es sich hier tatsächlich um ein Verhör handelt, während Busse sich vor einem Gericht verantworten musste:

48 Ebd., S. 179.

49 Hartewig / Niethammer: Einleitung, S. 71. Von den Amerikanern verhaftet und der Kollaboration mit der SS angeklagt, verbrachte Wilhelm Hammann immerhin ein Jahr im Gefängnis, bevor er freigesprochen wurde. Nachdem mein Buch 2014 in Frankreich erschienen war, habe ich Briefe von mehreren Zeitzeugen erhalten, darunter auch zwei Ärzte, die Zwangsarbeit im Revier des Konzentrationslagers Buchenwald geleistet hatten. Philippe Monnier berichtet, er sei von Otto Kipp gerettet worden, obwohl er „ein Bürgersohn und kein Kommunist" (Brief vom 08.07.2014, im Besitz der Autorin). Der Enkel von Joseph Anselme Brau, dessen Zeitzeugenbericht 1973 von Lucien Cariat unter dem Titel *Ici, à chacun son dû* erschienen ist (Paris: Pensée universelle), schreibt sehr positiv über Ernst Busse, dessen Mitarbeiter sein Großvater im Revier gewesen sei. Brau war Mitglied des Résistance-Netzwerks ‚Hector' und wie Monnier kein Kommunist.

F: Was weißt du über die Verbrechen von Busse im Krankenbau in Buchenwald?
A: Ich kenne den Komplex über seine Verhaftung nicht. Er hat vielleicht die Möglichkeiten, Menschen zu retten, nicht restlos ausgeschöpft. Ein konkreter Fall ist mir nicht bekannt. Ich weiß, daß das Lager zu dieser Zeit in einer Situation war, wo man in Minuten die Frage entscheiden mußte, was kann man tun, um diese oder jenen Menschen zu retten. Wenn man das nicht innerhalb von Minuten tat, dann war der Moment verpaßt. Tatsachen, daß er selbst spritzte, sind mir nicht bekannt.
F: Wer hat denn abgespritzt?
A: Der Gesundheitsdienst der SS.
[...]
F: Es ist doch bekannt, daß die SS nicht immer selbst gespritzt hat.
A: Ja das war bekannt.
[...]
A: [...] Die Kriminellen haben im Revier abgespritzt.
F: Was geschah, wenn man einen Genossen dort hin schickte?
A: Wenn man einen Genossen in diese Funktion schickte, bedeutet das nicht, daß er jemanden abspritzen oder aufhängen mußte.
F: Wer spritzte dann ab?
A: Die SS.
[...]
F: Busse hat [während seines Prozesses, S. C.] gesagt, du warst der Meinung, er solle die Funktion [Revier-Kapo, S. C.] annehmen, auch auf die Gefahr hin, daß er abspritzen muß.
A: Das ist Schwindel [...].
F: Busse hat zugegeben, daß er abgespritzt hat und wurde deshalb verurteilt.
A: Das höre ich jetzt das erste Mal. Der Genosse [Hermann] Matern hat zu mir gesagt, Busse war ein Feigling, aber wenn er gespritzt hat, dann ist er ein Mörder.
F: Er war zu feige zu sagen, ich mache das nicht, um sich so selber zu erhalten.
[...]
F: Das hat er eingestanden, daß er abgespritzt hat.
A: Es ist nicht ein einziges Mal jemand gekommen und hat gesagt, daß Busse abspritzt.
F: Die er abgespritzt hat, leben ja auch nicht mehr.
A: Aber es gibt Zeugen dafür. Wenn 5 Stubengenossen nicht wiederkommen, dann erkundigt man sich.
F: Es besteht also die Möglichkeit, daß er es getan hat?

A: Theoretisch besteht auch die Möglichkeit, daß ich es getan habe.
F: Du warst doch nicht im Krankenbau.
A: Nein, nur als Kranker.
F: Dann ist Busse also zu Unrecht bestraft worden?
A: Nein, das traue ich dem sowjetischen Gericht nicht zu.[50]

Wenn das Verhörprotokoll exakt ist, dann hat sich Bartel in diesem Moment selbst „feige" verhalten, um sein Leben zu retten. Die Vernehmung wird fortgesetzt und dreht sich nun um die Praxis des Tauschs, in die Josef Frank verstrickt wird, der bereits im Jahr davor in Prag hingerichtet worden war.

F: Ihr stellt also die Transportliste zusammen und entscheidet, der und der geht nicht mit. Ihr nehmt 35 Personen heraus, aber ihr müßt 35 andere Menschen an ihre Stelle setzen. Für euch unbekannte Menschen, die ihr selbst in den Tod schickt. Im Moment sind diese Menschen unbekannt, aber in Wirklichkeit sind sie vielleicht gar nicht das, was man annimmt. Selbst das sowjetische Komitee konnte die Menschen nicht kennen, denn sie haben nicht gesagt, wer sie sind.
A: Die Einsprüche unserer sowjetischen Freunde waren zahlenmäßig immer die größten. Sie hatten die am besten durchorganisierte Gruppe. Wenn dort ein neuer Transport kam, wußten sie, wer was ist.
F: Aber Franck [Josef Frank, S. C.] hat sie in den Tod geschickt. Welche Verantwortung habt ihr damit übernommen?
A: Aber wie groß ist die Verantwortung, wenn man weiß, tausend Menschen werden auf Kommando geschickt und wir legen die Hände in den Schoß und lassen die gehen, die die SS bestimmt. Du kannst doch von uns nicht verlangen, was im ganzen Lager nicht vorhanden war.
F: Aber das begreifst du nicht, daß ihr euch zum Werkzeug der SS gemacht habt?
A: Wir haben Genossen gerettet.
F: Dafür habt ihr jemand anders geschickt, die ihr nicht kanntet. Vielleicht waren das doch Genossen.
A: Wenn ich die Möglichkeit habe, 10 antifaschistische Kämpfer zu retten, dann tue ich das.
F: Aber dafür mußten 10 andere gehen. Du verteidigst das also?

50 Niethammer (Hrsg.): *Der „gesäuberte" Antifaschismus*, S. 415–418.

A: Ja, das hielt und halte ich für richtig. Damit wirfst du die ganze Politik um, die in allen Lagern so war.
F: Das ist die Politik, die die Freunde uns jeden Tag vorwerfen, und du verteidigst das.
A: So und so oft war ich mit unseren Freunden zusammen in Buchenwald. Ich habe kein Wort der Kritik gehört.
F: Nein, bei solchen Zusammenkünften natürlich nicht.[51]

Hier ist nicht ganz klar, worauf der Vernehmer hinaus will. Will er sagen, dass die sowjetischen politischen Häftlinge von den deutschen Kommunisten terrorisiert worden sind? Im weiteren Verlauf erfährt man, dass die „Freunde", wie die Sowjets in Ostdeutschland genannt wurden, die deutschen Kommunisten verdächtigten, sich versteckt zu haben. Dabei hätten sie, wie dem vermutlich immer stärker in Verlegenheit geratenden Bartel erklärt wird, im Lager den Klassenkampf weiterführen sollen (wie sie das hätten tun sollen, wird nicht genauer gesagt). Von den vier Mitgliedern der ihn verhörenden Kontrollkommission waren zwei im Moskauer Exil, alle zwar einige Zeit in Haft, keiner jedoch in einem Konzentrationslager.[52]
Walter Bartel wurde anschließend seiner Ämter enthoben, allerdings umgehend wieder rehabilitiert. 1957 wurde er Direktor des Deutschen Instituts für Zeitgeschichte in Berlin, das bald darauf wieder geschlossen wurde. Dennoch konnte er seine Universitätskarriere fortsetzen und sich dem Studium des antifaschistischen Widerstands widmen. Erich Reschke, ein weiterer ehemaliger KZ-Häftling, wurde in Weimar zunächst Polizeipräsident von Thüringen und anschließend Gefängnisdirektor in Bautzen. Am 8. Juni 1950 ließ ihn die SMAD verhaften. Auch ihm wurde Brutalität vorgeworfen. Zu lebenslänglicher Zwangsarbeit verurteilt und nach Workuta geschickt, wurde er 1956 nach fünf Jahren GULag entlassen und nach seiner Rückkehr in die DDR in aller Stille rehabilitiert. Dagegen konnte sich Robert Siewert, der mit seinem aus Jugendlichen gebildeten Maurerkommando die Rettung von Kindern organisiert hatte, besser aus der Affäre ziehen. Er verlor zwar sein Ministeramt, blieb aber Parteifunktionär. Andere hatten ebenfalls ihre Amtsenthebung überlebt,

51 Niethammer (Hrsg.): *Der „gesäuberte" Antifaschismus*, S. 425–426.
52 Ebd., S. 89.

verbrachten aber Jahre im Gefängnis. Wurden sie später entlassen, brachte man sie zum Schweigen. Das Klima der Verdächtigung und Denunziation, das zu Beginn der 1950er Jahre herrschte, als man ehemalige Häftlinge aufforderte, sich gegenseitig zu belasten, löste sich irgendwann auf. Gebrochen und fügsam gemacht, gingen die ehemaligen Buchenwald-Häftlinge still ihrer Arbeit nach.

Es fällt schwer zu glauben, dass die Sowjets die Schauprozesse in Ostberlin zur Vergeltung der Leiden ihrer Landsleute anstrengten. Selbst wenn der Plan eines allgemeinen Lageraufstands, bei dem sich die Kämpfer heldenhaft geopfert hätten, ihren – und vor allem Stalins – Erwartungen eher entsprochen hätte, muss man darin doch vor allem einen Vorwand sehen, von dem Walter Ulbricht zu profitieren verstand, ja, den er vielleicht sogar selbst ins Spiel brachte. Nach dem Ende des Zweiten Weltkriegs standen an der Spitze der kommunistischen Parteien im sowjetischen Einflussbereich jedenfalls ausschließlich Männer, die Moskaus Vertrauen genossen, weil die meisten von ihnen dort ausgebildet worden waren (und überlebt hatten): Klement Gottwald in der Tschechoslowakei, Bolesław Bierut in Polen, Gheorghe Gheorghiu-Dej in Rumänien, Mátyás Rákosi in Ungarn, Georgi Dimitrow in Bulgarien – und eben Walter Ulbricht in der SBZ/DDR, der glückliche ‚Spitzbart', von dem niemand jemals Rechenschaft über die Genossinnen und Genossen verlangt hat, die während seines langen Moskauer Exils für immer in den Kellern der Lubjanka verschwanden.

3.
Das ‚Ende der Geschichte' in Buchenwald

Durch eine verblüffende Wendung der Geschichte hat das im Archiv der SED ausgegrabene, tragische Schicksal Ernst Busses und weiterer Opfer der stalinistischen Verfolgung 45 Jahre später zu einer grundlegenden Infragestellung ihrer Rolle im Konzentrationslager Buchenwald geführt.
Kaum waren diese Dokumente entdeckt, wurden sie in bestimmten Medien als ‚Enthüllungen' thematisiert. Im Klima der unmittelbaren Nachwendezeit und in Reaktion auf die Geheimhaltungspraktiken der Staatspartei SED war die Veröffentlichung jedes bis dahin unzugänglichen Dokuments – unabhängig von seinem Inhalt – für die Boulevardpresse ein gefundenes Fressen. Im Februar 1994 begann die thüringische Ausgabe der *BILD* mit der Publikation einer Artikelserie mit Titeln wie „So halfen Kommunisten den Nazis beim Morden" oder „Wer KPD-Bonzen stört, landet im Todesstollen".[1] Auch die seriöse Presse nahm den Ball auf. Auf der rechten wie der linken Seite des politischen Spektrums wurde auf die Akten eingegangen, ohne zu prüfen, ob sie tatsächlich neue Informationen über das System der nationalsozialistischen Lager boten. Auch wenn die Lektüre dieser Dokumente trotz des zeitlichen Abstands ohnehin nicht gleichgültig gelassen hätte, setzte sich die Lesart der Sieger der Geschichte durch. Die Fundamente jenes Deutschlands, das sich als Gegenentwurf zur Nazi-Vergangenheit verstanden hatte, brachen zusammen, und

1 *BILD Thüringen* v. 23.02.1994 bzw. 25.02.1994.

dies rief Schadenfreude hervor. Dieses Gefühl war allerdings nicht ungebrochen, worauf das unablässige Oszillieren zwischen zurückhaltender Bewertung und pauschaler Verurteilung hindeutet, das die ersten Stellungnahmen von Historikerinnen und Historikern kennzeichnet.

Wie sind die Verhörprotokolle einzuschätzen? Da keine Tonbandaufnahmen existieren, kann nicht überprüft werden, ob die Antworten möglicherweise falsch – oder im Sinn dessen, was man hören oder sagen lassen wollte – transkribiert worden sind. Doch auch, wenn nicht gesichert ist, dass die Dokumente vollständig sind (oder nicht), muss doch anerkannt werden, dass die Plausibilität der im Verlauf der Verhöre 1946 gemachten Aussagen die Vertrauenswürdigkeit der Akten als Quellen eher stützt. Die Frage stellt sich vor allem hinsichtlich des Busse-Prozesses 1951 vor dem sowjetischen Militärtribunal; seine ‚Geständnisse' widersprechen nämlich den Antworten, die er 1946 auf Verhörfragen der Parteikontrollkommission gab. Karin Hartewig und Lutz Niethammer kommt das Verdienst zu, die Dokumente öffentlich zugänglich gemacht zu haben (für einige Schriftstücke ist die Quelle allerdings eher unzureichend nachgewiesen[2]). Sie versuchen sich an einem schwierigen Balanceakt. Einerseits schreibt Niethammer in der Einleitung, er hoffe, dass die Leser „spüren werden, daß es nicht unsere Absicht ist, mit dieser Veröffentlichung den kommunistischen Widerstand im Dritten Reich im ganzen oder den Buchenwalder im [B]esonderen zu schmähen";[3] da die Interpretation der Dokumente insgesamt andererseits jedoch der zentralen These folgt, dass die Kommunisten dank eines „Opfertausch"-Dispositivs überlebt hätten, das in der DDR verschwiegen wurde, um das Bild des antifaschistischen Widerstands nicht zu gefährden, wirkt die einleitend geäußerte Hoffnung wie eine rhetorische Floskel. Insofern ist die Kritik durchaus nachvollziehbar, dass das Buch die erhitzte Debatte eher befeuert habe, statt sie wie versprochen „zu versachlichen".[4]

Der Untertitel des Bandes, „Die roten Kapos von Buchenwald", ist nicht unschuldig, weil er das Urteil der Leserschaft in eine bestimmte

2 Niethammer: Vorwort, S. 14.

3 Ebd., S. 19.

4 Ulrich Peters: Die Facetten des Widerstands. Probleme und Debatten in der Buchenwaldforschung. In: *Utopie Kreativ* 115/116 (2000), S. 525–533, hier S. 527.

Richtung lenkt. Die Verknüpfung des Wortes Kapo und der Farbe Rot erinnert unwillkürlich an die Rhetorik des Kalten Krieges. In der ausführlichen Einleitung wird ein Bild der Kommunisten gezeichnet, das nicht viel mit demjenigen zu tun hat, das sich – bis auf wenige Ausnahmen – in den mündlichen und schriftlichen Zeitzeugenberichten abzeichnet, die ich für das vorliegende Buch ausgewertet habe. Wie ist diese Diskrepanz zu verstehen? Ist dieses Gruppenporträt der Kommunisten in Buchenwald auf die Aura des archivalischen Belegs zurückzuführen, der keinen Widerspruch duldet (aber auch keinen Kontext verträgt) – mithin auf das ,Vetorecht der Quellen' gegenüber der individuellen Erinnerung und dem Zeitzeugenbericht?

Am Ende sagen die Protokolle der Vernehmungen wohl mehr über diejenigen aus, die sie durchführten, als über die, die sie über sich ergehen lassen mussten – und über diejenigen, die sie heute interpretieren. Für Historikerinnen und Historiker kann die Entdeckung lange geheim gehaltener Dokumente leicht zur Falle werden, da sie dann oft dazu neigen, über die Beweggründe derjenigen hinwegzugehen, die die Dokumente produziert haben – hier die KPD/SED.[5] Obwohl die Autorinnen und Autoren um Hartewig und Niethammer einräumen, dass die Aussagen etwa von Ernst Busse und Walter Bartel dem wenig hinzufügen, was über Buchenwald seit der Befreiung bekannt war – sei es über die interne Lagerverwaltung durch die Kommunisten, die Praxis des ,Tauschs' bei der Zusammenstellung der Transporte oder selbst, in gewisser Hinsicht, über die Verabreichung tödlicher Spritzen – schreiben sie ihnen paradoxerweise trotzdem sehr viel Bedeutung zu.

Ich gehe im Folgenden auf zwei Hauptpunkte der Interpretation ein, die von französischen Dokumenten infrage gestellt werden. Erstens: die Behauptung, die Verhöre belegten die ,deutsche Mentalität' und die ,kulturelle' Nähe der Kommunisten zur SS; zweitens: die Natur der ,Geständnisse', die das Verhör von Ernst Busse enthalten soll.

5 Siehe dazu Sonia Combe: Zu den Eigenschaften von Polizei- und Geheimarchiven. Der Fall der Stasiunterlagen. In: *International Newsletter of Communist Studies* 23 (2011), S. 120–124. In diesem Text argumentiere ich, dass Überwachungsakten des FBI wie anderer Nachrichtendienste ebenso viel – wenn nicht sogar mehr – über die Überwacher aussagen wie über die überwachten Personen und Parteien. Das ist auch eine Schlussfolgerung meines Buchs: *Une société sous surveillance. Les intellectuels et la Stasi*. Paris: Albin Michel 1999.

Die ‚deutsche Mentalität' der kommunistischen Funktionshäftlinge

Da sie mit der SS die Sprache gemeinsam hatten, so die Autorinnen und Autoren, hätten die Kommunisten auch einige ihrer Vorstellungen geteilt: Schließlich seien sie ebenfalls Deutsche gewesen und hätten die gleichen Vorurteile gehabt.[6] Richtig ist, dass sich Bartel und Busse im Verlauf der Vernehmungen, in denen sie über Buchenwald sprechen, der Lagersprache bedienen. Wie hätte es auch anders sein können? Sie verwenden Wörter und Begriffe der durch den Nationalsozialismus pervertierten Sprache – ein Phänomen, das Victor Klemperer sehr eindrücklich analysiert hat.[7] Ein euphemistischer, die Wirklichkeit maskierender Begriff wie ‚Liquidieren' stellt nicht nur eine Verdinglichung der menschlichen Person dar, wie Klemperer beobachtet hat, sondern artikuliert vielmehr die Banalisierung des Tötens im Lager, wo Menschen auf Nummern reduziert wurden. Außerdem ist zu vermuten, dass die Opfer mit der Verwendung dieser Sprache Emotionen verdrängten, eine Bedingung, um psychisch überhaupt Widerstand leisten zu können. Aber folgt daraus zwangsläufig, dass die deutschen Kommunisten aufgrund dieser Sprache (wobei ihnen zugutegehalten wird, dass sie das nicht wussten) den Nazis näher gestanden hätten als anderen Deportierten aus dem Ausland?[8] Sieht man von einigen zweitrangigen ‚kulturellen' Dispositionen (‚Sauberkeitswahn', ‚Ordnungssinn', ein gewisser Respekt für Arbeit, kurz: so genannte ‚deutsche Tugenden') ab, mag man das bezweifeln, denn wir haben oben gesehen, dass Marcel Paul dieselbe Sprache verwendet. Das Misstrauen, das die deutschen Kommunisten ‚Asozialen', ‚Drückebergern' und anderen Marginalisierten entgegenbrachten[9], damit zu erklären, dass sie Deutsche waren und vom ‚Sozialrassismus' des ‚Dritten Reichs' durchdrungen gewesen seien, verkennt des Weiteren, dass das ‚Lumpenproletariat' in der gesamten Arbeiterbewegung, ob deutsch oder nicht, als Handlanger der Arbeitgeber (zum Streikbrechen oder für provokante Aktionen) betrachtet wurde. Entsprechungen des Wortes ‚Zinker', das dem Milieu der

6 Hartewig / Niethammer: Einleitung, S. 50.

7 Victor Klemperer: *LTI. Notizbuch eines Philologen*. Leipzig: Reclam 1987.

8 Hartewig / Niethammer: Einleitung, S. 50.

9 Ebd., S. 52.

‚Kriminellen' und ‚Gesetzlosen' entstammt, finden sich in allen Sprachen, in denen Zeitzeugeninterviews geführt worden sind. David Rousset findet kaum mildere Worte für die ‚Kriminellen'. Und der österreichische Sozialdemokrat Benedikt Kautsky, der auch das Wort „Zinkerei"[10] benutzt, geht sogar so weit zu sagen, sein „Glaube an die Besserungsfähigkeit von Verbrechern [hat] im Lager einen argen Stoß erlitten".[11]

„Banditen, um deren Verlust man nicht trauern musste"

Die Sprache der unmittelbar nach Kriegsende verfassten Zeitzeugenberichte mag schockieren, aber man sollte sich vor jedem Anachronismus hüten. Sie quoll in jenem Lagerkosmos an die Oberfläche, in dem sich die SS damit vergnügte, ‚kriminelle' und ‚politische' Häftlinge, Homosexuelle und Zeugen Jehovas, Juden und ‚Zigeuner' zusammenzupferchen und dem Recht des Stärkeren zu unterwerfen, das in von Gewalt geprägten Milieus sozialisierte ‚Kriminelle' durchzusetzen trachteten. Doch aus demselben Grund, aus dem man über ‚kriminelle' Häftlinge nicht mehr in Worten reden mag, die der politische Anstand verbietet,[12] verschlägt es einem die Sprache, wenn man liest und hört, wie unverblümt von ‚den Besten' geschrieben und gesprochen wurde – d. h. von denjenigen, die gerettet werden sollten. Dieses oft von Ärztinnen und Ärzten gebrauchte Wort entspricht dem des ‚Genossen', den die Kommunisten sich ihrerseits zu retten bemühten, ja, teilweise ging es um dieselben Personen. Der elsässische Arzt Robert Waitz zählt in seinem Bericht über Block 46, in dem die Menschenversuche stattfanden, die Kategorien von Häftlingen auf, die als menschliche Versuchskaninchen dienten, unter ihnen „kriminelle Häftlinge (grüne Dreiecke), meistens Banditen, um deren Verlust man nicht trauern musste."[13] Die Sprache mag hier gepflegter sein, wirkt aber vielleicht gerade deshalb noch erschreckender, zumal jenseits des Kontexts kaum nachvollziehbar ist, worum es konkret

10 Kautsky: *Teufel und Verdammte*, S. 198.

11 Ebd., S. 142.

12 Zur Diskussion und zur Geschichte dieser lange vernachlässigten Häftlingsgruppe siehe die gerade erschienene Monografie von Dagmar Lieske: *Unbequeme Opfer? „Berufsverbrecher" als Häftlinge im KZ Sachsenhausen*. Berlin: Metropol 2016.

13 Waitz: *Témoignages strasbourgeois*, S. 109–110.

geht. Ob die SS deutsche politische Häftlinge wegen der Sprache in den Büros einsetzte und aus diesem einfachen Grund in privilegierte Situationen brachte, oder ob Letztere diese Posten in der internen Verwaltung des Lagers aktiv erkämpften, deutet jedenfalls nicht notwendig auf eine Affinität im Denken hin, auch wenn der Häftling es seinem Henker nachtat und noch lauter brüllte als dieser. Entgegen der Einschätzung Bruno Bettelheims, dass „[d]ie meisten alten Gefangenen [...] sich auch mit den rassistischen Vorstellungen der SS ab[fanden], obwohl sie früher, bevor sie ins Lager verschleppt wurden, gegen jegliche Rassendiskriminierung gewesen waren",[14] argumentiert Wolfgang Sofsky, dieses Verhalten sei „nicht mit der unbewussten Identifikation des Opfers mit dem Aggressor zu verwechseln",[15] denn letztlich ahme der Häftling/Kapo seinen Herrn nur nach, um zu überleben. Es ist bekannt, dass ein seines Postens enthobener, gleichsam „zur Plebs"[16] zurückgestoßener Funktionshäftling Gefahr lief, gelyncht oder ermordet zu werden. Die SS hatte die Macht über Leben und Tod inne und diese irreduzible Distanz zu seinem Henker konnte ein Häftling unmöglich vergessen.

Busses ‚Geständnisse'

Inwiefern ist Walter Bartels ‚Inquisitoren' zu glauben, Ernst Busse hätte gestanden, er habe tödliche Spritzen verabreicht?[17] Inwiefern sind überhaupt ‚Geständnisse' glaubhaft, von denen nur Auszüge oder Informationen aus zweiter Hand bekannt sind?[18] In seiner Vernehmung hatte Busse angeblich nicht nur eingeräumt, tödliche Spritzen verabreicht, sondern auch, drei jeweils 150 „Todeskandidaten"[19] umfassende Listen erstellt zu haben – vielleicht etwas zu viel für

14 Bettelheim: Individuelles und Massenverhalten, S. 91.

15 Sofsky: *Die Ordnung des Terrors*, S. 160–161.

16 David Rousset: Ce qui demeure de l'homme. In: Ders.: *La fraternité de nos ruines. Écrits sur la violence concentrationnaire 1945–1970*, hrsg. v. Grégory Cingal. Paris: Fayard 2016, S. 97–114, hier S. 100.

17 Hartewig / Niethammer: Einleitung, S. 53; Exkurs X. In: Niethammer (Hrsg.): *Der „gesäuberte" Antifaschismus*, S. 79–86.

18 Lutz Niethammer: Ein Sessel im KZ. Über Abbild, Inbild und Legende. In: Ders.: *Deutschland danach. Postfaschistische Gesellschaft und nationales Gedächtnis*, hrsg. v. Ulrich Herbert / Dirk van Laak. Bonn: Dietz 1999, S. 465–483.

19 Hartewig / Niethammer: Einleitung, S. 53, Anm. 70.

eine einzige Person. Hier stoßen wir auf die Maßlosigkeit der in den stalinistischen Schauprozessen erpressten Geständnisse. Busse hatte in seinem Prozess nicht gesagt, dass er erschossen worden wäre, wenn er sich geweigert hätte – was, so Niethammer, „bei den personalisierten Beziehungen zwischen den SS-Ärzten und ihren langjährigen Funktionshäftlingen [auch] wenig überzeugend" gewesen wäre.[20] Das mag sein. Allerdings darf man skeptisch bleiben, solange die Anhänglichkeit der nationalsozialistischen Ärzte für ihre antifaschistischen Hilfsmänner nicht eindeutig erwiesen ist. Handelt es sich hier nicht viel eher um die uralte Verhörtechnik, die darauf zielt, das angebliche Geständnis eines Abwesenden dazu zu benutzen, einen Dritten zum Reden zu bringen? Busse wurde 1951 in Ostberlin von einem sowjetischen Militärgericht in einem geheimen Prozess verurteilt. Welche Möglichkeiten hatte er, sich zu verteidigen? Gibt es nicht Beispiele für die unwahrscheinlichsten Geständnisse, die im Rahmen der in Moskau, Prag und andernorts inszenierten Prozesse erpresst worden sind? Tatsächlich informiert uns ein weiterer, im SED-Archiv entdeckter und von Lutz Niethammer später als „Beichte"[21] bezeichneter Bericht (kein Verhör) über die ‚Liquidierungen'. Der Pfleger Helmut Thiemann, Busses Helfer, bekannte sich zu ihnen und rechtfertigte sie mit einem Verweis auf die Zwangslage, in der er sich befunden habe: „Entweder wir lehnen diese Arbeit ab und bleiben menschlich zwar sauber oder aber wir geben die Position auf und werden dadurch indirekte Mörder an unseren eigenen Genossen."[22] Und in diesem Fall hätte die SS die Aufgabe wieder ‚Kriminellen' übertragen. Thiemann zog sich hinter die Entscheidung der Partei zurück: Anfangs habe er sich geweigert, aber die Partei habe ihm den Befehl erteilt; er habe ihm in dem Bewusstsein Folge geleistet, dass er sich später eventuell dafür verantworten müsse. Er betonte, dass die ‚Liquidierungen' von den einzelnen Nationalkomitees kontrolliert wurden und kein einziger Genosse dabei zum Opfer wurde.[23]

20 Ebd.

21 Niethammer: Ein Sessel im KZ, S. 471.

22 Ebd, S. 471–472. Niethammer bemerkt hier einen Satzbaufehler, den er für einen vielsagenden Lapsus hält. Die Konstruktion des Satzes ist zwar wackelig, aber man versteht trotzdem sehr gut, was Thiemann sagen will.

23 Ebd.

Thiemanns Aussage (denn darum handelt es sich eher, als um eine „Beichte“[24], die ein Schuldeingeständnis impliziert) verweist auf die Position Marcel Pauls, der für ein ganz ähnliches Handeln Legitimität ausdrücklich beanspruchte, während Busse es lediglich ‚zugab‘. Sie steht in einer Reihe mit von David Rousset gesammelten Zeitzeugenberichten französischer Ärzte wie Morat, V. Dupont, Inbona und Girard, aber auch anderer französischer Häftlinge, die in den Blocks des SS-Hygieneinstituts Zwangsarbeit leisteten.[25] Sie bestätigen nicht nur die Menschenversuche, sondern auch den Massenmord mithilfe tödlicher Injektionen ab Januar 1945, eine Maßnahme, mit der die SS das Problem der Überbelegung des Lagers lösen wollte. Der SS-Lagerkommandant hatte die Devise ausgegeben, dass man solange Deportierte aufnehme, wie man das Tor noch zu bekomme. „Wie alles, was in Buchenwald vor sich ging“, erklärt der Arzt Morat,

> war auch das Geschehen in Block 61 von extremer Komplexität gekennzeichnet. Dieser Block diente mal dem „weniger Schlimmen“ und mal dem „Schlimmsten“. [...] Fügen wir hier ein Wort über die Organisation der Häftlinge im Lager ein; überall da, wo nationale Interessen auf dem Spiel standen, setzte man einen Häftling mit der gleichen Staatsangehörigkeit ein, der sich darum kümmern sollte. [...] Im Jahr 1944 ist Viguier Stubendienst in Block 36. Ohne zu zögern übernimmt er die Verantwortung, alle schlechten Elemente dieses Blocks auf Transport zu schicken (Diebe, Schwarzmarkthändler usw.), wobei er der Maxime folgt, dass man, da es grundsätzlich möglich ist, Transporten zu entgehen, doch besser wertvolle Menschen retten sollte, anstatt den Dingen einfach ihren Lauf zu lassen.[26]

Bald nach Antritt seiner Stelle als Pfleger in Block 61 am 6. Februar 1945 habe Viguier festgestellt, dass dort massenhaft getötet wurde. (Auf den erheblichen Anstieg der Sterblichkeit zwischen Januar und April 1945 – mehr als 13.000 Menschen in vier Monaten[27] – ist bereits hingewiesen worden.) Morat fährt fort:

24 Niethammer: Ein Sessel im KZ, S. 471.

25 Die hier zitierten Berichte von Ärzten befinden sich in BDIC, F delta, 1880 (2-4).

26 Bericht Morat. BDIC, F delta, 1880 (2-4).

27 Gedenkstätte Buchenwald (Hrsg.): *Buchenwald. Ein Rundgang durch die Gedenkstätte.* Weimar: Selbstverlag 1993, S. 11.

> Nach einer Diskussion mit dem französischen Ärzte-Komitee und dem französischen Komitee willigt Viguier jedoch ein, auf seinem Posten zu bleiben und zu versuchen, Landsleute zu schützen. Es werden folgende Maßnahmen ergriffen:
> 1) Über Block 61 werden vage Gerüchte in Umlauf gebracht in der Hoffnung, dass die Männer alles dafür tun werden, nicht dort zu landen.
> 2) Viguier wird vom französischen Komitee über alle Eingänge in Block 61 in Kenntnis gesetzt. Er kann so die Franzosen selbst in Empfang nehmen, sie mit Zustimmung von Dr. Dupont zum Röntgen ins Revier bringen und dort in der Tuberkulose-Abteilung aufnehmen lassen.
> 3) Viguier raunt Gimlich (dem Blockältesten) zu, dass die Franzosen solche Methoden niemals akzeptieren werden.[28]

Auch wenn dieser Ort für Abrechnungen genutzt wurde, geht Morat davon aus, dass „es nicht so scheint, als hätten Franzosen in Block 61 persönliche oder politische Rache genommen."[29] Aber wer von den Häftlingen hat seiner Ansicht nach tatsächlich getötet? Der erste Arzt, ein ‚Russe', habe sich geweigert. Der zweite, ein Pole, habe nur indirekt, „durch seine Diagnosen", getötet. (Tuberkulose zu diagnostizieren bedeutete den sicheren Tod.) Für alle anderen sei es Morat zufolge schwieriger gewesen, eine genaue Vorstellung von ihrer Rolle zu bekommen. Er nennt drei Namen, darunter natürlich den des SS-Oberscharführers Wilhelm als ‚oberster Handwerker des Todes'. Der Name Busse fällt hingegen nicht.
Franzosen retteten also Häftlinge in Block 61 und bewahrten sie vor Abtransport, koste es was es wolle. Als er zu einer ‚Selektion' aufgefordert wurde, weigerte sich der Arzt Inbona nach eigenen Angaben zunächst und gab dann doch nach:

> Eine solche Arbeit zu übernehmen hieß erstens, mit der SS zusammenzuarbeiten. Sie aber nicht zu machen, bedeutete nicht nur, dass man selbst auf Transport ging, sondern dass sie von Polen oder Russen gemacht würde, die vor allem Franzosen für den Abtransport auswählen würden. [...] Einmal hat sich folgender Fall ereignet. Bei einem Transport fehlte noch ein Mann. Ich hatte einen jungen Polen vor mir, der gut Französisch sprach und musste eine

28 Bericht Morat. BDIC, F delta, 1880 (2-4).
29 Ebd.

> Wahl treffen. In einem schwachen Moment habe ich mich für den Franzosen entschieden. Der Pole sagte zu mir: „Du bist ein Schwein; wenn ich zurückkomme, mache ich dich fertig." Anschließend erfuhr ich, dass der Franzose ein völlig unbedeutender Krimineller war.[30]

Der Arzt Victor Dupont unterscheidet in seinem Bericht zwei Phasen. Vor 1942 war der Häftlingskrankenbau ihm zufolge

> eine Hinrichtungsstätte, in der sich einige als Mörder besonders hervortaten. Der schrecklichste unter ihnen war wahrscheinlich ein SS-Arzt, der jeden Tag eine bestimmte Anzahl an Morden mithilfe intravenös verabreichter Evipan-Injektionen beging.[31]

In der folgenden Phase, zwischen 1942 und 1945, als die Häftlinge die interne Verwaltung des Lagers übernahmen, sei, so Dupont, „der Beginn einer Annäherung zwischen Häftlingen und Wärtern" zu beobachten gewesen, die sich anschließend fortgesetzt habe – „allerdings in einem anderen Geist":

> Da die Häftlinge, zu ihrem Vorteil, die innere Organisation des Lagers übernommen hatten, sahen sie sich unter Umständen, die sich als tragisch erweisen sollten, in der Pflicht, an die Stelle der offiziellen Henker zu treten und, was noch schlimmer ist, später mit ihnen gemeinsam vor Gericht gestellt zu werden.[32]

Die SS habe diese Situation vorausgesehen, wie er hinzufügt. In seinem Roman *Les jours de notre mort* schildert David Rousset diesen moralischen Konflikt anhand eines Dialogs zwischen zwei deportierten Ärzten, Victor (der mit Gewissheit für Victor Dupont steht) und Nicolas. „Genau", sagt darin Victor zu Nicolas,

> ich kann nicht anders als zu denken, dass ihr, und wir mit euch, zumindest in gewissem Sinn, also zumindest soweit, wie wir euch hinnehmen, dass ihr ambivalent geworden seid. Und was für eine Ambivalenz! Die SS hat sich

30 Bericht Inbona. BDIC, F delta, 1880 (2-4).

31 Bericht Dupont. BDIC, F delta, 1880 (2-4).

32 Ebd.

> zurückgezogen und euch die Verantwortung überlassen. Ihr habt dabei Vorteile für euch und uns herausgeschlagen. Aber die Verantwortung – die verbrecherische Verantwortung für die Lager … eure Ambivalenz wird dazu führen, dass ihr die Verantwortung am Ende gemeinsam mit der SS werdet tragen müssen.[33]

Hätten die ehemaligen Buchenwald-Häftlinge, wenn sie es denn gewollt hätten – oder wenn sie in der Lage gewesen wären – sich der gleichen Verteidigungsstrategie bedienen können wie Marcel Paul? Wie wir uns erinnern, las Eugen Kogon die Rohfassung seines Manuskripts von *Der SS-Staat* „einer Gruppe von 15 Männern vor, die entweder der illegalen Häftlingslagerleitung angehört hatten oder für bestimmte politische Häftlingsgruppen repräsentativ waren“[34], darunter Busse und Bartel sowie weitere Kommunisten und Nichtkommunisten. Alle hatten Kogons Version als „zutreffend und objektiv“ gebilligt.[35] Es war offenbar zunächst weder den Einen noch den Anderen in den Sinn gekommen, die Wahrheit über das Lager zu vertuschen. Im Gegenteil, sie waren bereit gewesen, sich zu erklären.[36] Die freundschaftlichen Beziehungen zwischen David Rousset und dem deutschen Kommunisten Emil Künder rissen auch nach der Veröffentlichung von *Les jours de notre mort* nicht ab, ein Buch, bei dem es sich zwar um einen Dokumentarroman handelt, in dem aber trotzdem alles gesagt wird – und das Künder anhand von 1947 auf Deutsch veröffentlichen Auszügen hätte kennen können. Die Freundschaft zwischen beiden wurde offenbar erst später beendet: In David Roussets Nachlass findet sich jedenfalls keine Spur mehr von ihr, nachdem dieser den GULag verurteilt und die Commission internationale contre le régime concentrationnaire (CICRC) ins Leben gerufen hatte.[37]

33 Rousset: *Les jours*, S. 176.

34 Kogon: *SS-Staat* (1947), S. 14.

35 Ebd.

36 Das trifft auch auf Benjamin Murmelstein zu, den Präsidenten des Judenrats im Konzentrationslager Theresienstadt, der es vorzog, sich dem Prozess zu stellen (bei dem er freigesprochen wurde) anstatt zu fliehen, was er nach Kriegsende leicht hätte tun können. Siehe den Film *Le dernier des injuste*.

37 Der letzte Brief Emil Künders an David Rousset ist auf den 29.03.1948 datiert. Rousset gründete die CICRC 1949.

Man kann also die These vertreten, dass die Akten nicht nur aus Angst vor der Wahrheit darüber geheim blieben, was in Buchenwald geschehen war, und um das Bild der politischen Häftlinge zu wahren, das die DDR brauchte, um ihre Identität als Erbin des antifaschistischen Widerstands zu konstruieren. Marcel Paul äußerte sich vernehmlich zur Lagerwirklichkeit, jeder beliebige Leser Eugen Kogons hätte sie sechs Monate nach der Befreiung Buchenwalds entdecken können (der Ostteil Deutschlands war noch keineswegs vom Westen isoliert) und zudem waren weder Busse noch irgendein anderer Kommunist im Dachauer Buchenwald-Prozess angeklagt worden.[38] Wahrscheinlicher ist deshalb, dass es vielmehr darum ging, die typisch stalinistischen Repressionspraktiken gegenüber den ehemaligen politischen Häftlingen zu vertuschen. Diese sollten von Machtpositionen verdrängt werden, während gleichzeitig versucht wurde, mit ihrem antifaschistischen Widerstand der künftigen DDR eine Legitimationsgrundlage zu verschaffen. Geheim bleiben sollte die Praxis der Berichterstattung und der Denunziation, wie sie etwa der Vorwurf des ehemaligen Funktionshäftlings des ‚Judenblocks' Emil (Nathan) Carlebach gegen Busse belegt – den dieser erst erhob, als Busse von den Sowjets bereits verurteilt worden war. Wie zufällig fiel Carlebach mitten in der antikosmopolitischen/antisemitischen Kampagne in der Sowjetunion ein, dass Busse sich geweigert hätte, Juden im Revier aufzunehmen.[39]
In keinem einzigen mündlichen oder schriftlichen Zeitzeugenbericht eines deportierten Arztes wird der Name Ernst Busses, des Revierchefs, mit den vor dem sowjetischen Militärtribunal gestandenen Taten in Zusammenhang gebracht. Wenn er in den Erinnerungen ehemaliger Häftlinge gleich welcher Nationalität auftaucht, wird er als mürrische und schweigsame Person gezeichnet, die sich korrekt verhalten habe. (Zwei Briefe, die ich nach Erscheinen meines Buches in Frankreich erhielt, von dem Arzt Philippe Monnier und dem Enkel des Arztes Joseph Anselme Brau, die beide im Revier gearbeitet hatten, enthielten Angaben zu Busse.[40]) Der französische Arzt Jean

38 Aus Angst vor Verfolgung habe Thiemann seinen Namen geändert, heißt es, aber nichts deute darauf hin, dass er angeklagt worden wäre. (Siehe Hartewig / Niethammer: Einleitung, S. 71.)

39 Bericht E. Carlebach (1954). In: Niethammer (Hrsg.): *Der „gesäuberte" Antifaschismus*, S. 466.

40 Siehe Kap I, Anm. 83.

Rousset, der die Kommunisten ablehnte und dies – wie sein Kollege Odic – umso stärker, wenn es sich um Deutsche handelte, erwähnt Busses Behandlung der bei der Befreiung des Lagers verhafteten SS-Männern:

> Vereinzelte Pfiffe und Buhrufe wurden sofort unterdrückt. Und so wurden unsere Bewacher grün vor Angst in vollkommener Stille ins Geschäftszimmer gebracht. Der Kapo Busse nahm sie dort in Empfang, ließ ihnen Kaffee bringen und bot ihnen Zigaretten an. Er hielt ihnen eine kurze Ansprache. Man tut ihm nicht unrecht, wenn man sagt, dass er kein großer Redner war. Aber in diesem Moment fand er den richtigen Ton. Er sagte: „Ihr seid Hitler gefolgt und nun seht, wo er euch hingeführt hat. Seid ihr zufrieden?“[41]

Wenn diese Anekdote wahr ist, könnte man sich vor einem solchen Verhalten nur verneigen. Der russische Medizinstudent Alexander Agafonow, der mit Busse als Pfleger zusammengearbeitet hatte, erzählt, wie dieser sich darum bemühte, tuberkulosekranke Kinder zu retten, denen die Einweisung in die Versuchsbaracke drohte.[42] „Der Kontakt zu Leuten wie Busse und Kipp half, das Leben in diesem Lager, die ‚Vernichtung durch Arbeit‘, auszuhalten“,[43] schreibt er. Erinnert sei hier daran, dass er von Busse und Kipp gerettet wurde. Als Agafonow in einen Block mit sowjetischen Häftlingen verlegt wurde, sei plötzlich das Gerücht aufgekommen, er sei ein Spitzel. Wie zufällig sei sein Name immer wieder auf Listen für Transporte nach Mittelbau-Dora gelangt, aber stets in letzter Minute von den Funktionshäftlingen in der Arbeitsstatistik oder sogar dem ILK gestrichen worden, dessen Mitglied Busse war. Diese Instanzen prüften sämtliche Listen, was erneut von ihrer Machtfülle, aber auch ihrer Intention zeugt, Willkür und persönliche oder politische Abrechnungen zu verhindern. Auch unter den 168 Zeitzeugenberichten, die der von Hackett publizierte *Buchenwald-Report* versammelt, findet sich kein einziger Vorwurf gegen Ernst Busse.

41 Rousset: *Les jours*, S. 176.

42 Agafonow: *Erinnerungen*, S. 162–163.

43 Ebd., S. 165.

Auf dem Weg zu einem posthumen Prozess?

Erst als die Buchenwalder Antifaschisten für die ,Moskauer' keine Konkurrenz mehr darstellten, begann ihre Verehrung als Helden. Diese Heroisierung sollte sich letztlich als ,tödlich' erweisen, denn nachdem man das Geheimnis, das die Grauzone im Lagerkosmos umgeben hatte, schließlich gelüftet hatte, wurde das Verhalten nicht nur der Kommunisten, sondern aller Antifaschisten pauschal verurteilt. In der ehemaligen DDR, in der diese Frauen und Männer für die in der Nachkriegszeit geborene Generation Vorbilder und manchmal sogar Mentorinnen und Mentoren gewesen waren, weil sie im Gegensatz zu ihren eigenen Eltern den Mut besessen hatten, sich gegen den Nationalsozialismus zur Wehr zu setzen, konnten sich manche betrogen und verraten vorkommen, als nun hieß, dieser Widerstand sei in Wahrheit Kollaboration mit den Nazis gewesen sei. Aufs Ganze gesehen irritiert dieses ,Absägen' des antifaschistischen Widerstands noch stärker. Denn mit welchem Wort soll man sonst die Reaktion westlicher Historikerinnen und Historiker erklären, die ja Zugang zu wesentlich mehr Quellen gehabt hatten? Obwohl Ernst Busse 1990 – in der kurzen Phase, in der die DDR ihren Namen ,demokratische Republik' zurecht trug – rehabilitiert wurde, lasten auf seiner Person immer noch erhebliche Zweifel. Natürlich wird nie zu erwähnen vergessen, dass Helmut Thiemann Stasi-General wurde und Willi Seifert, der Funktionshäftling der Arbeitsstatistik, 1961 den Bau der Berliner Mauer „mit derselben verschwiegenen Effizienz" koordinierte, „wie er schon [...] den Buchenwalder Häftlingseinsatz [...] geleitet hatte [...]".[44] Diese Informationen haben mit der Rolle dieser Männer in Buchenwald kaum etwas zu tun, sie scheinen eher nebensächlich zu sein – aber sie leisten heute ihrer Verurteilung Vorschub.[45] Was gibt es in der kollektiven Erinnerung der Nachkriegsdeutschen schließlich unmenschlicheres als diese Mauer, die von einem Tag auf den anderen Menschen trennte, Familien zerriss und an der, ohne zu zögern, geschossen wurde?

44 Niethammer: Vorwort des Herausgebers, S. 16.

45 Informationen dieser Art findet man etwa auch über einen Hund namens Bella, den die SS-Männer Reschke überlassen haben sollen, um ihn vor den anderen Häftlingen zu schützen. (Siehe Hartewig / Niethammer: Einleitung, S. 48.)

Ein verräterischer Sessel

Aus der Analyse einer Zeichnung, die ein vermutlich genesener französischer Häftling nach einem Aufenthalt im Krankenbau Busse geschenkt hatte, zieht Lutz Niethammer Schlussfolgerungen, die nicht wirklich zu Gunsten dieses Blockältesten ausfallen. Der Häftling hatte ein Porträt Busses in seinem Revier-Büro angefertigt. Busse, eine massige Silhouette, sitzt gebeugt an seinem Tisch, die Einrichtung ist spärlich, aber – und das ist die Pointe, er sitzt in einem Louis XIV-Sessel.[46] Diese Zeichnung hält Niethammer für einen so starken Beleg für die privilegierte Stellung Busses in Buchenwald, dass er davon ausgeht, es sei in der DDR gar nicht in Frage gekommen, sie öffentlich zu zeigen. Das mag sein. Aber kann man aus dieser bescheidenen Zeichnung wirklich verurteilungswürdige Privilegien herauslesen? In der Regel genossen alle Ärzte dieselbe Vorzugsbehandlung. Der in Frankreich sehr bekannte Arzt und Medizinprofessor Charles Richet verfügte angeblich über ein Einzelzimmer und Bettzeug. Praktisch alle französischen Häftlingsärzte wurden vom Roten Kreuz betreut, empfingen Pakete und sogar Gehälter. Kann man ihnen das zum Vorwurf machen? Wie alle Kapos trug Busse weder die gestreifte Häftlingsuniform noch musste er sich das Haupthaar abrasieren lassen. Stellte er wirklich gewichste Schuhe zur Schau, wie ein paar rasch hingeworfene Bleistiftstriche bezeugen sollen? Von Niethammer mit dem „Verwaltungsdirektor eines ständig überforderten Krankenhauses“[47] verglichen, erhält Busse den Todesstoß: Die Leserinnen und Leser erfahren, dass Funktionshäftlinge die „Anzüge aus den Effekten verstorbener Mithäftlinge oder von in Auschwitz vergasten Juden“[48] bekamen. Worauf gründet sich diese Behauptung? Es gibt einige Zeitzeugenberichte, denen zufolge die Häftlinge „Kleidungsstücke erhielten, die von den in den Ländern Mitteleuropas und vor

46 Die Zeichnung wird in der im April 2016 eröffneten, überarbeiteten Dauerausstellung gezeigt und mit folgenden Worten kommentiert: „Ernst Busse in seinem gut ausgestatteten Büro im Häftlingskrankenbau, an der Wand das Aquarell ‚Samstag Appell‘. Als einflussreichster Häftlingsfunktionär kann er entscheidend auf das Schicksal anderer Häftlinge einwirken.“ Neben mir entfuhr einer Dame, die die Ausstellung am 28.02.2017 mit großer Aufmerksamkeit besuchte, der Ausruf „Entsetzlich!“.

47 Hartewig / Niethammer: Einleitung, S. 48, Anm. 61.

48 Niethammer: Ein Sessel im KZ, S. 470.

allem in Polen verhafteten Israeliten stammten",[49] wie etwa Jean Hoen schreibt, der eher zur ‚Plebs' des Lagers gehörte als zu den ‚Prominenten'. Aber das hat mit einem von Niethammer suggerierten Kleiderhandel zwischen der SS in Auschwitz und den Kapos von Buchenwald nichts zu tun. Hier stellt sich bereits die Frage, worauf die Erwähnung eines solchen Details abzielt. Doch wir erfahren darüber hinaus, dass Busse im Winter 1944 seinen Geburtstag „mit Schnaps und Bier" feiern, seine Geliebte auf sein Zimmer kommen lassen konnte (es soll sich um eine kranke Gefangene gehandelt haben) und sogar über ein eigenes WC verfügt habe.[50] Ein Leben in Saus und Braus, gewissermaßen.

Walter Bartel hörte im Verlauf seines Verhörs mit Erstaunen, wie es scheint, dass Busse sich bei der Befreiung des Lagers aus Angst vor Racheakten habe verstecken müssen. Auch wenn dies von der Person vorgebracht wurde, die ihn verhörte, und wir keine Veranlassung sehen, ihr aufs Wort zu glauben, ist die in diesem Vorwurf implizierte Übertragung des Hasses vom Unterdrücker auf seinen Mittelsmann oder Handlanger durchaus denkbar. Emil (Nathan) Carlebach gab in seinem Verhör etwa an, er habe erst später erkannt, dass er als „verlängerter Arm der SS"[51] wahrgenommen werden konnte. Diese Übertragung des Hasses war ebenso omnipräsent wie unausweichlich. Vermutlich gingen auf dieses Phänomen auch die Anschuldigungen gegen die Funktionshäftlinge zurück, die in von der Psychologeneinheit der US-Streitkräfte gesammelten Zeugenberichten erhoben wurden. Der Arzt Georges Revel, der als Teilnehmer der ersten Sanitätsmission nach dem Krieg nach Deutschland kam, scheint unter ihrem Einfluss gestanden zu haben, als er über die jüdischen Kapos von Buchenwald schreibt, sie seien „Henker ihrer eigenen Brüder, die Listen mit Häftlingen erstellten, die zu liquidieren waren."[52] („Aber wehe ihnen", fährt er fort, ohne zu bemerken, dass er derselben ‚Logik' folgt, „sie wurden einmal krank. Die jüdischen Ärzte passten auf, dass sie das

49 Hoen: *KLB*, S. 312. Marcel Conversy sagt, er habe einmal Frauenkleidung gesehen, die in Buchenwald geflickt wurde. Man teilte ihm mit, dass es Kleidung von in Auschwitz vergasten Jüdinnen sei, die an die deutsche Bevölkerung verteilt werden soll. (Conversy: *Quinze mois*, S. 126–127.)

50 Hartewig / Niethammer: Einleitung, S. 48.

51 Nathan (Emil) Carlebach: Interview, 1997. VHA, 17211.

52 Revel: *Évocation*, S. 10.

Revier nicht lebend verließen.")[53] Auch Christopher R. Browning registriert die Spannung, die im Arbeitslager für jüdische Häftlinge in Starachowice zwischen den Mitgliedern des ‚Judenrats' und den Häftlingen herrschte: Er berichtet über Animositäten gegen die ‚Prominenten' des Lagers, dessen interne Leitung bei den Häftlingen lag, und erwähnt die mögliche Ermordung einiger Kapos während der Evakuierung.[54]

Dass Busse sich bei der Befreiung verstecken musste, ist offenbar ein Gerücht, denn diese Information wird von keinem Zeitzeugenbericht bestätigt; wenn man Marcel Conversy Glauben schenken darf, ist sogar das Gegenteil richtig.[55] Vielleicht handelt es sich um einen darauf zurückzuführenden Irrtum, dass Busse kurz vor der Ankunft der US-amerikanischen Armee zusammen mit 46 weiteren Häftlingen, darunter Eugen Kogon, Emil (Nathan) Carlebach, Bruno Apitz und Marcel Paul, von der SS exekutiert werden sollte, sie sich daher alle versteckt hielten und erst im allerletzten Moment wieder auf der Bildfläche erschienen. In seinem Zeitzeugengespräch mit der Shoah Foundation gibt Carlebach an, dass er die Identität eines toten französischen Häftlings angenommen habe, als die Liste mit 46 von der SS gesuchten Mitgliedern des geheimen Widerstands auftauchte:

> Im Revier hat man ihm meine Jacke angezogen und ich habe seine genommen. Ich habe mich verstellt; tagsüber irrte ich durchs Lager wie ein halbtoter französischer Häftling und abends sperrte ich mich in die Baracke mit den Fleckfieberkranken ein. Da kam die SS nicht vorbei. Das war für mich auch gefährlich, aber ich habe die verbleibenden fünf, sechs Tage durchgehalten.[56]

Ich habe keinen Hinweis darauf gefunden, weder in mündlichen noch in schriftlichen Zeitzeugenberichten, dass sich die politischen Häftlinge bei der Befreiung des Lagers aus Angst vor ihren Mithäftlingen verstecken mussten. Es gibt sogar einen Bericht, der für das Gegenteil spricht. „Als diejenigen", erinnert sich Léon Reuter, „die sich sechs Tage lang verborgen hatten, um nicht der Gestapo in die Hände

53 Ebd.

54 Browning: *Remembering Survival*, S. 116–120, 228–233.

55 Conversy: *Quinze mois*.

56 Emil (Nathan) Carlebach: Interview, 1997. VHA, 17211.

zu fallen, aus ihren Verstecken kamen, trug man sie triumphierend umher."[57] Das schließt freilich nicht aus, dass es Animositäten gegen Kapos in Buchenwald gab, reduziert sie aber auf ein Maß, das mit dem der Anschuldigungen nur schwer in Übereinstimmung zu bringen ist.

Wenn also den Kapos von Buchenwald posthum der Prozess gemacht werden soll, müsste im Grunde jeder Überlebende vor Gericht erscheinen, der zu gegebener Zeit in den Genuss einer ‚Vorzugsbehandlung' gekommen ist. Das beträfe den Arzt Charles Odic und den Industriellen Marcel Bloch-Dassault ebenso wie den christlichen Journalisten Marcel Conversy, dem es gelang, seinen Namen von einer Transportliste streichen zu lassen, es beträfe des Weiteren Elie Wiesel, Jorge Semprún, Imre Kertész … kurz: Es beträfe eine ganze Reihe von Überlebenden. Der aus Triest stammende slowenische Partisan Boris Pahor beschreibt die ethnische Solidarität, der er sein Leben zu verdanken glaubt:

> Jener Slowene, der auch in Dachau meinen Namen auf die Liste der neuen Krankenpfleger gesetzt hatte, versuchte jemanden zu retten, der seiner Meinung nach für sein Volk möglicherweise von Nutzen sein könnte.[58]

Boris Pahor will die Slowenen beschützt haben; Marcel Paul sagt, er habe unterschiedslos Franzosen bevorzugt, während die Ärzte ihrerseits ‚die Besten' zu retten versucht haben wollen – das wären schließlich auch diejenigen mit den größten Überlebenschancen gewesen. Der ‚Gruppenegoismus', der den Kommunisten vorgeworfen wird, scheint tatsächlich die am weitesten verbreitete Haltung gewesen zu sein: Er war eine Bedingung für das Überleben. Zur politischen Solidarität kam die ethnische Solidarität, die offenbar noch stärker wirkte als Erstere. Lutz Niethammer führt Eugen Kogons Dankbarkeit gegenüber den Kommunisten darauf zurück, dass sie ihn vor einem Transport gerettet (also durch einen anderen Häftling ersetzt) hätten.[59] Höchstwahrscheinlich ist das auch richtig. Aber die Frage, ob

57 Léon Reuter: Les derniers jours de Buchenwald. In: Hoen: *KLB*, S. 413–423, hier S. 422.

58 Pahor: *Nekropolis*, S. 177.

59 Niethammer: Ein Sessel im KZ, S. 474.

ausschließlich die deutschen Kommunisten vom ‚Opfertausch' in dem Sinn profitierten, dass sie ihm ihr Leben verdankten – wenn man die Frage überhaupt so stellen will, was an sich nicht unstrittig ist – muss eindeutig verneint werden. Das gilt selbstredend erst recht für das einzige ‚Buchenwaldkind'.

Stefan J. Zweig, der lebende Beweis

Eine weitere ‚Enthüllung' sollte die Antifaschisten im Konzentrationslager Buchenwald und die von ihnen gespielte Rolle noch stärker in Misskredit geraten lassen: die 1997 referierten Umstände der Rettung Stefan J. Zweigs. Die Historikerin Susanne zur Nieden setzt am Ende eines Artikels über den Roman von Bruno Apitz überraschend einen Tiefschlag, der sich als Scoop erweisen sollte: Ein sechzehn Jahre alter Sinto sei an Stefan J. Zweigs statt am 25. September 1944 nach Auschwitz deportiert worden.[60] Bis dahin war im Westteil Deutschlands von Bruno Apitz' Roman kaum Notiz genommen worden und auch der 1987 von dem kleinen Frankfurter Dipa-Verlag herausgegebene Zeitzeugenbericht Zacharias Zweigs war vollkommen unbeachtet geblieben. Zu diesem Zeitpunkt waren die Unterschiede zwischen dem Bericht des Zeitzeugen und Apitz' literarischer Version völlig unproblematisch. Zehn Jahre später führte die von zur Nieden aufbereitete Information jedoch zur Neulektüre des Romans und darüber hinaus dazu, dass der bereits laufende Prozess der Dekonstruktion dessen sich verstärkte, was nur noch ‚der Mythos des antifaschistischen Widerstands' genannt wurde.[61]

Als die Gedenkstätte Buchenwald 1999 mit der grundlegend überarbeiteten Dauerausstellung wiedereröffnet wurde, bot sie ihrerseits eine sinnentstellende Version der Rettung Stefan J. Zweigs und

60 Susanne zur Nieden: „Stärker als der Tod": Bruno Apitz' Roman Nackt unter Wölfen und die Holocaust-Rezeption in der DDR. In: Manuel Koppen / Klaus Scherpe (Hrsg.): *Bilder des Holocaust: Literatur - Film - Bildende Kunst.* Wien / Köln / Weimar: Böhlau 1997, S. 97–108, hier S. 106.

61 Aus der 2016 eröffneten, überarbeiteten Dauerausstellung in der Effektenkammer ist Stefan J. Zweig verschwunden. Er ist auch nicht mehr unter den überlebenden Kindern. Wie um seine Existenz besser leugnen zu können, wird ein anderes, etwa gleichaltriges und ebenfalls jüdisch-polnisches Kind an seiner Stelle erwähnt. Auf einer gezeigten Fotografie ist Stefan J. Zweig neben Janek Szlaifsztajn zu sehen, wird aber nicht genannt.

besiegelte so gewissermaßen die Umwandlung seiner Rettung: von einer heroischen Tat (wie in der alten Ausstellung) in ein Plädoyer der Anklage.

Die Neuordnung der Gedenkstätten Buchenwald und Mittelbau-Dora gehörte zu den Prioritäten des wiedervereinten Deutschlands. Wie die Restaurierung des Dresdner Zwingers und von Schloss Sanssouci in Potsdam wurde die Erhaltung der Gedenkstätte in den Vertrag über die Wiedervereinigung Deutschlands aufgenommen. Eine der ersten Initiativen in diesem Rahmen war die Eröffnung einer Ausstellung über das Speziallager gewesen, in dem die Sowjets bis 1950 fast 28.000 Häftlinge interniert hatten, von denen drei Viertel verhungerten, und dessen Existenz in der DDR verschleiert worden war. Danach wurden bald auch jenen Opfergruppen (Juden, aber auch Sinti und Roma, Homosexuellen, Zeugen Jehovas), die zu DDR-Zeiten vernachlässigt oder wenig geachtet worden waren, eigene Ausstellungen gewidmet. In Übereinstimmung mit dem auf den Regimewechsel folgenden Diskurswandel artikulierte sich in den szenografischen Anordnungen ein Perspektivwechsel. 1999 wurde so eine ‚vollständig durchgesehene und überarbeitete' Dauerausstellung eröffnet.

Von der Absicht getragen, sich von der alten Konzeption abzugrenzen und darin an die vom Bildungsministerium des Landes Thüringen ausgegebenen Direktiven anknüpfend, hatte die neue Leitung eine Ausstellung erarbeitet, die der alten Punkt für Punkt widersprach.[62] Wie zuvor befand sich die neue Dauerausstellung in der Effektenkammer und nahm auf zwei Stockwerken insgesamt 1.600 m² ein. Unbestreitbar war sie reichhaltiger mit Material ausgestattet als die alte (Originaldokumente oder Reproduktionen, Tonband- und Videoaufnahmen, ikonografisches Material). Weil sie die Leiden der Opfer in den Mittelpunkt rückte, unterschied sie sich zwangsläufig von der vorherigen Ausstellung durch eine starke Personalisierung. Es

62 Sonia Combe: Le site mémoriel de Buchenwald. In: *Témoigner. Entre histoire et mémoire* 114 (2012), S. 16–29. Die 2016 eröffnete neue Dauerausstellung bleibt dieser Motivation treu, weshalb die folgenden Bemerkungen ihre Gültigkeit nicht verloren haben. Das Hauptverdienst der neuen Ausstellung ist die Integration der Geschichte des Lagers in die seiner geografischen Umgebung: Sie zeigt die Verbindungen zwischen dem Konzentrationslager und der Stadt Weimar sowie die vielfältigen Vorteile, die die Stadt aus dem Lager ziehen konnte.

gab nun ein Totenbuch ähnlich der Liste der Opfer der Shoah.[63] Die neue Szenografie stellte Individuen ins Zentrum, politische Gruppierungen rückten in den Hintergrund; die Geschichte des Einzelnen löste gleichsam die Geschichte des großen Ganzen ab. Während die Ausstellungsmacher zu DDR-Zeiten im Wesentlichen von ‚den Antifaschisten', d. h. den Kommunisten gesprochen und sorgfältig jene ausgewählt hatten, denen das ‚Recht' auf individuelle Erwähnung zugesprochen wurde (der Kommunist Ernst Thälmann natürlich, aus Gründen der Ausgewogenheit aber auch der Sozialist Rudolf Breitscheid), während sie sich insgesamt also auf die Rolle der KPD sowie des ILK konzentriert hatten, kam das Wort ‚Kommunist' in der Dauerausstellung von 1999 fast gar nicht mehr vor: Die Rede war nun nur noch von ‚politischen Häftlingen' im weitesten Sinn, ein noch neutraleres Wort als ‚Antifaschisten' in der vorhergehenden Ausstellung.

Im Zuge der Neukonzeption wurden nicht nur Schautafeln hinzugefügt und so Leerstellen der alten Dauerausstellung gefüllt. Es taten sich auch neue Lücken auf. So verschwand etwa die Gedenktafel, die mit folgenden Worten auf die Effektenkammer als Versteck Stefan J. Zweigs hingewiesen hatte:

> In diesem Gebäude befanden sich die Effektenkammer, die Häftlingsbekleidungskammer und die Gerätekammer. In der Effektenkammer versorgten Häftlinge den zwischen Säcken versteckten 3-jährigen Stefan Zweig. Unter Einsatz ihres Lebens retteten sie das Kind vor der Vernichtung.

Das ist freilich nicht ganz richtig, denn das Kind war nicht zwischen den Säcken versteckt worden. Der Rest ist zumindest nicht falsch. Allerdings war es in der Zeit nach Claude Lanzmanns Film *Shoah* ein ‚Kapitalverbrechen', nicht darauf hingewiesen zu haben, dass Stefan J. Zweig Jude war. Dies nahm die Schriftstellerin Ruth Klüger bei einem Besuch in Buchenwald nach dem Fall der Mauer irritiert zur Kenntnis und beklagte den „KZ-Kitsch"[64] der DDR-Gedenkstätte. Aber

63 Dieses Totenbuch umfasst 38.000 Namen. Es ist 2010 in digitaler Form publiziert worden und auf der Webseite der Gedenkstätte konsultierbar: http://Totenbuch.buchenwald.de/names.list (Zugriff am 15.05.2017).

64 Ruth Klüger: *Weiter leben. Eine Jugend.* Göttingen: Wallstein 2012, S. 74–75.

würde man auf die ehemalige Deportierte hören? Die inkriminierte Gedenktafel verschwand umgehend. Auch dem britischen Historiker Bill Niven oder Elfriede Jelinek, der Literaturnobelpreisträgerin von 2004, die mit dem Vorgang in ihrem Nachwort zu Stefan J. Zweigs Buch abrechnet, fällt es schwer, für diese Taktlosigkeit der Gedenkstättenleitung eine Erklärung zu finden.[65] Denn andererseits nehmen Stefan J. Zweig und die genauen Umstände seiner Rettung großen Raum in einer zweiten Ausstellung ein, die in einem anderen Gebäude untergebracht ist und der Dekonstruktion der Mythen (hier ‚Leitmotive' genannt) der kommunistischen Version dieser Geschichte gewidmet ist – bzw. des zu ihrem Symbol gewordenen Romans Bruno Apitz'. Dort wird auch die Liste der am 25. September 1944 nach Auschwitz deportierten Kinder gezeigt. Auf ihr ist zu erkennen, dass der Name Stefan J. Zweig gestrichen ist. Es kann sein, dass er durch den Namen Willy Blum ersetzt worden ist, der auf einer zweiten Liste steht. Zu sehen ist ebenfalls, dass er nicht der einzige Gerettete war, denn neben seinem waren noch 11 weitere Namen gestrichen. Über sie erfährt man jedoch nichts. Diese Nebenausstellung war von der erneuten Überarbeitung 2016 nicht betroffen. Stefan J. Zweig existiert also gleichsam nur dort, wo es darum geht, Material gegen die DDR-Version der Geschichte zu mobilisieren. Ohne Kontextinformationen waren die Folgen der Ausstellung dieser Liste absehbar. Stefan J. Zweig zitiert eine Journalistin der *Torgauer Zeitung*, die kurz vor der Feier zum 55-jährigen Jahrestag der Befreiung des Lagers einen geführten Besuch mit folgenden Worten wiedergab:

> ‚Wenn ein Zigeunerjunge für ihn ins Gas musste, was war da schon heldenhaft an dieser Rettung?!', sagt ein junger Mann und tippt provozierend auf eine Liste mit 200 Namen. Sie hängt in der neuen Ausstellung am Glockenturm auf dem ehemaligen KZ Buchenwald. ‚Transport Auschwitz' ist zu lesen, das Datum 25. September 1944. Der Name Stefan Jerzy Zweig ist darauf gestrichen, dafür der des 16-jährigen Willi [*sic*] Blum eingesetzt.[66]

65 Elfriede Jelinek: Nachwort. In: Zweig: *Tränen*, S. 458–465.

66 *Torgauer Zeitung*, 07.04.2000, zit. n. ebd., S. 384.

Da war die Messe gelesen. Am 28. April 2000, anlässlich des 100. Geburtstags von Bruno Apitz, der mit der Begehung des 55. Jahrestages der Befreiung und der Eröffnung der neuen Gedenkstätte Buchenwald zusammenfiel, war die *Berliner Zeitung* an der Reihe. Sie schloss einen Beitrag über die Diskrepanzen zwischen der Wirklichkeit und Apitz' Roman mit Worten ab, die in dieser oder leicht abgewandelter Form zu einer feststehenden Wendung werden sollten: „Es steht nicht im Roman, dass für Stefan, der im letzten Moment von der Todestransportliste genommen wurde, der Sinto-Junge Willy Blum ins Gas musste."[67] Im Oktober 2004 strahlte das ZDF einen Dokumentarfilm über die NS-Verfolgung der Sinti und Roma aus, *Willys letzte Reise* (D, 2004), der den Namen des Sinto-Jungen bereits im Titel trägt.[68] Fortan wurde die Erwähnung von Zweigs Rettung stets von der Bemerkung begleitet, dass er sein Leben einem ‚Opfertausch' verdankte.

Noch ein anderer Roman thematisierte Zweig und seine Rettung: *Anders*, von Hans-Joachim Schädlich, erschien 2003.[69] In einem von zwei Personen im wiedervereinten Deutschland geführten Dialog reduziert der Schriftsteller die Geschichte der Rettung auf die des ‚Opfertauschs':

> „Warum haben die Kommunisten ausgerechnet Zigeuner als ‚Ersatz' nach Auschwitz schicken lassen."
> „Die einflußreichen Kommunisten im Lager waren Deutsche. Was war für die schon ein Zigeuner."
> „Ein geeignetes Opfer?"
> „Der Austausch dieser 12 Jungen war eigentlich nur eine kleine Sache."
> […]
> „Der 3½-jährige Jerzy[70] war das Maskottchen der deutschen Kommunisten."

67 Volker Müller: Er schrieb das Buch „Nackt unter Wölfen". Heute vor 100 Jahren wurde Bruno Apitz geboren. Das willkommene Heldenlied. In: *Berliner Zeitung*, 28.04.2000.

68 Niven: *Buchenwaldkind*, S. 245.

69 Hans-Joachim Schädlich: *Anders*. Reinbek: Rowohlt 2003. Schädlich gehörte zu den Autoren, die die DDR wegen ihrer Stellungnahme gegen den Entzug der DDR-Staatsbürgerschaft Wolf Biermanns im Jahr 1976 verlassen mussten.

70 Schädlich zieht es – wegen der Homonymie mit dem Schriftsteller Stefan Zweig? – vor, Stefan J. Zweig bei seinem zweiten Vornamen Jerzy zu nennen.

„Das klingt verächtlich", sage ich.
„Aber warum wurden ausgerechnet diese 11 anderen zurückbehalten?"
"Vielleicht waren es ‚Puppenjungen'."
„Was?"
„Spielgefährten von einflußreichen politischen Häftlingen."[71]

Neben der Anspielung auf die moralische Verderbtheit der politischen Häftlinge, hier ausdrücklich der Kommunisten, gibt der Hinweis auf ihre Vorliebe für ein jüdisches Kind und ihre Gleichgültigkeit gegenüber jungen Sinti und Roma zu verstehen, dass sie selbst Rassisten waren. Erschwerend kommt hinzu, dass sie angeblich Juden ‚Zigeunern' vorzogen, was sie in die Nähe ihrer SS-Henker stellt. (Die Wirkung der These vom „gesäuberten Antifaschismus" ist an dieser Stelle mit Händen zu greifen.) Die Kriterien, denen die Kommunisten folgten, als sie Stefan J. Zweig zu ersetzen versuchten, sind nicht bekannt. Glaubt man dem Bericht Zacharias Zweigs, musste Willi Bleicher insistieren. Möglicherweise hielten sie sich an die Regel, die sie generell anwendeten, nämlich die Überlebenschancen jedes Einzelnen abzuwägen. Aber lassen wir das. Es gibt einen Punkt, an dem die Fragen obszön werden. So tragisch uns der ‚Tausch' heute vorkommt und in der Realität auch war, er gehörte damals zum Alltag. Bruno Apitz nahm sich die Freiheit, daraus die hochmoralische Erzählung der Rettung eines Kindes zu machen, die für die Kommunisten sprach. Was tat der Autor von *Anders* mit demselben Stoff letztlich anderes als eine unmoralische Geschichte zu erzählen, um die Kommunisten zu diskreditieren? Warum ihnen sonst zu allem Überfluss auch noch Rassismus unterstellen?

In seinem Zeitzeugengespräch mit der Stiftung Denkmal der ermordeten Juden Europas in Berlin weist Gert Lothar Schramm, Kind einer deutschen Mutter und eines afro-amerikanischen Vaters, im Gegenteil auf die Unterstützung hin, die er von den Kommunisten erhalten habe. Nach Buchenwald deportiert, sei er zunächst sechs Wochen im Kleinen Lager geblieben. Anschließend sei er in den Block 42 verlegt worden, einen Block mit politischen Häftlingen, dessen Ältester

71 Schädlich: *Anders*, S. 72–73.

mit ihm gesprochen habe wie mit einem „menschlichen Wesen".[72] Er wurde zum Arbeitskommando in den Steinbruch geschickt, was er nach eigener Auskunft wohl keine zwei Wochen überlebt hätte. Beim Luftangriff im August 1944 wurde Schramm am Kopf verletzt. Sein Blockältester habe versucht, ihn zu pflegen, um ihn vor dem Revier zu bewahren. Doch die Verletzung sei nicht verheilt, die Verlegung in den Krankenbau sei unumgänglich gewesen. Wider Erwarten wurde Gert Lothar Schramm operiert. Man habe den in seiner Schläfe steckenden Stahlsplitter entfernt und ihm dann bedeutet, sich schleunigst ‚zu verdrücken'. Zur großen Erleichterung aller sei er in seinen Block zurückgekehrt: „Leute wie du kommen prinzipiell nicht lebend aus dem Revier zurück".[73] In seinem Block habe er sich sicher und beschützt gefühlt. Da er wegen seiner Hautfarbe auffiel, sei in einer Ausbesserungswerkstatt ein Versteck für ihn gefunden worden, das er nie verlassen habe.

Der geheime Widerstand und die Rettung der Juden

Der Umstand, dass die Kommunisten und ihr Einsatz, insbesondere bei der Rettung der Kinder, in der Dauerausstellung der Gedenkstätte Buchenwald nicht ausdrücklich berücksichtigt wird, stellt uns noch vor ein weiteres Problem. Der Lehrer Wilhelm Hammann, Ältester eines Blocks, in dem sich Kinder befanden, wurde zwar in einem „Hilfe für die Kinder" überschriebenen Abschnitt der Ausstellung von 1999 erwähnt, nicht aber die Tatsache, dass er Kommunist war (das ist auch in der Ausstellung von 2016 nicht der Fall). Robert Siewert, der ein Maurerkommando aus Kindern und Jugendlichen zusammenstellte, wird zwar genannt, aber sein politisches Engagement kommt dabei ebenso wenig zur Sprache wie dasjenige Willi Bleichers, der erwähnt wird, ohne dass man genauer erfährt warum. Auf den tschechischen Kommunisten und Ältesten des Kinderblocks (Block 66) Antonín Kalina, dem von Yad Vashem die Medaille des Gerechten verliehen worden ist, fehlte in der Dauerausstellung von 1999 jeder Hinweis (nach der erneuten Überarbeitung wird er seit 2016 erwähnt); das

72 Gert Lothar Schramm: Interview, 2011. Stiftung Denkmal für die ermordeten Juden Europas, 01139/sdje/0035.

73 Ebd.

gleiche gilt für Gustav Schiller, den polnisch-jüdischen Kommunisten, der sich mit Kalina um Block 66 gekümmert hat. Als die Dauerausstellung 1999 konzipiert wurde, waren beide ebenso lange bekannt wie die Rolle, die sie gespielt hatten. Das Ausstellungskonzept stützte sich teilweise auf rezentere Literatur, etwa auf das 1992 erschienene Buch *Rescuers. Portraits in Moral Courage in the Holocaust* von Malka Drucker und Gay Rock, das die Aktivitäten der Kommunisten nachzeichnet.[74]

Weil die Rolle der Kommunisten in der Ausstellung nicht als solche genannt wird, fehlt jedoch ein zentraler Aspekt: Dass diese Männer Kinder retten konnten, war dem Umstand geschuldet, dass sie zu einem Netzwerk gehörten. Wie hätte Antonín Kalina ohne die Unterstützung des geheimen Widerstands das Überleben der Kinder von Block 66 sichern können, den er in einer entlegenen Ecke des Kleinen Lagers, hinter einem von Baracken mit Fleckfieberkranken und ‚Muselmännern' gebildeten ‚Sperrgürtel' isolierte – in einem Bereich also, der von der SS nie betreten wurde, weil sie die hygienischen Zustände abschreckten? Diese Kinder mussten nicht zum Appell antreten und stundenlang bei Wind, Regen und Kälte im Freien ausharren wie die anderen Häftlinge. Sie wurden im Block gezählt, bekamen ein bisschen mehr zu Essen und waren vor Schlägen und möglichem Missbrauch sicher. Der damals 13-jährige Arkadij Gurewitsch erinnert sich, mit Malkursen abgelenkt worden zu sein.[75]

Aber hätte Wilhelm Hammann die 159 Kinder von Block 8 retten können (er erhielt 1984 die Medaille des Gerechten), hätte Robert Siewert sein Maurerkommando zusammenstellen können, mit Kindern, die so dem Transport nach Auschwitz entgingen, ohne die Hilfe der Arbeitsstatistik? Isolierte Individuen hätten mit all ihrem guten Willen keine Chance gehabt, diese Kinder zu retten.

Weder die Dauerausstellung von 1999 noch die von 2016 würdigt die Rolle der Kommunisten bei der Rettung der 904 zum Zeitpunkt der Befreiung des Lagers gezählten Kinder und Jugendlichen ausreichend. Im Ausstellungskatalog wird sie indes keineswegs

74 Malka Drucker / Gay Rock: *Rescuers. Portraits in Moral Courage in the Holocaust.* New York / London: Holmes & Meier 1992.

75 Arkadij Gurewitsch: Interview, 1994. VHA, 29556.

verschwiegen.[76] Wegen des höheren Wirkungsgrads des Visuellen gegenüber dem Text ist diese unterschiedliche Behandlung bedauerlich. Die Aktivitäten der Kommunisten zur Rettung von Juden – ob Kinder oder Erwachsene – werden von den meisten Überlebenden erwähnt, deren Zeitzeugenberichte ich gehört oder gelesen habe. Willi Fogel, der nach der Evakuierung von Auschwitz nach Buchenwald deportiert wurde, verdankt seinem Alter, dass er überlebt hat. Er war gerade 14 Jahre alt, weshalb ihn der Widerstand im Stammlager zurückhielt. Er erinnert sich daran, dass die Kommunisten die Kinder separat untergebracht hätten, um sie vor schwerer Arbeit, aber auch vor „Pädophilen"[77] zu schützen. Deshalb steckte man sie in Blocks, in denen es sonst nur ‚Politische' gab. Diese hätten fiktive Arbeitseinsätze erfunden und ihnen Kinder zugewiesen, so Fogel, der hier gewiss auf Robert Siewerts Maurerkommando anspielt. Ruben Gelbart insistiert mit Nachdruck: „Die Kommunisten und die Sozialdemokraten in Buchenwald haben getan, was sie konnten, um die Kinder zu beschützen."[78] Simon Hersch erinnert sich, dass

> eines Tages eine Abordnung ins Kleine Lager gekommen ist, sie haben die Kleinsten zusammengesucht und uns dann in einen Block gebracht, in dem es nur Jugendliche, Kinder gab, und da haben wir gemerkt, dass es anders war als in anderen Lagern, dass die politischen Häftlinge uns retten wollten.[79]

Er nennt Hans Eiden – jenen Blockältesten, der am 11. April 1945 den berühmten Satz „Genossen, wir sind frei!" ins Megafon rief – als Helfer. In diesem Block seien alle Kinder als Christen registriert gewesen.

Der Wiener Fritz Kleinmann erinnert sich an etwa 40 jüdische Jugendliche im Alter von 16 oder 17 Jahren, denen die ‚alten', erfahrenen politischen Häftlinge zu helfen beschlossen hatten. Sie schickten sie nicht wie ihre Väter zum Steinhauen in den Steinbruch, wo man den Schlägen der alle zehn bis fünfzehn Meter postierten SS-Männer ausgesetzt war, sondern zum Bau der SS-Kasernen. Der Meister sei der

76 Vgl. Stein: *Konzentrationslager.*

77 Willy Fogel: Interview, 1995, VHA 7602.

78 Ruben Gelbart: Interview, 1997. VHA, 37820.

79 Simon Hersch: Interview, 1995. VHA, 7369.

Kapo gewesen, der Maurer Robert Siewert. „Robert Siebert [*sic*] hat mich unter seine Fittiche genommen und mich beschützt."[80] Als ein neues SS-Kontingent nach Buchenwald verlegt wurde, habe Siewert mit dem Lagerkommandanten verhandelt, um die Bauarbeiten zu beschleunigen, und sich verpflichtet, die Jugendlichen zu Maurern auszubilden. Mit einigen Schwierigkeiten sei ihm dies auch gelungen: „Dank Siewert haben wir eine Maurerschule mit 50 Kindern gebildet, da gab es auch junge Polen und Zigeuner, auf die Weise war man geschützt."[81] Fritz Kleinmann hat weitere Erinnerungen:

> Einmal haben die Kommunisten einen Block, in dem alle am Sterben waren, überzeugt, die Hälfte ihrer Rationen den Kindern zu geben. Und die Leute haben das auch gemacht, denn sie wussten, dass sie starben.[82]

Unmittelbar vor der Befreiung des Lagers scheint der Einsatz der Kommunisten für die Juden von entscheidender Bedeutung gewesen zu sein. In seinem Zeitzeugeninterview erzählt Emil (Nathan) Carlebach folgende Version der Geschichte: Als am 5. April 1945 an die im Lager befindlichen Juden der Befehl ergangen sei, sich am Tor zu sammeln (mit dem Versprechen, einen ganzen Laib Brot zu bekommen), habe er den Häftlingen seines Blocks verboten hinauszugehen und sich zur Leitung des geheimen Widerstands begeben, um dessen Rat einzuholen. Dort habe man sich gefragt:

> Auf der einen Seite konnte man keinen Aufstand machen, um 6.000 Juden zu retten, die sich nicht einmal selbst retten wollten; auf der anderen Seite kam auch nicht in Frage, der SS die 6.000 Juden auszuliefern.[83]

Er kann sich nicht erinnern, wer dann die Idee hatte – Walter Bartel oder er selbst –, den Juden zu raten, ihre Sterne abzureißen und sich irgendwo zu verstecken. Die Blockältesten hätten die Anweisung erhalten, ihre Karteien zu zerstören, damit man nicht mehr nachvollziehen konnte, wer Jude war und wer nicht. Da diese sämtlich

80 Fritz Kleinmann: Interview, 1997. VHA, 28129.

81 Ebd.

82 Ebd.

83 Emil (Nathan) Carlebach: Interview, 1997. VHA, 17211.

Kommunisten gewesen seien, wäre das auch befolgt worden. Die SS habe sich dann auf die Suche nach jenen Juden gemacht, die geflohen und in alle Richtungen davongelaufen seien. Sie sei überrascht gewesen, dass einige sich wehrten. Am Ende hätte die SS etwa 3.000 Juden greifen können, die nicht mehr wussten, wohin sie sich wenden sollten. Kurt (Julius) Goldstein, wie Carlebach KPD-Aktivist, bestätigt diese Version ebenso wie der Sozialdemokrat Benedikt Kautsky.[84] Letzterer berichtet außerdem Einzelheiten, die zum Verständnis des Dilemmas beitragen, in dem sich der Widerstand befand:

> Die Häftlingsfunktionäre ließen die Juden gewähren: Jeder Block nahm so viele auf, daß keine auffällige Vermehrung zu verzeichnen war, der Lagerschutz ließ die sich versteckenden Juden ohne weiteres durch die Sperrketten, die den Appellplatz umgaben, und als dann die Lagerfunktionäre auf Suche geschickt wurden, fanden sie niemand.[85]

Kautsky erwähnt, dass am 7. April 1945 ein letzter Transport mit 3.000 Juden zusammengestellt werden sollte, und zwar aus „unerwünschten Elementen (zum Beispiel alle deutschen Grünen und Schwarzen), aber, da deren Zahl bei weitem nicht hinreichte, auch die Schwächsten, unter denen sich sowieso die meisten Todeskandidaten fanden“[86], und wahrscheinlich auch aus jenen Juden, die kein Versteck gefunden hatten. Wie man weiß, wurden die meisten von ihnen erschossen, oder sie starben unterwegs an Erschöpfung. Um der Evakuierung zu entgehen, brauchte man Glück, d. h., man musste jung, vital, geschickt sein und von jemandem beschützt werden. Kommunist musste man nicht unbedingt sein.

Jacques Fainzang erinnert sich, dass „Peter“, ein deutscher Funktionshäftling, der seit 1938 im Lager war, ihn und seinen Freund warnte: „Sie bringen die Juden um, kommt mit“.[87] Er habe sie in den Block der deutschen Kommunisten geführt, eine Klappe im Boden geöffnet und

84 Kurt (Julius) Goldstein: Interview, 1996. VHA, 10040; Kautsky: *Teufel und Verdammte*, S. 281–282.

85 Ebd., S. 280.

86 Ebd., S. 282. Grüne und Schwarze: die farbige Kennzeichnung der sog. ‚Kriminellen‘ und ‚Asozialen‘.

87 Jules Fainzang: Interview, 1995. VHA, 6480.

sie in einem Keller hinabsteigen lassen, in dem sie Rüben vorgefunden und sich an ihnen gütlich getan hätten. Als der Lagerkommandant den Befehl erteilt habe, dass sich alle Juden zum Appellplatz kommen sollen, habe „Peter“ ihnen eingeschärft, sich ja nicht zu bewegen. Andere Juden seien von den ukrainischen Kapos mit Gewalt dorthin gezerrt und exekutiert worden.[88] Im Keller habe sich auch Zivilkleidung befunden: Peter habe sie aufgefordert, sich umzuziehen und den deutschen Häftlingen anzuschließen.

Wie viele andere folgte Milos Povondra seinem Instinkt: Er habe sich versteckt, den gelben Stern von der Häftlingskleidung abgerissen und sich zum tschechischen Block begeben. Dort habe ihn niemand denunzierte, denn „das waren Prominente“[89], d. h. Kommunisten. Mehrere Zeugenberichte bestätigen die schützende Rolle, die der Tschechische Block spielte. Auch Grigori Isakovitch K. sagt, er habe dort Zuflucht gefunden.[90] War das der Block von Antonín Kalina? Rudolf B. fand ein Versteck im Schweinestall der SS und blieb dort bis zur Befreiung, die seiner Meinung nach das Werk der Häftlinge selbst gewesen ist.[91] Er habe sie gesehen, mit Waffen in den Händen. Wie Kurt (Julius) Goldstein gibt er an, dass die Amerikaner zunächst kurz aufgetaucht seien, um dann wieder in Richtung Weimar abzuziehen. Daraufhin sei die SS zurückgekehrt und in diesem Moment von bewaffneten Häftlingen in die Flucht geschlagen worden. Er erwähnt die finale Schlacht um die Kontrolle der Lagertürme. Ihm zufolge sei die SS zunächst geflüchtet, dann aber, als sie sah, dass sich General George S. Patton nicht für das Lager interessierte (er ließ seine Panzer ein erstes Mal das Lager passieren ohne anzuhalten), zurückgekehrt und in diesem Augenblick vom Widerstand beschossen worden.[92] Ohne die DDR-offizielle Version der Selbstbefreiung des Konzentrationslagers Buchenwald eindeutig zu belegen, stimmen die Zeitzeugenberichte zumindest in einem Punkt überein:

88 Jules Fainzang: Interview, 1995. VHA, 6480.

89 Milos Povondra: Interview, 1997. VHA, 36907.

90 Grigori Isakovitch K.: Interview, 1995. FVA, 00560/Yal/3620.

91 Rudolf B.: Interview, 2008. Stiftung Denkmal für die ermordeten Juden Europas, 0115/sdje/002.

92 Ebd.; Kurt (Julius) Goldstein: Interview, 1996. VHA, 10040.

Alle wollen sowohl Häftlinge mit Waffen als auch die SS flüchten gesehen haben.
Elie Wiesel erinnert sich ebenfalls daran, wie die Kommunisten den Juden in Buchenwald geholfen hätten. Während er sich mit anderen Häftlingen angeschickt habe, dem Befehl der SS zum Sammeln am Tor nachzukommen, seien sie auf Häftlinge getroffen, die ihnen geraten hätten, in ihre Blocks zurückzugehen:

> So gingen wir zurück und erfuhren dabei, daß die Widerstandsgruppe des Lagers beschlossen hatte, die Juden nicht im Stich zu lassen und ihre Liquidierung zu verhindern. [...] Nun beschloss die Widerstandsbewegung in Aktion zu treten. Von allen Seiten tauchten Bewaffnete auf. Trommelfeuer prasselte, Handgranaten platzten. Wir Jugendlichen blieben im Block auf dem Bauch liegen.[93]

Die führenden Köpfe des Widerstands hätten sich zu dieser Zeit versteckt gehalten. Zum Lagertor befohlen, um exekutiert zu werden, soll sich nur Marcel Bloch-Dassault dort eingefunden haben (der Grund dafür ist unbekannt). Die SS habe ihn dann jedoch zurückgeschickt.[94]
Am 11. April 1945 herrschte in Buchenwald Chaos.[95]
Aber ist die ostdeutsche Version der Lagerbefreiung durch die Häftlinge nur ein Mythos? Eine Übertreibung ist sie sicherlich. Der Historiker Falk Pingel stellt mehrere Zeitzeugenberichte einander gegenüber, darunter den von Emil (Nathan) Carlebach, den er in den 1970er Jahren interviewt hatte, und vor allem den Eugen Kogons. Bekannt ist, dass das Beispiel von Block 22, in dem Carlebach den Juden davon abgeraten hatte, dem SS-Befehl zu gehorchen, befolgt wurde. Die erfolgreiche Flucht eines jüdischen Kapos, Kohl, unter den

93 Wiesel: *Nacht*, S. 145–146.

94 Stein: *Konzentrationslager*, S. 228.

95 Dem Historiker Harry Stein zufolge sei es nicht die 6. Panzerdivision der 3. US-Armee gewesen, die als erste nach Buchenwald kam, sondern die 37. Panzerdivision der 4. US-Armee (Harry Stein: In: *Thüringische Landeszeitung*, 31.12.2016). In derselben Zeitung erregte ein 102-jähriger Überlebender, Marko Feingold, am 10.04.2015 Aufsehen, als er erklärte, das Lager sei nicht von den Häftlingen selbst befreit worden. Hier soll die Anmerkung genügen, dass der Augenzeuge – wie Fabrice, der Held Stendhals, in Waterloo – nicht notwendig den besten Blick hat und die Unterschiede in den Erinnerungen sich in Abhängigkeit jeweils gegenwärtiger Streitfragen verstärken können.

Augen der SS vom Appellplatz ermutigte viele Juden, es ihm gleichzutun. Das Lager befand sich in Auflösung; mit Unterstützung des Lagerschutzes machte die SS Jagd auf die Juden. Sie konnte etwa die Hälfte von ihnen aufzugreifen und abtransportieren – d. h. offenbar diejenigen, die sich nicht dazu durchringen konnten, sich dem Sammlungsbefehl zu widersetzen.[96] Zum ersten Mal überhaupt bekam es die SS in Buchenwald mit Ungehorsam zu tun. Für den geheimen Widerstand stellte sich deshalb die Frage, ob der Moment zum Losschlagen gekommen war. Falk Pingel zufolge waren die französischen und die sowjetischen Häftlinge dafür, die deutschen dagegen.[97] Ihre Anzahl entsprach am Ende des Krieges gewiss nur noch 10 % der Häftlinge, aber sie waren der Kopf des Widerstands und hielten alle Schlüsselpositionen.

Wäre ein Lageraufstand überhaupt aussichtsreich gewesen? In Buchenwald waren 1.700 SS-Soldaten stationiert, in Weimar weitere 4.000 und diese Verstärkung konnte jederzeit eintreffen.[98] Anders als die Aufständischen im Warschauer Ghetto am 19. April 1943 oder diejenigen des Sonderkommandos von Auschwitz am 7. Oktober 1944, die nichts mehr zu verlieren hatten, als sie den Aufstand wagten, konnten die Häftlinge in Buchenwald hoffen zu überleben. Vor die Wahl gestellt, entweder zu marschieren (und zwar vor den Gewehrläufen der SS, in einem ‚letzten Todesmarsch') oder im Lager zu bleiben, wog der geheime Widerstand die Überlebenschancen ab und entschied sich für die zweite Alternative. (Zacharias Zweig vertritt in seinem Zeitzeugenbericht die gegenteilige Ansicht. Schockiert vom Anblick der am Morgen nach der Befreiung die Straße zwischen Buchenwald und Weimar säumenden Leichen ermordeter Häftlinge, geht er davon aus, dass ein Aufstand weniger Menschenleben gefordert hätte.[99]) Lutz Niethammer vertritt die plausible These, dass die „Legende der Selbstbefreiung"[100] erfunden worden sei, um den Vorwurf der Sowjets

96 Pingel: *Häftlinge*, S. 222–223.

97 Ebd., S. 225.

98 Lutz Niethammer: Dokumente: Der amerikanische Bericht über Buchenwald, 24.4.1945. In: Ders. (Hrsg.): *Der „gesäuberte" Antifaschismus*, S. 180–205, hier S. 183.

99 Zweig: *Mein Vater*, S. 92.

100 Hartewig / Niethammer: Einleitung, S. 51.

(und vor allem Stalins, dem das Leben eines Menschen nichts bedeutete, solange sein Tod heldenhaft war) zu entkräften, der geheime Widerstand wäre vor einem Aufstand zurückgeschreckt. Aber allein den Amerikanern den Ruhm überlassen, das Lager befreit zu haben? Wie auch immer man es betrachtet, „es fällt schwer, von Befreiung zu sprechen, wenn weder die Befreiung von Auschwitz noch die irgendeines anderen Konzentrationslagers erklärtes Ziel irgendeiner alliierten Armee gewesen ist."[101] Zwar haben die Antifaschisten das Lager nicht selbst befreit. Aber man kann zurecht davon ausgehen, dass ihre Bewertung des Kosten/Nutzen-Verhältnisses eines Aufstands zum falschen Zeitpunkt ein Massaker verhindert hat und die amerikanische Armee 21.000 lebende Häftlinge vorfinden konnte, d. h. zwei Drittel des Stammlagers, darunter 904 Kinder.
Zu diesem Schluss wird allerdings nicht gelangen, wer heute als Besucher der Gedenkstätte Buchenwald dem Rundgang über das 40 Hektar große Gelände des ehemaligen Konzentrationslagers folgt. Ausstellungen zur Geschichte spielen generell eine entscheidende Rolle bei der Wissensvermittlung. In Zeiten der Vorherrschaft des Bildes (bewegt oder nicht) erreichen sie ein wesentlich breiteres Publikum als gelehrte Werke oder die Inszenierung von Gegenständen unterschiedlichster Art. So können manche Fotografien sehr schnell zu Ikonen werden – zum Nachteil anderer. Sie tragen nicht nur zur Konstruktion der *Postmemory* bei,[102] sondern werden zu Vektoren der Vermittlung einer erstarrten Version der Geschichte, der man nur schwer ausweichen kann.
Bill Niven hält fest, dass zwei der drei in der Gedenkstätte zu sehenden Ausstellungen sich der kommunistischen Diktatur widmen:[103] die Ausstellung über das sowjetische Speziallager, in dem von 1945 bis 1949 28.000 Mitglieder der NSDAP interniert waren, und die Ausstellung zur Dekonstruktion der DDR-‚Mythen' (darunter der Roman von Bruno Apitz, die Rettung des Kindes und die Selbstbefreiung des Lagers). Rein rechnerisch hat er natürlich recht. Dennoch wird die Unterschiedlichkeit beider Lager – eingerichtet von zwei Diktaturen

101 Mesnard: *Primo Levi*, S. 99.

102 Hirsch: *Generation of Postmemory*.

103 Niven: *Buchenwald-Kind*, S. 240.

mit gegensätzlichen Ideologien – respektiert. Die Hauptausstellung in der ehemaligen Effektenkammer bleibt außerdem bei weitem die wichtigste. Und was die Ausstellung über das sowjetische Speziallager betrifft, so wird der Besucher von der Aussage eines Zeitzeugen begrüßt, die für Mehrdeutigkeit keinen Raum lässt:

> Ich will den Russen nicht unterstellen, daß sie es auf den Tod so vieler Menschen angelegt hatten. Ich denke vielmehr, es war ihnen einfach egal: Da krepierte der Erzfeind. Angesichts der vielen Millionen Opfer des zweiten Weltkrieges wird man die Haltung der Besatzungsmacht vielleicht nachvollziehen können, rechtfertigen ließ sich dieses neuerliche Unrecht damit nicht. Dennoch wehre ich mich gegen jeden Versuch, das Lager nach 1945 mit dem vor 1945 gleichzusetzen. Die Internierungslager waren die schreckliche Antwort auf die noch schrecklicheren Folgen des Völkermords vor 1945 [...]. Im Internierungslager wurde nicht drangsaliert, nicht geschlagen, nicht geschossen.[104]

Nicht diese Ausstellung steht also in Frage, ist sie doch Ausdruck des wesentlichen historiografischen Fortschritts, den die mit der Wiedervereinigung einhergehende Neuausrichtung der Gedenkstätte möglich gemacht hat. Problematisch waren 1999 und sind seit 2016 vielmehr die beiden anderen. Streng darauf bedacht, die ostdeutsche Perspektive bzw. die Geschichte des kanonisierten antifaschistischen Widerstands Punkt für Punkt zu widerlegen, reduzieren sie seine Sichtbarkeit und die seiner Rolle. Unerwartet und auf dieselbe Weise wie die vormalige DDR-Ausstellung tendieren sie jedoch dazu, den Beitrag des antifaschistischen Widerstands zur Unterstützung der Juden aus der Geschichte zu streichen.
Einer der Kommentare in der Dauerausstellung über den Widerstand in Buchenwald ist nichts anderes als eine knappe Zusammenfassung der These Lutz Niethammers. Bezüglich des Reviers, dieses besonderen, strategischen Ortes, ist folgendes Urteil zu lesen:

104 Mit „den Russen" sind die Sowjets gemeint. Es handelt sich um ein Zitat aus dem folgenden Zeitzeugenbericht: Robert Zeiler: „Eingesperrt von meinen Befreiern ...". Inhaftiert in Buchenwald 1944–45 und 1945–48. In: Hanno Müller (Hrsg.): *Recht oder Rache? Buchenwald 1945–1950. Betroffene erinnern sich.* Frankfurt am Main: Dipa 1991, S. 17–28, hier S. 27.

Von der SS eingesetzt, organisieren kommunistische Funktionshäftlinge den Häftlingskrankenbau. Sie nutzen das, um das Überleben ihrer Gruppe zu sichern, Bündnispartner zu schützen, oder an sie zu binden. Oft können jedoch die einen nur auf Kosten anderer gerettet werden. Das führt zu Opfern unter Häftlingen, die nicht den Schutz der Funktionshäftlinge besitzen.

Eine weniger kategorische Botschaft ist kaum denkbar. Ist das das „Ende der Geschichte“[105] – auch Buchenwalds?

105 Francis Fukuyama: *Das Ende der Geschichte. Wo stehen wir?*, aus d. Amerik. v. Helmut Dierlamm. München: Kindler 1992.

Schluss

Revision der Zeitgeschichte: eine Nachbetrachtung

Stefan J. Zweig lebt heute in Wien, heimgesucht von seiner persönlichen Geschichte, die zum Schauplatz einer fortwährenden Abrechnung geworden ist – als ginge die ideologische Auseinandersetzung zwischen den beiden Teilen Deutschlands nie zu Ende. Nachdem das SED-Regime seine Rettung als Symbol für den Heroismus der Kommunisten instrumentalisiert hat, dient sie nun nach der Wiedervereinigung dazu, die Gründungsideologie des untergegangenen Staates zu entwerten. Was ist geschehen zwischen dem Erscheinen von Bruno Apitz' Roman *Nackt unter Wölfen*, der die Geschichte des ‚Buchenwaldkinds' berühmt gemacht hat, und dem von Hans-Joachim Schädlichs Roman *Anders*, der dieselbe Geschichte stigmatisiert?

In zwei verfeindeten ideologischen und politischen Landschaften publiziert, sind diese Romane durch die dominierenden Diskurse ihrer Zeit geprägt. Der eine war der des kommunistischen Nachkriegsdeutschlands, eines Staates, der das Erbe des antifaschistischen Widerstands für sich reklamierte, um das kommunistische Regime durchzusetzen; der andere Diskurs ist der des postkommunistischen, wiedervereinten Deutschlands, in dem die untergegangene DDR eine kritische Neubewertung erfährt, nachdem sie eine alles in allem negative Bilanz hinterlassen hat.[1] In diese diskursiven Kontexte schreibt

1 Für einen Überblick über diesen Prozess siehe das von Carola Hähnel-Mesnard zusammengestellte Themenheft der Zeitschrift *Témoigner* 104 (2009): L'antifascisme revisité. Histoire, idéologie, mémoire.

sich die Sinnentstellung der Rettung Stefan J. Zweigs ein, die sich von einer Heldentat in eine Anklage verwandelt hat. So ist die Revision der Geschichte des ‚Buchenwaldkinds' gleichsam zu einer Metonymie für die Infragestellung des Antifaschismus geworden – freilich ist damit der Antifaschismus als eines der wichtigen politischen Engagements im 20. Jahrhundert gemeint, nicht der öffentliche Diskurs und das offizielle Gedenken der DDR.

Wie man weiß, ist Geschichtsschreibung ein ständiges Work in Progress. Gestern lagen wir falsch und glauben heute, richtig zu liegen, aber was daraus morgen gemacht werden wird, entzieht sich unserer Kenntnis. Die Zukunft der Vergangenheit erschließt sich uns in der Gegenwart einfach nicht. In einem während der Perestroika-Zeit gedrehten Film brummt ein in die Lektüre der *Prawda* vertiefter Rentner: „Wenn das so weitergeht, werden wir bald lesen, dass die UdSSR den Krieg verloren hat."[2] Je nach Epoche und je nachdem, was gerade auf dem Spiel steht, kann die Interpretation ein und derselben Tatsache zu vollkommen gegensätzlichen ‚Wahrheiten' führen. Angenommen, die Protokolle der Verhöre ehemaliger Buchenwaldhäftlinge durch die KPD/SED und die Umstände der Rettung Stefan J. Zweigs wären vor dem Fall der Mauer entdeckt worden: Hätten sie dann die gleiche Rezeption erfahren? Da nichts mehr auf dem Spiel stand, wären sie vielleicht mit mehr Umsicht behandelt worden.

Die Zeitlichkeit der Streitfragen

In der unmittelbaren Nachkriegszeit waren es die antifaschistischen Widerstandskämpfer, die das Wort ergriffen. Diese historischen ‚Großzeugen' berichteten von Heldentaten und über menschenunwürdige Lager: „Wie soll man, ohne das eigene Scham- und Ehrgefühl zu verletzten, von Handlungen erzählen, für die man sich selbst nicht achten kann?"[3], fragen Nathalie Heinich und Michael Pollak.

Im Gegensatz zur Sowjetunion, in der – ausgelöst durch den Impuls der Perestroika – die Revision der Geschichte ihren Ausgang nahm, und im Gegensatz zu Polen und Ungarn, wo ein ähnlicher Prozess eingesetzt hatte, stand die ostdeutsche Gesellschaft länger unter dem Verdikt einer Führungsriege, deren Denken einer anderen Zeit verhaftet

2 *Pervyj étaž* (*Erdgeschoss*, UK 1988, R: Igor Minaev).

3 Pollak: *Grenzen des Sagbaren*, S. 90.

war. Nur Schriftstellerinnen und Schriftsteller sowie einige Stimmen in der evangelischen Kirche versuchten, diesen engen Rahmen aufzubrechen. Das Buch *Kindheitsmuster* von Christa Wolf,[4] um nur ein Werk zu nennen, das sich mit der unmittelbaren Zeitgeschichte auseinandersetzt, hatte weder auf die gelehrte Geschichtsschreibung noch auf den offiziellen, öffentlichen Diskurs der DDR direkte Auswirkungen, obwohl es von Historikerinnen und Historikern und einem gebildeten Publikum durchaus geschätzt wurde. Christa Wolf stellte die offizielle Sichtweise in diesem Buch allerdings auch nicht direkt infrage. Lediglich der Theatermacher Heiner Müller hat sich daran in seinem gesamten Werk (und auf seine Weise) immer wieder die Finger verbrannt. Wolf und Müller erinnerten beide an eine Vergangenheit, die nicht jene der kommunistischen Führungskader war – die der großen Mehrheit der ostdeutschen Bevölkerung allerdings schon.

Nahezu ausschließlich mit heroischen Erzählungen gefüttert hatte sich die ostdeutsche Gesellschaft mit dem – mythischen oder realen – Widerstand identifizieren und so einer Erinnerungsarbeit ausweichen können, zu der man sie nicht gerade ermutigte. Lange erging sich die öffentliche Erinnerungspolitik in Osteuropa – und Westeuropa – lediglich in Heldengedenken. Die Erzählungen der Widerständler handelten mehrheitlich von Männern und von Tapferkeit, um Niederlagen ging es kaum.[5] Mit der Schilderung seiner Rettung durch ‚Opfertausch' in Buchenwald liefert Stéphane Hessel dafür ein Beispiel, das heute seltsam fremd klingt. Sein 1946 in *Les Temps modernes* veröffentlichter Bericht schildert die Reaktion der 21 nach Buchenwald deportierten Offiziere des Buchmaster-Netzwerks auf die Nachricht, dass nur drei von ihnen gerettet werden können, lediglich am Rand. Hessel zufolge galt ihre Hauptsorge anschließend der Verhandlung über die Art und Weise ihrer Exekution: Tod durch Erschießen oder durch Erhängen. Eine Frage der Ehre, der Würde, schließlich handelte es sich um Offiziere (sie konnten sich durchsetzen). Diese

4 Christa Wolf: *Kindheitsmuster*. Berlin: Aufbau 1981.

5 Diesbezüglich hat die Historikerin Anne Kwaschik überzeugend herausgearbeitet, dass das auf dem Staatsgebiet der DDR liegende ehemalige Konzentrationslager Ravensbrück, in dem mehrheitlich Frauen interniert waren, in der ostdeutschen Erinnerungspolitik kaum berücksichtigt wurde und das Gedenken sich dem von Buchenwald vorgegebenen maskulinistischen Modell fügen musste. (Siehe Anne Kwaschik: L'antifascisme au féminin. La RDA et Ravensbrück. In: *Témoigner* 104 (2009) S. 107–120.)

Zurückhaltung verweist auf ein Verhältnis zum Tod, das wir heute nur schwer nachvollziehen können, selbst wenn wir wissen, dass Tod und Sterben damals zum Alltag gehört haben. Aber schreibt Hessel als einer der drei Erwählten, die überleben sollten, nicht etwas zu ostentativ über die Versuchung des Sterbens? „Dem steht das Positive am Tod gegenüber und ich labe mich daran: Abenteuer, Erneuerung, ein weit auf das Jenseits des Möglichen geöffnetes Tor“.[6]
In Frankreich entwickelten Gaullisten und Kommunisten im Namen der Erhaltung des sozialen Friedens ein ähnliches Narrativ von der widerständigen, heldenhaften Nation, und es ist gewiss kein Zufall, dass Bruno Apitz' Roman *Nackt unter Wölfen* dort wie in den etwa 30 anderen Ländern begeistert aufgenommen wurde, in denen er erschien. Er traf den Erwartungshorizont der Leserinnen und Leser sehr genau. Man könnte leicht eine ganze Reihe französischer oder italienischer Romane des gleichen Genres aufzählen, die heute in Vergessenheit geraten sind. In der Nachkriegszeit bestand der durchaus erhebliche Unterschied zwischen Ländern wie Frankreich oder Italien und der jungen DDR darin, dass sich in ihnen neben den vom Publikum geschätzten Heldengeschichten in Film und Literatur auch die Gegenerinnerung manifestieren konnte: Einige zwar weniger vernehmliche, aber immerhin hörbare Stimmen beschrieben die Lager auf eine Weise, die nahe an der Wirklichkeit blieb. Wir haben indes gesehen, dass es weder den Trägern und Publizisten der Gegenerinnerung noch den Kommunisten vorrangig um die Idealisierung des Verhaltens der antifaschistischen Widerständler zu tun war. Konnte es im System der Konzentrationslager überhaupt Helden geben? Jorge Semprún zitiert den christlichen Philosophen Jacques Maritain, demzufolge ein Mensch, der unter diesen Bedingungen (im Konzentrationslager) kämpft, „auf lange Sicht allein durch den Umstand korrumpiert werden kann, dass er sich an ein vollständig korrumpiertes Milieu anpasst“.[7] Er hält es für unmöglich, die in einer beliebigen zivilisierten Gesellschaft geltenden moralischen Standards „auf vollständig barbarisierte Gesellschaften [wie der Philosoph Jacques Maritain es nannte] wie ein Konzentrationslager“[8]

6 Hessel: Entre leurs mains, S. 1080.

7 Semprún: Préface. In: Lalieu (Hrsg.): *Zone grise ?*, S. 22.

8 Ebd.

anzuwenden. In solchen Extremsituationen enthülle sich vielmehr die wahre Natur des Menschen; jeder privat oder öffentlich ausgetragene Streit bestätige dies. „Wir waren Märtyrer", sagt seinerseits Benjamin Murmelstein in Claude Lanzmanns *Le Dernier des injustes*, „keine Heiligen".

Eine Dynamik der ‚Enthüllung'

Nach der Zeit der Helden kam die der Opfer. Dieser Perspektivwechsel begann schleichend und setzte sich erst in der Zeit nach Claude Lanzmanns *Shoah* endgültig durch; mehr oder weniger fiel er mit dem Niedergang der sowjetischen Welt zusammen. Während der Ostblock Risse bekam, verdrängte die Erinnerung an die Judenverfolgung allmählich diejenige an den antifaschistischen Widerstand. Deshalb war die Öffentlichkeit sensibilisiert, als nach der deutschen Wiedervereinigung die Revision der Zeitgeschichte einsetzte. Während die Durchsicht der Stasiakten das nach und nach Ausmaß der politischen und polizeilichen Überwachung enthüllte, während jede noch so unbedeutende Akte eines Inoffiziellen Mitarbeiters wie etwa diejenige von Christa Wolf Gegenstand einer überzogenen Medialisierung wurde, packte die Dynamik der ‚Enthüllung' auch die Historikerinnen und Historiker. In einem nachdenklichen Moment räumt Lutz Niethammer zwar ein, dass er die „politische Sprengkraft"[9] der Verhörprotokolle ehemaliger Buchenwaldhäftlinge unterschätzt habe. Von der Existenz dieser Akten habe er durch eine von dieser Entdeckung stark beeindruckten (und offenbar noch wenig darauf vorbereiteten) Studentin erfahren. Er gibt an, er habe sie vor einer Überinterpretation gewarnt. Unterdessen habe jedoch die Presse starkes Interesse an der ‚Geheimakte Buchenwald' entwickelt und so habe er sich dazu entschlossen, die Dokumente umgehend zu publizieren.[10] Niethammer war Professor an der Universität Essen gewesen und ein ausgewiesener Spezialist für *Oral History*. In den 1980er Jahren hatte er ein Forschungsprojekt geleitet, in dessen Rahmen lebensgeschichtliche Interviews in der DDR geführt wurden. Ein Experte für die Geschichte des nationalsozialistischen Lagersystems war er jedoch nicht. Als er im Jahr 1994 die Verhörprotokolle herausgab,

9 Niethammer: Vorwort des Herausgebers, S. 11–13.

10 Ebd.

hatte er zwar einen Lehrstuhl an der Universität Jena übernommen und befand sich näher an den in Ostdeutschland gelegenen historischen Schauplätzen. Zweifellos wäre aber ein mit der Forschung zur Geschichte der Konzentrationslager besser vertrauter Historiker anders mit der Angelegenheit umgegangen.

Wie wir gesehen haben und Niethammer im Übrigen selbst anmerkt, bestätigen die Dokumente lediglich, was jene Zeitzeugen, die zu Historikern ihrer eigenen Lagererfahrung wurden – insbesondere Eugen Kogon, Benedikt Kautsky und David Rousset –, bereits lange zuvor mitgeteilt hatten. Alle drei waren im Konzentrationslager Buchenwald oder Nebenlagern interniert gewesen und ihre unparteiliche Haltung deshalb glaubwürdig, weil keiner von ihnen in seinen in der unmittelbaren Nachkriegszeit veröffentlichten Texten ein ideologisches Engagement zu verteidigen oder die Unwahrheit über die Lagerwirklichkeit zu verbreiten versucht hatte. Die anklagende Kritik des ‚Opfertauschs' hätte sie wahrscheinlich überrascht, wussten sie doch, in welchen Umständen und unter welchen Zwängen er praktiziert worden war, zumal sie wie alle Überlebenden dieser Praxis unmittelbar oder indirekt ihr Leben verdankten.

Meine eigenen Forschungen zeigen, dass der ‚Tausch' Teil jenes begrenzten Repertoires an Handlungsmöglichkeiten war, das den Deportierten überhaupt zur Verfügung stand. Aus einem durch den Selbsterhaltungstrieb gesteuerten Reflex ist hernach eine traumatische Erinnerung erwachsen; der ‚Opfertausch' erzeugte ein Schuldgefühl, das sich tief ins Gedächtnis eingegraben hat. Des Weiteren haben sie zu der Erkenntnis geführt, dass die Praxis des ‚Tauschens' eine logische Konsequenz der in der Arbeitsstatistik vorbereiteten Transportzusammenstellung war. Praktisch jeder Buchenwald-Überlebende kann einem Transport in die Vernichtungslager Auschwitz und Bergen-Belsen oder ein Außenlager entgangen sein. Die Kommunisten hatten dabei nicht nur den Schutz ihrer eigenen Leute im Blick, auch wenn sie sich eindeutig selbst schützten. Und schließlich hat meine Arbeit den Beleg erbracht, dass die Solidarität unter Häftlingen gleicher Nationalität die Überlebenswahrscheinlichkeit ebenso günstig beeinflusste wie die politische Solidarität.

Das Schicksal und die Lebenswege der Überlebenden, deren mündliche Zeitzeugenberichte ich analysiert habe, waren nach dem Krieg sehr unterschiedlich. Einige hatten bereits früher Zeugnis abgelegt bzw. waren berühmt geworden, aber die überwiegende Mehrheit von ihnen war vorher noch nie zu ihrer Erfahrung der Konzentrationslager befragt worden. Wenige kannten sich untereinander und außer den Kommunisten gehörten sie auch keinem Erinnerungskollektiv an, das ihre Zeitzeugenschaft beeinflusst haben könnte. Die meisten waren zwischen 1995 und 1998 von der Shoah Foundation interviewt worden, und so schreiben sich ihre Berichte in die erinnerungsgeschichtliche Phase nach Claude Lanzmanns Film *Shoah* und nach dem Fall der Berliner Mauer ein.[11] Auch wenn die These vom ‚Ende der Geschichte' und die Gleichsetzung der nationalsozialistischen und kommunistischen Verbrechen zu dieser Zeit überall präsent waren, brachten die Zeitzeugen die Rolle der Antifaschisten in den Lagern mit ihren Ausführungen in der Regel nicht in Misskredit, im Gegenteil.

Die kommunistischen und nichtkommunistischen Überlebenden, die Michael Pollak in den 1990er Jahren interviewte,

> zeigten sich weniger über die Aussöhnung mit Deutschland schockiert als über das mit ihr einhergehende Umschreiben der Geschichte, das ihnen zufolge – wegen der neuen Bündnisse und des gegenwärtigen Antikommunismus – drohte, die Rolle der Sowjetunion klein zu reden oder ganz zu unterschlagen, die sie bei der Befreiung vom Nationalsozialismus gespielt hatte. Denn es war das Kriegsgeschehen an der Ostfront und das Vorrücken der Roten Armee gewesen, das während ihrer Deportation ihre Hoffnung am Leben gehalten hatte.[12]

Selbst die Rolle der Kommunisten in Auschwitz, wo der Widerstand wesentlich schwächer war als in Buchenwald, beurteilen sie im Allgemeinen positiv. Heda Margolius Kolvay erzählt in ihren Erinnerungen, wie sie als junge, tschechische, nach Auschwitz deportierte Jüdin im Lager Kommunistin wurde.[13] Hans Frankenthal sagt dem Interviewer der Shoah Foundation fünfzig Jahre später, ohne zu zögern: „Wenn in Auschwitz keine Kommunisten gewesen wären, hätte kein

11 Nur neun der ausgewerteten Interviews gehörten zu den Sammlungen der Fortunoff-Stiftung (Yale) bzw. der Stiftung Denkmal für die ermordeten Juden Europas (Berlin). Erstere wurden seit den 1970er Jahren aufgenommen, Letztere nach der Jahrtausendwende.

12 Pollak: *L'expérience concentrationnaire*, S. 214.

13 Heda Margolius Kovály: *Eine Jüdin in Prag. unter dem Schatten von Hitler und Stalin* [amerik. 1986]. Berlin: Rowohlt 1992.

Jude überlebt."[14] Diese Einschätzung ist ein Echo auf den erstaunlichen, unmittelbar nach der Befreiung verfassten Zeugenbericht des französischen Generals André Rogerie, der notierte, die Erinnerung an den Block, in dem er in Auschwitz untergebracht war, sei eine der „angenehmsten" seiner Deportation:

> Der Älteste ist ein deutscher Kommunist, der zu Beginn der Nazi-Herrschaft verhaftet worden war [...]. Er hat einen starken Gerechtigkeitssinn und wacht persönlich über die Verteilung des Essens.[15]

Dies zeigt, dass die unter Historikerinnen und Historikern verbreitete Kritik am Zeitzeugenbericht als von später entstandenen Vorstellungen beeinflusste Rekonstruktion relativiert werden muss.[16] Es ist vergleichsweise einfach, unbeabsichtigte Entlehnungen bei Erinnerungen anderer Personen aus dem Umfeld auszumachen, ohne dass der Zeitzeugenbericht dadurch notwendig in seiner Beweiskraft als Quelle entwertet wird. Das gleiche gilt für verzerrte Zeitzeugenberichte: Man muss darauf achten, sie in den biografischen Kontext der Sprecherin oder des Sprechers einzuordnen (familiäre Herkunft, religiöse und politische Orientierung usw.). Nützlich ist auch zu wissen, ob die Zeitzeugin oder der Zeitzeuge über Erfahrungen mit Zeitzeugeninterviews verfügen oder ob sie bzw. er erstmals berichtet (‚professionelle Zeugen' – was nicht pejorativ gemeint ist – haben irgendwann einen konstruierten Diskurs, von dem sie sich nur schwer wieder lösen können). Auch der oft angeführte Zerfall der Erinnerung ist fraglich. Inzwischen geht man davon aus, dass zumindest traumatische Erinnerungen stabil und glaubwürdig bleiben. Bezüglich der Fakten können Zeitzeugen sich freilich täuschen. Wenn Wolfgang Ballin am Tor zum Lager Buchenwald „Arbeit macht frei" und nicht

14 Hans Frankenthal: Interview, 1996. VHA, 16480.

15 Rogerie: *Vivre c'est vaincre*, S. 70.

16 *A contrario* sei hier noch einmal darauf hingewiesen, dass Élie Wiesel in seinen 1994 publizierten Erinnerungen die Befreiung von Buchenwald anders erzählt als zuvor. Davon, dass der Widerstand beschlossen habe, „die Juden nicht im Stich zu lassen", ist nun nicht mehr die Rede. Vielmehr hätten Polizisten des Lagerschutzes ihm und seinen Begleitern zugeflüstert, sie sollten der SS nicht gehorchen, in den Block zurückkehren und sich verstecken. In diesem Fall ist eine leichte Neumodellierung der Erinnerung erkennbar. (Vgl. Wiesel: *Alle Flüsse*, S. 134.)

„Jedem das Seine" gelesen haben will, jenen berüchtigten Schriftzug, den der Lagerkommandant Koch dort hatte anbringen lassen, um ‚sein' Lager von anderen zu unterscheiden, entwertet dann dieser Irrtum seinen Bericht vollständig? Es ist ohne Bedeutung, dass Zacharias Zweig den 2. Oktober – und nicht richtigerweise den 25. September – als das Datum nennt, an dem der Transport seines Sohnes nach Auschwitz abfahren sollte, weil er ihn mit dem darauffolgenden Auschwitz-Transport verwechselte. Datumsirrtümer sind die häufigsten Gedächtnisfehler. Sie können durch einen Vergleich mit Dokumenten meist problemlos berichtigt werden.[17]

Die Usurpierung eines Kampfes

Die in der Einleitung dieses Buchs gestellte Frage lautet, ob das Überleben der Kommunisten in Buchenwald auf die Praxis des ‚Tauschs' zurückzuführen ist. Lutz Niethammer räumt ein, dass die Überlebensrate der Kommunisten schwierig festzustellen sei, diese schaurige Rechnung überhaupt nur eine Annäherung erlaube, aber natürlich steht außer Frage, dass sie nur höher sein konnte als die der Häftlingsbevölkerung insgesamt.[18] Mit der Zusammenstellung der Listen für die von der SS angeordneten Transporte befasst, vermieden es die Funktionshäftlinge, ihre eigenen Leute einzutragen. Wir haben gesehen, dass sie ‚die Besten' – um ihre eigenen Worte zu benutzen – im Stammlager zurückhielten, d. h. die nützlichsten, vertrauenswürdigsten, loyalsten Häftlinge, mithin ihre Genossen. Dabei orientierten sie sich an Effizienzkriterien, die sich auf ihre Ziele bezogen: nicht nur auf den geplanten Aufstand, sondern vor allem darauf, das Leben im Lager so erträglich zu gestalten wie möglich, für sie selbst und alle anderen Häftlinge (zweifellos ‚lebten' sie dabei selbst besser als der Durchschnitt der Häftlinge). Daraus folgte die ‚Liquidierung' der SS-Spitzel, Diebe, Gewalttätigen und derjenigen, die sich nicht an die vom geheimen Widerstand aufgestellten Regeln hielten. Das schließt die Möglichkeit von Racheakten oder Abrechnungen mit

17 Geoffrey Hartman: Videointerviews zum Holocaust. Gedanken zu zentralen Dokumenten des 20. Jahrhunderts. In: Daniel Baranowski (Hrsg.): *„Ich bin die Stimme der sechs Millionen": das Videoarchiv im Ort der Information / Stiftung Denkmal für die Ermordeten Juden Europas.* Berlin: Stiftung Denkmal für die Ermordeten Juden Europas 2009, S. 15–26, hier S. 20.

18 Hartewig / Niethammer: Einleitung, S. 45.

wirklichen oder vermeintlichen Feinden freilich nicht aus – von der ‚Liquidierung' politischer Gegner ganz zu schweigen. Jeden zu retten, war jedoch nicht möglich und so blieb ihnen keine andere Wahl, als eine Entscheidung zu treffen und diese war nur zu rechtfertigen, weil sie unausweichlich war. Im November 1947 widmete sich die bereits erwähnte Ausgabe der Zeitschrift *Esprit* eben dieser Unmöglichkeit einer „Ethik des Konzentrationslagers". Sie wich einem Urteil aus, ohne allerdings die Auseinandersetzung mit der Komplexität des Problems zu verweigern; desgleichen zwei Jahre zuvor das zitierte Heft von *Les Temps modernes.*[19] Der Vorsitzende des ‚Judenrats' im Konzentrationslager Theresienstadt, Benjamin Murmelstein, weigerte sich, Listen für Transporte nach Auschwitz zu erstellen. Um im Inneren des Lagers für Ordnung zu sorgen und das Lagerleben erträglich zu machen, mit dem Ziel, dort so lange wie möglich durchhalten zu können, folgte er allerdings derselben Strategie wie die Leitung des geheimen Widerstands in Buchenwald. Er sagt in Lanzmanns Film *Le dernier des injustes* einen Satz, der sich auch auf das ILK in Buchenwald anwenden ließe: „Man kann die Judenräte verurteilen, aber urteilen kann man über sie nicht."

Die Kapos von Buchenwald strichen Jorge Semprún von einer Transportliste und retteten ihm so das Leben. Sie bewahrten ihn vor dem Arbeitseinsatz im Steinbruch, aus dem jeden Abend Leichen zurückgebracht wurden, indem sie ihm Arbeit in einem Büro verschafften. Geschützt vor Kälte hatte er dort bessere Überlebenschancen, und wenn der Kapo der Arbeitsstatistik die Unverschämtheit besessen hat, vor seinen Augen zu speisen, wie er in *Was für ein schöner Sonntag!* erzählt, ist anzunehmen, dass etwas für ihn abfiel.[20] Wie Semprún verdanken die meisten ihr Überleben der Praxis des ‚Tauschs', auch diejenigen, die der kommunistischen Ideologie fernstanden. Aber die 300 Kapos, die im letzten und schrecklichsten Jahr Buchenwalds Funktionen in der Lagerleitung wahrnahmen, waren keine Helden. Sie waren durch jahrelange Lagerhaft tief geprägte Menschen, einige von ihnen „vertiert",[21] wie Marcel Paul

19 *Esprit* 11 (1947); *Les Temps Modernes* 1,6 (1945/1946).

20 Semprún: *Was für ein schöner Sonntag!*, S. 251–254.

21 FNDIRP, Dossier Marcel Paul.

meint, wenn auch in unterschiedlichem Ausmaß. „Leuchtend hebt sich“, schreibt Eugen Kogon über sie,

> aus den Scharen verkommener Gestalten, die als Kapos fungiert haben, eine Reihe alter Häftlinge hervor, die, soweit sie am Leben geblieben sind, vom Anfang bis zum Ende des Lagers ein Beispiel an Sauberkeit, Menschlichkeit und des persönlichen Mutes gegeben haben. Ich halte es für eine Pflicht, an dieser Stelle aus Buchenwald die Namen Robert Siewert Chemnitz und [Jean-]Baptist Feilen Aachen zu nennen. Beide waren Kommunisten.[22]

Nicht alle Kapos hatten die moralische Statur der Kommunisten Robert Siewert, Jean-Baptist Feilen, Antonín Kalina oder Gustav Schiller. Die zentrale These des von Niethammer unter Mitarbeit von Hartewig herausgegebenen Bands *Der „gesäuberte“ Antifaschismus*, das Geheimnis des Überlebens der Kommunisten in Buchenwald sei der ‚Opfertausch‘,[23] ist deshalb vielleicht auch nicht völlig falsch. Aber sie vereinfacht das Problem für die Leserinnen und Leser auf die Frage der Verantwortung. So formuliert spricht Niethammers These die Kommunisten schuldig.
Um sie zu schützen, heißt es des Weiteren, habe die SED die Akten unter Verschluss gehalten. Der wahre Grund dafür, dass die Schriftstücke, die den ‚Tausch‘ und die Macht der Funktionshäftlinge belegen, geheim blieben, scheint jedoch ein anderer zu sein. Sie dokumentieren nämlich vor allem, wie die ‚Moskauer‘ jene Genossen von der Macht verdrängten, die die Deportation überlebt hatten, die ‚Helden‘, deren Widerstand sie sich aneigneten, und die nun ihnen zum Opfer fielen. Anders als im Fall der Remigranten, deren Exil in westlichen Ländern ihnen als Kosmopolitismus zur Last gelegt wurde, blieb die Ausschaltung jener Überlebenden der nationalsozialistischen Konzentrationslager, die sich für die DDR entschieden hatten, Anfang der 1950er Jahre unbemerkt. Dem Historiker Karl Wilhelm Fricke, Spezialist für die Repression in der DDR, waren die Namen Ernst Busse und Erich Reschke unbekannt.[24] Die Opfer

22 Kogon: *SS-Staat* (1947), S. 68.

23 Hartewig / Niethammer: Einleitung, S. 46.

24 Karl Wilhelm Fricke: *Opposition und Widerstand in der DDR. Ein politischer Report.* Köln: Wissenschaft & Politik 1984.

der stalinistischen ‚Säuberungen' in der DDR zu Beginn der 1950er Jahre waren namenlos. Ihre Unterdrückung hätte nur durch Zeugen bekannt werden können, doch von denen gab es wenn überhaupt nur wenige. Als die Überlebenden der NS-Lager, wenn sie dem GULag entgangen oder die Gründe für ihre Ächtung entfallen waren, im Verlauf der 1950er Jahre nach und nach aus den Gefängnissen entlassen wurden, hüllten sie sich in Schweigen und lebten weiter in der DDR. Die ‚Freiheit zu wählen', wie man im Westen sagte, schien für sie keine Alternative zu sein. Hätten sie wirklich nach Westdeutschland übersiedeln sollen, in ein Land, in dem ehemalige KZ-Häftlinge als lebendige Anklage seiner ‚tragischen Verirrung' ebenso wenig willkommen waren wie Remigranten? Hätten sie in ein Land gehen sollen, in dem ihre Vergangenheit als Widerstandskämpfer gegen Hitler ignoriert wurde, wenn sie ihnen nicht gar zum Vorwurf gereichte, in ein Land, in dem ehemalige Angehörige der SS-Wachmannschaften von Buchenwald ungestört ihrer Wege gingen, während ihre alte Partei, die KPD, verboten war? Von der ‚öffentlichen Abbitte' ganz zu schweigen, jenem exakten Pendant zur stalinistischen Selbstkritik, das der demokratische Westen von jedem Ostkommunisten forderte, der in den Westen übersiedeln wollte.[25] Und hätten auf der anderen Seite die ‚Moskauer', deren Herrschaft sich aufgrund der schändlichen ‚Säuberungen' konsolidierte, wirklich Historikerinnen und Historiker Einblick in Dokumente nehmen lassen sollen, die bewiesen, dass sie, die Erben des ‚guten' Deutschlands, jene antifaschistischen Widerstandskämpfer, die bei Feiertagen öffentlich gewürdigt wurden, an die Sowjets ausgeliefert hatten oder selbst ins Gefängnis geworfen hatten?
Im Anschluss an die Publikation der Akten sah sich Lutz Niethammer heftiger Kritik aus den Reihen der professionellen Sachwalter der Antifaschismus-Doktrin des untergegangenen SED-Staats konfrontiert. Im äußersten Fall sahen diese oft hochbetagten Menschen ihr

25 Edith Anderson berichtet in ihren Erinnerungen, wie sie selbst – obwohl US-Bürgerin – befragt wurde, als sie 1958 nach dem Tod ihres Ehemannes, des Verlegers Max Schroeder, in die Vereinigten Staaten zurückkehren wollte. Nicht nur wollte die DDR sie nicht ziehen lassen; auch der Westen forderte von ihr zuvor eine öffentliche Kritik der DDR. Dieser Forderung war, wie sie anmerkte, der Schriftsteller Alfred Kantorowicz nachgekommen. Seinem Beispiel wollte sie jedoch nicht folgen. (Siehe Edith Anderson: *Love in Exile: An American Writer's Memoir of Life in Divided Berlin*. South Royalton: Steerforth 1999.)

Lebenswerk verunglimpft. Einer ihrer Fürsprecher war niemand geringerer als Emil (Nathan) Carlebach, der Kapo des Jüdischen Blocks von Buchenwald und Niethammer zufolge überhaupt der einzige jüdische Kapo dieses Lagers. Nach eigenem Bekunden war der Schock für den Historiker in diesem Streit so groß wie für den Kommunisten, unterschied sich doch dessen gewiefte polemische Rhetorik erheblich vom gemäßigten Ton akademischer Debatten.[26] Doch wie viel angemessener wäre es gewesen, das mentale Universum dieser Generation genauer zu erkunden und Carlebach etwa danach zu fragen, warum er zur Repression gegen ehemalige Kameraden in der DDR der 1950er Jahre schwieg (bzw. sie mit Anschuldigungen belastete), als sich auf sein Verhalten in Buchenwald zu konzentrieren! Ebenso wenig wie andere Funktionshäftlinge sticht Carlebach in den Interviews als besonders brutale Persönlichkeit hervor. Der Kommunist Marcel Paul hat, wie wir gesehen haben, auf das Verhalten deutscher Genossen hingewiesen, die Schläge als normal betrachteten. In seinem Film *Nackt unter Wölfen* zeigt Frank Beyer sehr gut die banale und routinemäßige Brutalität der Kapos, verkörpert in der Hauptfigur des Lagerältesten, dessen Rolle der Schauspieler und ehemalige politische Häftling Erwin Geschonnek auf bemerkenswerte Weise interpretiert hat.

Die Zeitzeugen, deren Berichte ich ausgewertet habe, kamen zum größten Teil aus Auschwitz nach Buchenwald und scheinen die Notwendigkeit einer kritischen Überprüfung des Verhaltens der dortigen Kapos nicht zu bekräftigen: Was sie erzählen, spricht eher für die Kapos, ob es sich um ihre Haltung gegenüber den Überlebenden der ‚Todesmärsche' handelt oder gegenüber den Juden. Allerdings war Buchenwald für sie nur die letzte Etappe und sie waren nicht lange dort. Auch sind die Toten nicht mehr da, um auszusagen. Folgt daraus aber, dass den Berichten der Überlebenden jegliche Glaubwürdigkeit abgesprochen werden muss? Französische Überlebende etwa klagen häufig, und in ihren Berichten trifft man bisweilen auf überraschende ‚Angeberei': So erinnert sich Samuel S. daran, wie er es geschafft habe,

26 Lutz Niethammer: Buchenwald, KZ und NKWD-Lager. Der Zeithistoriker im Konflikt mit Zeitzeugen. In: *Zeitschrift für Geschichtswissenschaft* 54,12 (2006), S. 1039–1053.

der SS und den Kapos zu trotzen, indem er die Arbeit sabotierte.[27] Sie hätten nicht nur weniger „Anpassungs- und Einfühlungsvermögen" besessen[28], sondern seien auch gewitzter gewesen. Möglich wäre schließlich auch, dass die Abweichung zwischen der von den Historikern revidierten Geschichte des Konzentrationslagers Buchenwald und den im Großen und Ganzen übereinstimmenden Erinnerungen der Zeitzeugen mit einer Überlegung Christopher R. Brownings hinsichtlich des Verhältnisses zwischen Häftlingen und Kapos und ihren divergierenden Erinnerungen zu erklären ist.[29] Oder haben sich die Beschwerdegründe mit der Zeit zugunsten der kollektiven Erinnerung einer ‚Schicksalsgemeinschaft' in Luft aufgelöst? Vielleicht gibt es zwei verschiedene ‚Wahrheiten', die sich nicht notwendig ausschließen. Der Zeitzeugenbericht von Jean Hoen, der bereits in Buchenwald entstand und deshalb besonders interessant ist, beschreibt zwar die Brutalität der „hohen Tiere"[30] (der Kapos) gegenüber den Häftlingen. Im letzten, von seinem Kameraden Léon Reuter, dem Blockschreiber, verfassten Teil des Berichts werden sie allerdings gewürdigt:

> Gewiss haben diese Politiker ihr Ideal nie erreicht und sind mit der SS auch nie fertig geworden; ebenso gewiss haben sie nicht alle Missverständnisse und Differenzen zwischen den Nationen vermeiden können. Aber ein Zeugnis guter Führung muss der Leitung der Häftlinge ausgestellt werden und dies, weil es ihr gelungen ist, auf breiter Basis ein internationales antifaschistisches Bündnis zuwege zu bringen.[31]

Die auf die Geschichte der Deportation spezialisierte Historikerin Annette Wiewiorka weist ihrerseits auf die hohe Überlebensrate der Juden hin, die in „‚gewöhnlichen' Konzentrationslagern" wie Buchenwald oder Ravensbrück interniert waren.[32]

27 Samuel S.: Interview, 1993. FVA, 00861/Yal/2646.

28 Kautsky: *Teufel und Verdammte*, S. 150.

29 Browning: *Remembering Survival*, S. 270–290.

30 Hoen: *KLB*, S. 173.

31 Reuter: Les derniers jours, S. 414.

32 Wiewiorka: *Déportation*, S. 21. Die Überlebensrate der Juden, „die in ‚gewöhnlichen' Konzentrationslagern wie Buchenwald oder Ravensbrück interniert waren, war sehr hoch". (Ebd.) Tatsächlich waren es 95 % aller überlebenden Juden.

Mythos oder mythifizierte Erzählung?

Die Unterschiedlichkeit der Lesarten sollte keineswegs dazu führen, dass auf die Dekonstruktion von nationalen Gründungsmythen verzichtet wird. Dies gehört zum Handwerk der Historikerinnen und Historiker und es gibt überall noch viel zu tun. Allerdings kommt es darauf an, sich dabei dem Zeitgeist soweit wie möglich zu entziehen. Sicherlich war *Nackt unter Wölfen*, die als Roman gestaltete Rettung Stefan J. Zweigs, Bestandteil der mythifizierten Erzählung über den antifaschistischen Widerstandskampf, dessen Erbe die DDR monopolisiert hat. Ob man das Werk deshalb zum Symbol eines ‚Mythos Antifaschismus' machen muss, darf bezweifelt werden. Es wird im Übrigen meist vergessen, dass die gelehrte Geschichtsschreibung in Ostdeutschland sich eine gewisse Unabhängigkeit bewahren konnte, obwohl sie eng überwacht wurde, wie etwa die Arbeiten von Klaus Drobisch zeigen, auf die ich mich hier unter anderem gestützt habe. Drobisch lässt in einem Abschnitt über die Aufgaben der Arbeitsstatistik sogar die Modalitäten des Überlebens durch ‚Tausch' durchblicken:

> Sie benutzten den Bedarf an Facharbeitern, um Kameraden[33] vor dem berüchtigten Steinbruch und ähnlichen Kommandos zu bewahren, von Todestransporten zurückzuhalten [...], damit sie im Stammlager geschützt werden konnten.[34]

Man kann darüber streiten, ob dies explizit genug ist oder nicht, aber wer zwischen den Zeilen zu lesen versteht, dem ist klar, dass hier Häftlinge ausgetauscht und nicht nur Tote durch Lebende ersetzt worden sind, wie es oft die finstere Realität beschönigend hieß. Als Drobisch dies 1978 publizierte, hatte sich die westdeutsche Geschichtswissenschaft noch kaum für Buchenwald interessiert. Zacharias Zweig schrieb offen über den ‚Opfertausch', doch sein 1987 in der DDR erschienener Zeitzeugenbericht erregte kaum Aufmerksamkeit. Die Zeit für die Dekonstruktion des Antifaschismus war im geteilten Deutschland noch nicht gekommen.

33 Man beachte hier die Verwendung des Wortes ‚Kamerad', das im DDR-Kontext mehr und deshalb etwas anderes ausdrückt als das Wort ‚Genosse'.

34 Drobisch: *Widerstand*, S. 98.

Die Gedenkstätte Buchenwald ist nicht der einzige Ort, an dem der Mythos des ‚Buchenwaldkinds' verbreitet wurde. In der Ausstellung (und im Ausstellungskatalog) über nationale Gründungsmythen, die von Oktober 2004 bis Februar 2005 im Berliner Haus des Deutschen Historischen Museums gezeigt wurde, nahmen Bruno Apitz' Roman und die Umstände der Rettung Stefan J. Zweigs ebenfalls einen herausgehobenen Platz ein. Der den DDR-Mythen gewidmete Artikel des Ausstellungskatalogs verkündet ohne Umschweife: „In der Sowjetischen Besatzungszone/DDR musste man vergessen, was wirklich im Krieg geschehen war."[35] Apitz wird in diesem Text gar vorgeworfen, die wirkliche Geschichte der Rettung verschwiegen zu haben, „[d]enn anstelle von Stefan Jerzy Zweig wurde ein Sinti-Jugendlicher namens *Willy Blum* auf die Deportationsliste gesetzt."[36] Auch hier wird die Behauptung eines direkten Austauschs von Zweig gegen Blum aufgestellt, obwohl sie nicht bewiesen ist. Die moralische Überheblichkeit gegenüber Bruno Apitz, der die ganze Geschichte des Kindes beim Schreiben seines Romans wahrscheinlich gar nicht kannte, ist schon erstaunlich. Denn was ist von den erst vergleichsweise spät zerstörten westdeutschen Mythen einer ‚sauberen Wehrmacht' und eines ‚nichts ahnenden Diplomatenkorps' zu halten? In welchem Teil Deutschlands sind letztlich die wahrheitswidrigeren Mythen gesponnen worden? Ist es wirklich die ‚gesäuberte' Geschichte des antifaschistischen Widerstands in Buchenwald oder doch eher die einer ‚sauberen' Wehrmacht und eines deutschen Außenamtes, die mit dem Völkermord an den Juden und Sinti und Roma angeblich nichts zu tun hatten, zwei Mythen, die lange Zeit zum herrschenden Diskurs gehörten – bezüglich der Wehrmacht bis in die 1990er Jahre, hinsichtlich des Diplomatenkorps sogar bis ins Jahr 2010?[37]

35 Monika Flacke / Ulrike Schmiegelt: Aus dem Dunkel zu den Sternen: Ein Staat im Geiste des Antifaschismus. In: Monika Flacke (Hrsg.): *Mythen der Nationen. 1945 – Arena der Erinnerungen.* Mainz: von Zabern 2004, S. 173–202, hier S. 173.

36 Ebd., S. 183.

37 1995 präsentierte das Hamburger Institut für Sozialforschung eine Ausstellung, die zum ersten Mal die Beteiligung der Wehrmacht am Völkermord öffentlich zeigte. 2010 veröffentlichte eine noch vom ehemaligen Außenminister Joschka Fischer eingesetzte Historikerkommission ihren Bericht, der die Verstrickung des NS-Außenministeriums und seiner Mitarbeiter in die Vernichtung der Juden und Sinti und Roma belegte. (Siehe Conze / Frei / Hayes / Zimmermann: *Das Amt und die Vergangenheit.*)

Die ‚kritische' Überprüfung der Kommunisten und ihres Verhaltens, deren Status sich von Siegern zu Besiegten wandelte, hat zur Relativierung und/oder Kriminalisierung des antifaschistischen Widerstands geführt, mit der Folge, dass die Biografien einer ganzen Generation entwertet wurden. Sie verhöhnte zudem jene nichtkommunistischen Widerständler, die – wie das ‚Buchenwaldkind' – mit dem sprichwörtlichen Bade ausgekippt wurden. Der Ausdruck ‚Mythos des antifaschistischen Widerstands', der nun zum Gemeinplatz geworden ist, fördert die Konfusion zwischen den Fakten und ihrer Instrumentalisierung. *Antifaschismus: ein deutscher Mythos?* lautete der Titel eines schmalen Buchs, das die Stimmung der Nachwendezeit auf den Punkt bringt.[38] Es gibt im Deutschen leider kein Wort (oder die Historikerinnen und Historiker haben es noch nicht gefunden), das wie der französische Ausdruck *Résistencialisme* den antifaschistischen Widerstand von seiner Instrumentalisierung unterscheiden hilft und so die Amalgamierung von Mythen und Fakten, von öffentlichem Gebrauch einer Tatsache und ihrer Realität vermeidet. Denn dieses Amalgam speist *nolens volens* die Gleichsetzung der beiden Totalitarismen des 20. Jahrhunderts.

Als Land, das zwei Diktaturen erfahren hat, eignet sich Deutschland jedoch wie wenige andere Länder, um gerade die Unterschiede zwischen ihnen zu verdeutlichen. Leider trägt das in den Gebäuden der ehemaligen Staatssicherheit in Berlin eingerichtete Stasi-Museum dazu nicht gerade bei, empfängt es seine Besucher doch mit einer Büste von Karl Marx und stellt so von vornherein eine bisher von keiner geschichtswissenschaftlichen Untersuchung belegte direkte Verbindung zwischen einem der wichtigsten deutschen Philosophen[39] und den repressiven Praktiken und geheimpolizeilichen Obsessionen des ostdeutschen Staates her. Im Gegenteil. Zwar trifft man in Berlin heute bei Schritt und Tritt auf Gedächtnisorte, die für den Willen der offiziellen Erinnerungspolitik sprechen, die Verbrechen des ‚Dritten Reichs' nicht in Vergessenheit geraten zu lassen. Aber auch wenn die Zeit der Helden auch vorbei ist und die Opfer in den

38 Antonia Grunenberg: *Antifaschismus. Ein deutscher Mythos?* Reinbek: Rowohlt 1993.

39 Siehe dazu die Biografie von Jonathan Sperber: *Karl Marx. Sein Leben und sein Jahrhundert* [engl. 2013], aus d. Engl. v. Thomas Atzert / Friedrich Griese / Karl Heinz Siber. München: Beck 2013.

Vordergrund gerückt sind: Welche Lektion entnehmen wir diesem Erbe? Dass es nur Henker und Opfer gab? Wie sind dann Persönlichkeiten einzuschätzen wie Rudi Arndt, der junge, kommunistische Jude und Kapo, den die SS im Jahr 1940 im Steinbruch von Buchenwald ermordete und der sich nicht an die Anweisung seiner Partei hielt, den Kontakt zu dem Trotzkisten Ernst Federn abzubrechen? Soll man in ihm nur das Opfer sehen, weil er Jude war? Oder einen Kommunisten, der auf Kosten eines anderen hätte überleben können? Oder einen Antifaschisten, der für seine Ideen und sein Engagement starb?
In der letzten Phase ihres Lebens dachte Margarete Mitscherlich, die Ende der 1960er Jahre mit ihrem Ehemann Alexander Mitscherlich das bekannte Buch über die Unfähigkeit der Deutschen zu trauern publiziert hatte,[40] über den von Westdeutschen an die Adresse ihrer ostdeutschen Mitbürger erhobenen Vorwurf nach, diese hätten Schwierigkeiten, sich ihrer Vergangenheit zu stellen:

> Wenn heute manche „Wessis" den „Ossis" glauben[,] vorwerfen zu können, dass sie sich mit ihrer Vergangenheit nicht genügend auseinandersetzen, so steckt dahinter nicht nur ein Selbstvorwurf, sondern auch eine historisch nicht aufrechtzuerhaltende Gleichsetzung der DDR mit dem Hitler-Reich.[41]

Ist das der Grund dafür, dass die kritische Überprüfung der Rolle der Kommunisten und Antifaschisten in Buchenwald ein solches Unwohlsein hervorruft? Suggeriert wird letzten Endes – ein Indiz für unabgeschlossene Trauerarbeit – eine Übertragung der Verantwortung, vor deren Hintergrund es dann leicht ist, Kommunisten und Nazis in den selben Topf zu werfen. Aber diese Revision regt auch dazu an, die der Totalitarismustheorie zum Opfer gefallene[42] und heute brachliegenden Forschung zum antifaschistischen Widerstand wieder aufzunehmen, der – bei all seiner Vergötterung und Instrumentalisierung – ein Teil der kollektiven europäischen Erinnerung ist. Aus dieser Perspektive erscheint Buchenwald nicht nur als deutsches

40 Alexander Mitscherlich / Margarete Mitscherlich: *Die Unfähigkeit zu trauern. Grundlagen kollektiven Verhaltens.* München: Piper 1968.

41 Margarete Mitscherlich: *Eine Liebe zu sich selbst, die glücklich macht.* Frankfurt am Main: Fischer 2013, S. 202.

42 Anson Rabinbach: Totalitarianism Revisited. In: *Dissent* 53,3 (2006), S. 77–84.

Konzentrationslager, es ist vielmehr auch ein europäischer Gedächtnisort, da hier aus allen Ländern stammende Akteure des Widerstands gegen den Nationalsozialismus interniert waren. Er sollte jenseits der verschiedenen Nationalgeschichten Bestandteil jener „großen Ursprungserzählung“ werden, die für Europa noch geschrieben werden muss.[43]

43 Oriane Calligaro / François Foret: La mémoire européenne en action. Acteurs, enjeux et modalités de la mobilisation du passé comme ressource politique pour l'Union européenne. In: *Politique euroopéenne* 37,2 (2012): D'une « mémoire européenne » à l'européanisation de la « mémoire », S. 18–43.

Danksagung

Der erste Teil dieses Buch stützt sich zu einem großen Teil auf Zeitzeugeninterviews. Es wäre ohne die Gelegenheit, 2012/2013 in Berlin forschen zu können, so nicht entstanden. Daher danke ich besonders Professorin Anne Kwaschik (Frankreich-Zentrum der Freien Universität Berlin) für die Einladung zu einem Lehraufenthalt am Historischen Institut der Freien Universität Berlin. Die Internet-Plattform Visual History Archive an der Freien Universität Berlin bietet elektronischen Zugang zur Gesamtheit der in allen Sprachen aufgenommenen Zeitzeugeninterviews, die von der 1994 von Steven Spielberg gegründeten Shoah Foundation (University of South California) gesammelt worden sind. Des Weiteren bietet die Stiftung Denkmal für die ermordeten Juden Europas in Berlin nicht nur die Möglichkeit, die von ihr seit 2000 aufgenommenen Zeitzeugeninterviews einzusehen bzw. nachzuhören, sondern auch auf eine Reihe der seit 1981 vom Fortunoff Video Archive for Holocaust Testimonies gesammelten Interviews (Yale University) zuzugreifen. Hier möchte ich besonders Lennart Bohne, der sich mit unermüdlichem Einsatz um die Aufnahme letzter Zeitzeugenerinnerungen von Opfern des Nationalsozialismus bemüht, für seine vielfältige Unterstützung danken.

Für ihren herzlichen Empfang und ihre Hilfsbereitschaft zu Dank verpflichtet bin ich auch Marie-Hélène Joyeux und Laurence Voix, Mitarbeiterinnen des Service audiovisuel des Mémorial de la Shoah in Paris, das über die von der Shoah Foundation auf Französisch geführten Zeitzeugeninterviews verfügt, sowie dem

Centre de documentation juive contemporaine und dem Leo Baeck Institute in New York. Mein herzlicher Dank geht auch an Diane Afoumado, United States Holocaust Memorial Museum (USHMM) in Washington, Danièle Baron, Fondation nationale des déportés et internés, résistants et patriotes (FNDIRP) in Paris, Axel Braisz, Internationaler Suchdienst (ITS) in Bad Arolsen, Harry Stein, Gedenkstätte Buchenwald und Mittelbau-Dora in Weimar, Leah Teichtal, World Holocaust Remembrance Center Yad Vashem in Jerusalem, und nicht zuletzt Bassirou Barry und Franck Veyron, Service des archives der Bibliothèque de documentation internationale contemporaine (BDIC) an der Universität Paris-Nanterre. Besonders möchte ich Grégory Cingal danken, der an der BDIC den Nachlass von David Rousset betreut hat.

Das vorliegende Buch hat freilich auch vom Austausch mit Kolleginnen und Kollegen, Bekannten und Freundinnen und Freunden profitiert. Dafür sei Bernhard Bayerlein, Sigurd Böhme, Karola Brede, Anna Colao, Bob Cohen, Etienne François, Susanne Hantke, Marianne Hirsch, Sophie Kucoyanis (meine Lektorin bei Fayard), Charlotte Lacoste, Alexandra Laigniel-Lavastine, Martine Leibovici, Annette Leo, Malgorzata Maliszewski, Philippe Paraire, Jenny Plocki, Régine Robin, Danielle Rozenberg, Ken Walzer, Hélène Zylberait und meinen Lebensgefährten, Laurent Stern, dem dieses Buch gewidmet ist, herzlich gedankt.

Marcel Streng danke ich ganz herzlich für die sorgfältige Übersetzung des Buchs ins Deutsche. Und nicht zuletzt danke ich dem Centre national du livre in Paris, den Instituts français in Paris und Berlin sowie dem Centre Marc Bloch in Berlin für die großzügige finanzielle Förderung der deutschen Übersetzung.

Anhang

Abkürzungsverzeichnis

BDIC	Bibliothèque de documentation internationale contemporaine
BStU	Bundesbeauftragter für die Stasiunterlagen
CDJC	Centre de documentation juive contemporaine
CICRC	Commission internationale contre le régime concentrationnaire
CIF	Comité des intérêts français
CGT	Confédération Générale du Travail
FNDIRP	Fondation nationale des déportés, internés et résistants patriotes
FVA	Fortunoff Video Archive for Holocaust Testimonies
Gestapo	Geheime Staatspolizei
ILK	Internationales Lagerkomitee
ITS	Internationaler Suchdienst
KPD	Kommunistische Partei Deutschlands
KPF	Kommunistische Partei Frankreichs
KZ	Konzentrationslager
NSDAP	Nationalsozialistische deutsche Arbeiterpartei
SBZ	Sowjetische Besatzungszone
SED	Sozialistische Einheitspartei Deutschlands
SMAD	Sowjetische Militäradministration Deutschlands
SOPADE	Sozialdemokratische Partei Deutschlands
SPD	Sozialdemokratische Partei Deutschlands
SS	Schutzstaffel
USHMM	United States Holocaust Memorial Musem
VHA	Visual History Archive, Shoah Foundation, University of South California, Los Angeles

Quellenverzeichnis

Zeitzeugeninterviews

A., Jeritt: Interview, 1980. Yale University Library, New Haven, Fortunoff Video Archive for Holocaust Testimonies (FVA), 0054/Yal/0208.

Abitbol, Jean-Pierre: Interview, 1997. USC Shoah Foundation, Los Angeles, Visual History Archive (VHA), 44307.

Adler, Jeannette: Interview, 1996. VHA, 24018.

Adoner, Samuel Milo: Interview, 1995. VHA, 3677.

Aizenberg, Jack: Interview, 1996. VHA, 29640.

Arenstein, Alfred: Interview, 1996. VHA, 20426.

Avran, Gérard: Interview, 1997. VHA, 30224.

B., Rudolf: Interview, 2008. Stiftung Denkmal für die ermordeten Juden Europas, Berlin, 0115/sdje/002.

Ballin, Wolfgang: Interview, 1996. VHA, 20396.

Baranenko, Ivan: Interview, 1998. VHA, 47742

Boissy, Élie: Interview, 1996. VHA, 14209.

Borograd, Victor: Interview, 1997. VHA, 25918.

Carlebach, Nathan (Emil): Interview, 1997. VHA, 17211.

Clary, Robert: Interview, 1994. VHA, 95.

Deutsch, Alex: Interview, 1997. VHA, 28965.

Dittmann, Reidar: Interview, 1999. VHA, 50467.

Drewniak, Adam: Interview, 1996. VHA, 13035.

Elberg, Chil: Interview, 1997. VHA, 27654.

Fages, Jacques: Interview, 1997. VHA, 2915.

Fainzang, Jules: Interview, 1995. VHA, 6480.

Fayman, Lucien: Interview, 1996. VHA, 19181.

Federn, Ernst: Interview, 1998. VHA, 40799.

Flath, Hermann: Interview, 1997. VHA, 29117.

Fogel, Willy: Interview, 1995. VHA 7602.

Frankenthal, Hans: Interview, 1996. VHA, 16480.

Fürnberg, Hans: Interview, 1997. VHA, 30259.

Goldstein, Kurt (Julius): Interview, 1996. VHA, 10040.

Gurewitsch, Arkadij: Interview, 1994. VHA, 29556.

Hersch, Simon: Interview, 1995. VHA, 7369.

Hollweg, Max: Interview, 1997. VHA, 37837.

Introligator, Leon: Interview, 1996. VHA, 19598.

K., Grigori Isakovitch: Interview, 1995. FVA, 00560/Yal/3620.

Katz, Stefan: Interview, 1997. VHA, 29143.

Kleinmann, Fritz: Interview, 1997. VHA, 28129.

Levinthal-Chasseigne, Françoise: Interview, 2001. BDIC, DV61 (1-3).

M., Dimitri Wassiljewitsch: Interview, 1994. FVA, 00474/Yal/3263.

Mason, Anton: Interview, 1998. VHA, 45754.

Morgenstern, Rudolf: Interview, 1996. VHA, 10235.

Nepochatow, Alexej: Interview, 1998. VHA, 43814.

Plocki, Jenny: Interview, 17.03.2013. Im Privatbesitz der Autorin.

Povondra, Milos: Interview, 1997. VHA, 36907.

Reich, Ernst: Interview, 1997. VHA, 29134.

Rosenberg, Albert G.: Interview, 1998. VHA, 43931.

Rosmarin, Henry: Interview, 1994. VHA, 268.

Rotmensch, Henry: Interview, 1996. VHA, 24726.

S., Norbert: Interview, o. D. FVA, 00425/Yal/2954.

S., Samuel: Interview, 1993. FVA, 00861/Yal/2646.

Sachs, Artur: Interview, 1996. VHA, 18734.

Sananès, Gérard: Interview, 1996. VHA, 8767.

Schramm, Gert Lothar: Interview, 2011. Stiftung Denkmal für die ermordeten Juden Europas, Berlin, 01139/sdje/0035.

Spitzer, Walter: Interview, 1995. VHA, 5858.

Stein , Harry: Interview, 04.12.2012. Im Privatbesitz der Autorin.

Steiner, László: Interview, 1998. VHA, 44690.

Trostorff, Klaus: Interview, 1996. VHA, 14862.

Urstein, Dennis: Interview, 1995. VHA, 6719.

Welcland, Zelig: Interview, 1996. VHA, 21105.

Wiesenthal, Simon: Interview, 1997. VHA, 35104.

Wosk, Minna: Interview, 1996. VHA, 8389.

Archive

Bundesbeauftragter für die Unterlagen des Staatssicherheitsdienstes der ehemaligen Deutschen Demokratischen Republik, Berlin.

Fédération nationale des déportés et internés résistants patriotes, Paris.

Internationaler Suchdienst, Bad Arolsen.

Leo Baeck Institute, New York.

Mémorial de la Shoah, Centre de documentation juive contemporaine, Paris.

Service des archives de la Bibliothèque de documentation internationale et contemporaine, Paris.

World Holocaust Remembrance Center Yad Vashem, Jerusalem.

Literatur

Adler, Hans G.: Selbstverwaltung und Widerstand in den Konzentrationslagern der SS. In: *Vierteljahreshefte für Zeitgeschichte* 8,3 (1960), S. 221–236.

Agafonow, Alexander: *Erinnerungen eines notorischen Deserteurs*, aus d. Russ. v. Elvira Laplace. Berlin: Rowohlt 1993.

Althaus, Hans Peter: *Chuzpe, Schmus & Tacheles. Jiddische Wortgeschichten*. 3., durchg. Aufl. München: Beck 2015.

Anderson, Edith: *Love in Exile. An American Writer's Memoir of Life in Divided Berlin*. South Royalton: Steerforth 1999.

Antelme, Robert: *L'espèce humaine*. Paris: Marin 1947.

// *Die Gattung Mensch*, aus d. Franz. v. Roland Schacht. Berlin: Aufbau 1949.

// *Das Menschengeschlecht*, aus d. Franz. v. Eugen Helmlé. München / Wien: Hanser 1987.

Apitz, Bruno: Das Kleine Lager. In: Rudi Jahn (Hrsg.): *Das war Buchenwald. Ein Tatsachenbericht*. Leipzig: Verlag für Wissenschaft und Literatur 1946, S. 59–62.

// *Nackt unter Wölfen*. Halle a. d. Saale: Mitteldeutscher Verlag 1958.

// Das „Kleine Lager". In: Holm Kirsten / Wulf Kirsten (Hrsg.): *Stimmen aus Buchenwald. Ein Lesebuch*. Göttingen: Wallstein 2002, S. 226–229.

Barck, Simone: Primo Levi en RDA (1970–1989/90). In: Philippe Mesnard / Yannis Thanassekos (Hrsg.): *Primo Levi à l'œuvre. La réception de l'œuvre de Primo Levi dans le monde*. Paris: Kimé 2008, S. 101–118.

Barthel, Karl: *Die Welt ohne Erbarmen. Bilder und Skizzen aus dem KZ*. Rudolfstadt: Greifen 1946.

Barthes, Roland: *Die Körnung der Stimme. Interviews 1962–1980*, aus d. Franz. v. Agnès Bucaille-Euler / Birgit Spielmann / Gerhard Mahlberg. Frankfurt am Main: Suhrkamp 2002.

Bartel, Walter: *Buchenwald. Mahnung und Verpflichtung*. Berlin (Ost): Kongress 1960.

Benroubi, Maurice: *Le petit arbre de Birkenau*. Paris: Albin Michel 2013.

Bernadac, Christian: *Les médecins de l'impossible.* Paris: France Empire 1967.

Bettelheim, Bruno: Individual and Mass Behavior in Extreme Situations. In: *Journal of Abnormal and Social Psychology* 38,4 (1943), S. 417–452.

// Surviving. In: *The New Yorker,* 02.08.1979.

// Trauma und Reintegration. In: Ders.: *Erziehung zum Überleben. Zur Psychologie der Extremsituation.* Stuttgart: DVA 1980, S. 28–46.

// Individuelles und Massenverhalten in Extremsituation. In: Ebd., S. 58–95.

// Eigner eigenen Gesichts. In: Ebd., S. 119–139.

Beyer, Frank: *Wenn der Wind sich dreht. Meine Filme, mein Leben.* München: List 2002.

Botz, Gerhard / Michael Pollak: Survivre dans un camp de concentration. In: *Actes de la recherche en sciences sociales* 41 (1982), S. 3–28.

Bourdieu, Pierre : *Sozialer Sinn. Kritik der theoretischen Vernunft,* aus d. Franz. v. Günter Seib. Frankfurt am Main: Suhrkamp 1987.

Brière, Vanina: Les Français déportés à Buchenwald. In: *Bulletin trimestriel de la fondation Auschwitz de Belgique* 85 (2004), S. 77–103.

Browning, Christopher R.: *Remembering Survival. Inside a Nazi Slave-Labor Camp.* New York / London: Norton 2010.

Bubis, Ignatz: *„Damit bin ich noch längst nicht fertig". Die Autobiographie.* Berlin: Ullstein 1998.

Bullion, Constanze von: KZ-Überlebender wehrt sich gegen Begriff des „Opfertauschs". In: *Süddeutsche Zeitung,* 26.02.2012. http://www.sueddeutsche.de/politik/streit-um-buchenwald-gedenken-kz-ueberlebender-wehrt-sich-gegen-begriff-des-opfertauschs-1.1293326 (Zugriff am 12.07.2017).

Burney, Christopher: *The Dungeon Democrazy.* New York: Duel, Sloan & Pearce 1946.

Calligaro, Oriane / François Foret: La mémoire européenne en action. Acteurs, enjeux et modalités de la mobilisation du passé comme ressource politique pour l'Union européenne. In: *Politique euroopéenne* 37,2 (2012): D'une « mémoire européenne » à l'européanisation de la « mémoire », S. 18–43.

Cariat, Lucien: *Ici, chacun son dû. À tort ou à raison.* Paris: Pensée universelle 1973.

Carlebach, Emil (Nathan): *Tote auf Urlaub. Kommunist in Dachau und Buchenwald 1937–1945.* Bonn: Pahl-Rugenstein 1995.

Cercle d'étude de la déportation et de la Shoah – Amicale d'Auschwitz (Hrsg.): *Robert Waitz, médecin, résistant danns les camps d'Auschwitz III (Buna-Monowitz) et de Buchenwald.* Paris: Selbstverlag 2011.

Chauvin, Jean-René: *Un trotskiste dans l'enfer nazi. Mauthausen-Auschwitz-Buchenwald (1943–1945).* Paris: Syllepse 2006.

Chetaneau, E.: *Le Christ chez les Rayés. Matricule 31397.* Fontenay-le-Comte: Lussaud frères 1947.

Cohen, Roger: US-German Flare Up over Vast Nazi Camps Archives. In: *New York Times,* 20.02.2006.

Churchill, Winston: The Sinews of Peace, Rede vom 5. März 1946 am Westminster College, Fulton, Missouri. http://www.nato.int/docu/speech/1946/s460305a_e.htm (Zugriff am 24.05.2017).

Combe, Sonia: Mémoire collective et histoire officielle. Le passé nazi en RDA. In: *Esprit* 131 (1987), S. 36–49.

// *Une société sous surveillance. Les intellectuels et la Stasi.* Paris: Albin Michel 1999.

// Le traitement de l'histoire dans les documentaires filmiques. In: *Témoigner. Entre histoire et mémoire* 108 (2010), S. 7–12.

// Zu den Eigenschaften von Polizei- und Geheimarchiven. Der Fall der Stasiunterlagen. In: *International Newsletter of Communist Studies* 17 (2011), S. 120–124.

// Le site mémoriel de Buchenwald. In: *Témoigner. Entre histoire et mémoire* 114 (2012), S. 16–29.

// Le silence comme éthique ? Jürgen Kuczynski (1904–1997). Tentative d'un portrait. In: *Cahiers d'histoire. Revue d'histoire critique* 120 (2013), S. 137–154.

// *Une société sous surveillance. Les intellectuels et la Stasi.* Paris: Albin Michel 1999.

Conversy, Marcel: *Quinze mois à Buchenwald.* Genf: Éditions du Milieu du monde 1945.

Conze, Eckart / Norbert Frei / Peter Hayes / Moshe Zimmermann: *Das Amt und die Vergangenheit. Deutsche Diplomaten im Dritten Reich und in der Bundesrepublik.* München: Blessing 2010.

Courtois, Stéphane (Hrsg.): *Das Schwarzbuch des Kommunismus* [franz. 1997], aus d. Franz. v. Irmela Arnsperger. München: Piper 1998.

Cru, Jean-Norton: *Témoins.* Paris: Les Étincelles 1929.

Czech, Danuta: *Kalendarium der Ereignisse im Konzentrationslager Auschwitz, 1939–1945*, aus d. Poln. v. Jochen August. Reinbek: Rowohlt 1989.

Des Pres, Terrence: *Der Überlebende. Anatomie der Todeslager*, aus d. Amerik. v. Monika Schiffer. Stuttgart: Klett-Cotta 2008.

Drobisch, Klaus: *Widerstand in Buchenwald.* Berlin: Dietz 1978.

Drucker, Malka / Gay Rock: *Rescuers. Portraits in Moral Courage in the Holocaust.* New York: Holmes & Meier 1992.

Fallada, Hans: *Jeder stirbt für sich allein.* Berlin: Aufbau 1947.

Federn, Ernst: The Terror as a System: The Concentration Camp. In: *Psychyiatric Quarterly Supplement* 22,2 (1948), S. 52–68.

// Psychoanalyse in Buchenwald. Gespräche zwischen Bruno Bettelheim, Dr. Brief und Ernst Federn. In: Ders.: *Ein Leben mit der Psychoanalyse. Von Wien über Buchenwald und die USA zurück nach Wien.* Gießen: Psychosozial 1999, S. 26–30.

Flacke, Monika / Ulrike Schmiegelt: Aus dem Dunkel zu den Sternen. Ein Staat im Geiste des Antifaschismus. In: Monika Flacke (Hrsg.): *Mythen der Nationen. 1945 – Arena der Erinnerungen.* Ausstellungskatalog Deutsches Historisches Museum Berlin. Mainz: von Zabern 2004, S. 173–202.

Foucher-Créteau, Roger: *Écrit à Buchenwald, 1944–45.* Paris: La Boutique de l'Histoire 2001.

Frankl, Viktor: *Ein Psychologe erlebt das Konzentrationslager.* Wien: Verlag für Jugend und Welt 1947.

// *Was nicht in meinen Büchern steht. Lebenserinnerungen.* München / Wien: Quintessenz 1995.

// *Trotzdem Ja zum Leben sagen. Ein Psychologe erlebt das Konzentrationslager.* München: Kösel 2009.

Frei, Norbert: Continuités et ruptures. Les élites allemandes après 1945. In: *Francia* 31 (2005), S. 187–197.

Fricke, Karl Wilhelm: *Opposition und Widerstand in der DDR. Ein politischer Report.* Köln: Wissenschaft & Politik 1984.

Fritsche, Christiane / Johannes Paulmann (Hrsg.): *„Arisierung" und „Wiedergutmachung" in deutschen Städten.* Köln / Weimar / Wien: Böhlau 2014.

Fukuyama, Francis: *Das Ende der Geschichte: wo stehen wir?*, aus d. Amerik. v. Helmut Dierlamm. München: Kindler 1992.

Fuller, Samuel: *A Third Face. My Tale of Writing, Fighting an Filmmaking.* New York: Applause Theatre & Cinema 2002.

Gedenkstätte Buchenwald (Hrsg.): *Buchenwald. Ein Rundgang durch die Gedenkstätte.* Weimar: Selbstverlag 1993.

Geve, Thomas: *Es gibt hier keine Kinder. Auschwitz, Groß-Rosen, Buchenwald.* Göttingen: Wallstein 1997.

Gilbert-Dreyfus: *Cimetières sans tombeaux.* Paris: La Bibliothèque française 1946.

Goffman, Erving: *Asyle. Über die soziale Situation psychiatrischer Patienten und anderer Insassen*, aus d. Amerik. v. Nils Lindquist. Frankfurt am Main: Suhrkamp 1972.

Goldstein, Jacob / Irving F. Lukoff / Herbert A. Strauss: *Individuelles und kollektives Verhalten in Nazi-Konzentrationslagern. Soziologische und psychologische Studien zu Berichten ungarisch-jüdischer Überlebender.* Frankfurt am Main / New York: Campus 1991.

Gollancz, Victor: *What Buchenwald Really Means.* London: Selbstverlag 1945.

Gradowski, Zalmen: *Au coeur de l'enfer. Document écrit d'un Sonderkommando d'Auschwitz 1944*, aus d. Jidd. v. Batia Baum, hrsg. v. Philippe Mesnard / Carlo Saletti. Paris: Kimé 2001.

Greene, Joshua M. / Shiva Kumar (Hrsg.): *Witness. Voices From the Holocaust.* New York: Free Press 2000.

Grunenberg, Antonia: *Antifaschismus. Ein deutscher Mythos?* Reinbek: Rowohlt 1993.

Hackett, David (Hrsg.): *The Buchenwald-Report.* Boulder: Westview 1995.

// (Hrsg.): *Der Buchenwald-Report. Bericht über das Konzentrationslager Buchenwald bei Weimar.* München: Beck 1996.

Hähnel, Ingrid / Elisabeth Lemke: Millionen lesen einen Roman. Bruno Apitz' Nackt unter Wölfen. In: Inge Münz-Koenen (Hrsg.): *Werke und Wirkungen. DDR-Literatur in der Diskussion.* Leipzig: Reclam 1987, S. 21–61.

Hantke, Susanne: „Das Dschungelgesetz, unter dem wir alle standen". Der Erfolg von „Nackt unter Wölfen" und die unerzählten Geschichten der Buchenwalder Kommunisten. In: Bruno Apitz: *Nackt unter Wölfen*. Berlin: Aufbau 2012, S. 515–574.

Harlan, Thomas: *Ich selbst und kein Engel – Dramatische Chronik aus dem Warschauer Ghetto.* Berlin: Henschel 1961.

// *Hitler war meine Mitgift. Ein Gespräch mit Jean-Pierre Stephan.* Reinbek: Rowohlt 2011.

Hartewig, Karin / Lutz Niethammer: Einleitung. In: Lutz Niethammer (Hrsg.): *Der „gesäuberte" Antifaschismus. Die SED und die roten Kapos von Buchenwald.* Berlin: Akademie 1994, S. 23–169.

Hartman, Geoffrey: Videointerviews zum Holocaust. Gedanken zu zentralen Dokumenten des 20. Jahrhunderts. In: Daniel Baranowski (Hrsg.): *„Ich bin die Stimme der sechs Millionen": das Videoarchiv im Ort der Information / Stiftung Denkmal für die Ermordeten Juden Europas.* Berlin: Stiftung Denkmal für die Ermordeten Juden Europas 2009, S. 15–26.

Hautval, Adélaïde: *Médecine et crimes contre l'humanité. Témoignage.* Paris: L'Harmattan 1991.

Hazan, Katy / Éric Gozlan, *Á la vie! Les enfants de Buchenwald, du Shtetl à l'OSE.* Paris: Éditions le Manuscrit le Manuscrit 2005.

Heinich, Nathalie: *Sortir des camps. Sortir du silence. De l'indicible à l'imprescribtible.* Brüssel: Impressions nouvelles 2001.

Heinich, Nathalie / Michael Pollak: Le témoignage. In: *Actes de la recherche en sciences sociales* 62/63 (1986), S. 3–29.

Hemmendinger, Judith: *Á la sortie des camps. Réinsertion dans la vie.* Dissertation, Université de Strasbourg 1981.

Herzberg, Wolfgang (Hrsg.): *Gerry Wolff: „Die Rose war rot".* Berlin: Dietz 2006.

Hessel, Stéphane: Entre leurs mains. In: *Les Temps Modernes* 1,6 (1945/1946), S. 1069–1083.

// *Tanz mit dem Jahrhundert. Erinnerungen*, aus d. Franz. v. Roseli Bontjes van Beek / Saskia Bontjes van Beek. Berlin: List 2011.

Hilberg, Raul: *Täter, Opfer, Zuschauer. Die Vernichtung der Juden 1933–1945*, aus d. Amerik. v. Hans Günter Holl. Frankfurt am Main: Fischer 1992.

Hirsch, Marianne: *The Generation of Postmemory. Writing and Visual Culture after the Holocaust.* New York: Columbia UP 2012.

Hoen, Jean: *KLB. Journal de Buchenwald 1943–1945.* Paris: PUF 2013.

Jelinek, Elfriede: Nachwort. In: Stefan J. Zweig / Zacharias Zweig: *Tränen allein genügen nicht. Mit einem Epilog, zeitgenössischen Illustrationen, Bildern, Texten und Satiren.* Wien: Selbstverlag 2005, S. 458–465.

Kautsky, Benedikt: *Teufel und Verdammte: Erfahrungen und Erkenntnisse aus sieben Jahren in deutschen Konzentrationslagern.* Wien: Verlag der Wiener Volksbuchhandlung 1961.

Kertész, Imre: *Dossier K.: eine Ermittlung*, aus d. Ungar. v. Kristin Schwamm. Reinbek: Rowohlt 2006.

Kielar, Wieslaw: *Anus mundi: 5 Jahre Auschwitz*, aus d. Poln. v. Wera Kapkajew. Frankfurt am Main: Fischer 1979.

// *Anus mundi. Cinq ans à Aschwitz*, aus d. Deut. v. Frank Straschitz. Paris: Laffont 1980.

Klemperer, Victor: *LTI. Notizbuch eines Philologen*. Leipzig: Reclam 1987.

Klüger, Ruth: *Weiter leben. Eine Jugend*. Göttingen: Wallstein 2012.

Koenen, Gerd: *Was war der Kommunismus?* Göttingen: Vandenhoeck & Ruprecht 2011.

Kogon, Eugen: *Der SS-Staat: das System der deutschen Konzentrationslager*. Frankfurt am Main: EVA 1946.

// *Der SS-Staat. Das System der deutschen Konzentrationslager*. 2. Aufl. Berlin: Deutsches Druckhaus 1947.

// *Der SS-Staat. Das System der deutschen Konzentrationslager*. Überarb. Neuaufl. München: Kindler 1974.

Koselleck, Reinhart: Kriegerdenkmale als Identitätsstiftungen der Überlebenden. In: Odo Marquard / Karl-Heinz Stierle (Hrsg.): *Identität*. München: Fink 1979, S. 255–276.

Kralovitz, Rolf: *ZehnNullNeunzig in Buchenwald. Ein jüdischer Häftling erzählt*. Köln: Walter-Meckauer-Kreis 1996.

Kuschey, Bernhard: *Die Ausnahme des Überlebens. Ernst und Hilde Federn. Eine biographische Studie und eine Analyse der Binnenstruktur des Konzentrationslagers*, 2 Bde. Gießen: Psychosozial 2003.

Kwaschik, Anne: L'antifascisme au féminin. La RDA et Ravensbrück. In: *Témoigner* 104 (2009): L'antifascisme revisité. Histoire, idéologie, mémoire, S. 107–120.

Lacoste, Charlotte: *Le témoignage comme genre littéraire en France de 1914 à nos jours*. Dissertation, Université de Paris-Nanterre 2011.

Lalieu, Olivier (Hrsg.): *La zone grise ? La Résistance française à Buchenwald*. Paris: Tallandier 2005.

Langbein, Hermann: *... nicht wie die Schafe zur Schlachtbank: Widerstand in den nationalsozialistischen Konzentrationslagern 1938–1945*. Frankfurt am Main: Fischer 1980.

Langer, Lawrence L.: Foreword. In: Joshua Greene / Shiva Kumar (Hrsg.): *Witness. Voices from the Holocaust*. New York: Free Press 2000, S. XI–XIX.

Lanzmann, Claude / Anette Lévy-Willard: « C'est une histoire folle. L'acmé de la cruauté ». In: *Libération*, 17.05.2013. http://next.liberation.fr/cinema/2013/05/17/c-est-une-histoire-folle-l-acme-de-la-cruaute_903854 (Zugriff am 12.07.2017).

Leo, Annette: Schwieriger Nachlass. Die unerwünschten Memoiren eines überlebenden Häftlings. In: Dies. / Peter Reif-Spirek (Hrsg.): *Vielstimmiges Schweigen. Neue Studien zum DDR-Antifaschismus*. Berlin: Metropol 2001, S. 259–276.

Lettich, André-Abraham-David: *Trente-quatre mois dans les camps de concentration. Témoignage sur les crimes « scientifiques » commis par les Allemands*. Dissertation, Université de Paris. Tours 1946.

Lettow, Frieder: *Arzt in den Höllen. Erinnerungen an vier Konzentrationslager*. Berlin: Edition Ost 1997.

Levi, Primo: *Ist das ein Mensch?*, aus d. Ital. v. Heinz Riedt. Frankfurt am Main / Hamburg: Fischer 1961.

// *Die Untergegangenen und die Geretteten*, aus d. Ital. v. Moshe Kahn. München / Wien: Hanser 1990.

Leys, Ruth: *From Guilt to Shame. Auschwitz and after.* Princeton / Oxford: Princeton UP 2007.

Lieske, Dagmar: *Unbequeme Opfer? „Berufsverbrecher" als Häftlinge im KZ Sachsenhausen.* Berlin: Metropol 2016.

Lifton, Robert Jay: *Death in Life. The Survivors of Hiroshima.* New York: Simon & Schuster 1967.

Manhès, Frédéric-Henri: *Buchenwald, l'organisation et l'action clandestine.* o. O.: Fédération nationale des déportés et internés résistants patriotes, o. J.

Marcuse, Harold: Review of Hackett, David A., The Buchenwald Report. H-German, H-Net Reviews. October, 1995. http://www.h-net.org/reviews/showrev.php?id=188 (Zugriff am 18.04.2017).

Margolius Kovály, Heda: *Eine Jüdin in Prag. Unter dem Schatten von Hitler und Stalin*, aus d. Amerik. v. Hans-H. Harbort. Berlin: Rowohlt 1992.

Mesnard, Philippe / Yannis Thanassekos (Hrsg.): *Primo Levi à l''oeuvre: la réception de l'oeuvre de Primo Levi dans le monde.* Paris: Kimé 2008.

Mesnard, Philippe: *Primo Levi. Le passage d'un témoin.* Paris: Fayard 2011.

Michlin, Gilbert: *Aucun intérêt au point de vue national. La grande illusion d'une famille juive en France.* Paris: Albin Michel 2001.

Mitscherlich, Alexander / Margarete Mitscherlich: *Die Unfähigkeit zu trauern. Grundlagen kollektiven Verhaltens.* München: Piper 1968.

Mitscherlich, Margarete: *Eine Liebe zu sich selbst, die glücklich macht.* Frankfurt am Main: Fischer 2013.

Müller, Volker: Er schrieb das Buch „Nackt unter Wölfen". Heute vor 100 Jahren wurde Bruno Apitz geboren. Das willkommene Heldenlied. In: *Berliner Zeitung*, 28.04.2000.

Nadeau, Maurice: Postface. In: David Rousset: *Les jours de notre mort.* Neuauflage. Paris: Ramsay 1988.

Neurath, Paul Martin: *Die Gesellschaft des Terrors. Innenansichten der Konzentrationslager Dachau und Buchenwald.* Frankfurt am Main: Suhrkamp 2004.

Nieden, Susanne zur: „Stärker als der Tod". Bruno Apitz' Roman Nackt unter Wölfen und die Holocaust-Rezeption in der DDR. In: Manuel Koppen / Klaus Scherpe (Hrsg.): *Bilder des Holocaust: Literatur – Film – Bildende Kunst.* Köln / Weimar / Wien: Böhlau 1997, S. 97–108.

Niethammer, Lutz (Hrsg.): *Der „gesäuberte" Antifaschismus. Die SED und die roten Kapos von Buchenwald.* Berlin: Akademie 1994.

// Vorwort des Herausgebers. In: Ebd., S. 11–19.

// „In der Angelegenheit des Genossen Busse". Zwei Dokumente aus einer SED-Untersuchung von 1946. Btr. Beschuldigungen gegen führende deutsche Kommunisten im KZ Buchenwald. In: *Bios. Zeitschrift für Biographieforschung, Oral History und Lebensverlaufsanalysen* 7,1 (1994), S. 1–45.

// Ein Sessel im KZ. Über Abbild, Inbild und Legende. In: Ders.: *Deutschland danach. Postfaschistische Gesellschaft und nationales Gedächtnis,* hrsg. v. Ulrich Herbert / Dirk van Laak. Bonn: Dietz 1999, S. 465–483.

// Buchenwald, KZ und NKWD-Lager. Der Zeithistoriker im Konflikt mit Zeitzeugen. In: *Zeitschrift für Geschichtswissenschaft* 54,12 (2006), S. 1039–1053.

Niven, William J.: *Das Buchenwaldkind: Wahrheit, Fiktion und Propaganda,* aus d. Engl. v. Florian Bergmeier. Bonn: BpB 2009.

Nyiszli, Miklós: *Im Jenseits der Menschlichkeit. Ein Gerichtsmediziner in Auschwitz,* aus d. Ungar. v. Angelika Bihari. Berlin: Dietz 1992.

Odic, Charles J.: *Demain à Buchenwald.* Paris: Buchet-Chastel 1972.

Pahor, Boris: *Nekropolis,* aus d. Slowen. v. Mirella Urdih-Merkù. Berlin: Berlin-Verlag 2001.

Pawełczyńska, Anna: *Values and Violence in Auschwitz: A Sociological Analysis,* aus d. Poln. v. Catherine S. Leach. Berkeley: University of California Press 1979.

Peters, Ulrich: Die Facetten des Widerstands. Probleme und Debatten in der Buchenwaldforschung. In: *Utopie Kreativ* 115/116 (2000), S. 525–533.

Pingel, Falk: *Häftlinge unter SS-Herrschaft.* Hamburg: Hoffmann & Campe 1978.

Pollak, Michael: *Die Grenzen des Sagbaren. Lebensgeschichten von KZ-Überlebenden als Augenzeugenberichte und als Identitätsarbeit,* aus d. Franz. v. Hella Beister. Frankfurt am Main / New York: Campus 1988.

// *L'expérience concentrationnaire. Essai sur le maintien de l'identité sociale.* Paris: Métailié 1990.

Poller, Walter: *Arztschreiber in Buchenwald. Bericht des Häftlings 996 aus Block 39.* Hamburg: Phönix 1946.

Presser, Jacques: *Die Nacht der Girondisten: Novelle,* aus d. Niederl. v. Mirjam Pressler. Frankfurt am Main: Frankfurter Verlagsanstalt 1991.

Pulzer, Peter G. J.: *Die Entstehung des politischen Antisemitismus in Deutschland und Österreich 1867–1914.* Göttingen: Vandenhoeck & Ruprecht 2004.

Rabinbach, Anson: Totalitarianism Revisited. In: *Dissent* 53,3 (2006), S. 77–84.

Reich-Ranicki, Marcel: Mehr als die Autoren sagen wollten ... In: *Die Zeit* 44, 27.10.1961, S. 17.

Reuter, Léon: Les derniers jours de Buchenwald. In: Jean Hoen: *KLB. Journal de Buchenwald 1943–1945.* Paris: PUF 2013, S. 413–423.

Revel, Georges: *Évocation de Buchenwald.* Strasbourg: Imprimerie alsacienne 1947.

Richet, Charles / Antonin Mans: *La Pathologie de la déportation.* Paris: Plon 1956.

Rigoll, Dominik: *Staatsschutz in Westdeutschland. Von der Entnazifizierung zur Extremistenabwehr.* Göttingen: Wallstein 2013.

Ritscher, Bodo: *Buchenwald. Rundgang durch die Nationale Mahn- und Gedenkstätte.* Erfurt: Dietz 1986.

Robinson, Donald B.: Communist Atrocities at Buchenwald. In: *The American Mercury* 10 (1946), S. 397–404.

Rogerie, André: *Vivre, c'est vaincre.* Paris: Hérault 1988.

Röll, Wolfgang: *Sozialdemokraten im Konzentrationslager Buchenwald, 1937–1945.* Göttingen: Wallstein 2000.

Rousseau, Frédéric: *L'enfant juif die Varsovie. Histoire d'une photographie.* Paris: Seuil 2009.

Rousset, David: La signification de l'affaire Dotkins-Hessel. In: *Les Temps Modernes* 1,6 (1945/1946), S. 1084–1088.

// *L'univers concentrationnaire.* Paris: Le Pavois 1946.

// *Les Jours de notre mort.* Paris: Le Pavois 1947.

// *Los dias de nuestra muerte,* aus d. Franz. v. José Lion Depetre. Mexico: Diana 1953.

// Préface. In: Wieslaw Kielar: *Anus mundi. Cinq ans à Auschwitz.* Paris: Robert Laffont 1980.

// Ce qui demeure de l'homme. In: Ders.: *La fraternité de nos ruines. Écrits sur la violence concentrationnaire 1945–1970.* Paris: Fayard 2016, S. 97–114.

Rousset, Jean: *Chez les barbares.* Lyon: Album du crocodile 1948.

Ruby, Marcel: *F Section SOE. The Buckmaster Network.* London: Cooper 1988.

Schafranek, Hans: *Zwischen NKWD und Gestapo. Die Auslieferung deutscher und österreichischer Antifaschisten aus der Sowjetunion an Nazideutschland 1937–1941.* Frankfurt am Main: ISP 1990.

Schädlich, Hans-Joachim: *Anders.* Reinbek: Rowohlt 2003.

Schley, Jens: *Nachbar Buchenwald. Die Stadt Weimar und ihr Konzentrationslager 1937–1945.* Köln / Weimar / Wien: Böhlau 1999.

Semprún, Jorge: *Quel beau dimanche!* Paris: Grasset 1980.

// *Was für ein schöner Sonntag!,* aus d. Franz. v. Johannes Piron. Frankfurt am Main: Suhrkamp 1983.

// *Schreiben oder Leben,* aus d. Franz. v. Eva Moldenhauer. Frankfurt am Main: Suhrkamp 1995.

// *L'écriture ou la vie.* Paris: Gallimard 1994.

// *Le mort qu'il faut.* Paris: Gallimard 2001.

// *Der Tote mit meinem Namen,* aus d. Franz. v. Eva Moldenhauer. Frankfurt am Main: Suhrkamp 2002.

// Préface. In: Olivier Lalieu (Hrsg.): *La zone grise? La Résistance française à Buchenwald.* Paris: Tallandier 2005, S. 19–23.

Sessi, Frediano: Criminels par procuration? Sur l'auto-administration des détenus dans les Lager. In: *Témoigner. Entre histoire et mémoire* 100 (2008), S. 111–122.

Sofsky, Wolfgang: *Die Ordnung des Terrors: das Konzentrationslager.* Frankfurt am Main: Fischer 1993.

Solschenizyn, Alexander I.: *Archipel GULAG,* aus d. Russ. v. Anna Peturnig. Bern: Scherz 1973.

// *L'Archipel du Goulag, 1918–1956, essai d'investigation littéraire,* aus d. Russ. v. Jacqueline Lafond / José Johannet / René Marichal / Serge Oswald. Paris: Seuil 1974.

Sommer, Robert: *Das KZ-Bordell. Sexuelle Zwangsarbeit in nationalsozialistischen Konzentrationslagern.* Paderborn: Schöningh 2009.

Sperber, Jonathan: *Karl Marx. Sein Leben und sein Jahrhundert,* aus d. Engl. v. Thomas Atzert / Friedrich Griese / Karl Heinz Siber. München: Beck 2013.

Stein, Harry: „Nackt unter Wölfen" – literarische Fiktion und Realität einer KZ-Gesellschaft. In: Ursula Gödde (Hrsg.): *Sehen, Verstehen und Verarbeiten. KZ Buchenwald 1937–1945, KZ Mittelbau-Dora 1943–1945. Materialien für die Vorbereitung von Besuchen in den Gedenkstätten.* Bad Berka: Thüringer Institut für Lehrerfortbildung, Lehrplanentwicklung und Medien 2000, S. 27–41.

// *Konzentrationslager Buchenwald, 1937–1945. Begleitband zur ständigen historischen Ausstellung, Gedenkstätte Buchenwald.* Göttingen: Wallstein 1999.

// *Buchenwald Concentration Camp, 1937–1945. A Guide to the Permanent Historical Exhibition.* Göttingen: Wallstein 2004.

Stern, Anne-Lise: *Le savoir-déporté. Camps, histoire, psychanalyse.* Paris: Seuil 2004.

// *Des expériences intérieures pour quelles modernités ?* Paris: Édition nouvelles Cécile Défaut 2012.

Stern, Heidi: *Wörterbuch zum jiddischen Lehnwortschatz in den deutschen Dialekten.* Tübingen: Niemeyer 2000.

Suderland, Maja: *Ein Extremfall des Sozialen. Die Häftlingsgesellschaft in den nationalsozialistischen Konzentrationslagern.* Frankfurt am Main: Campus 2009.

Taslitzky, Boris: Trois livres sur les camps d'extermination nazis. In: *Europe* 394/395 (1962), S. 262–263.

Veil, Simone: *Und dennoch leben,* aus d. Franz. v. Nathalie Mälzer-Semlinger. Berlin: Aufbau 2009.

Waitz, Robert: Au block 46 de Buchenwald. Le Typhus expérimental chez l'homme. In: *De l'université aux camps de concentration: témoignages strasbourgeois.* Paris: Les Belles Lettres 1947, S. 109–113.

Werber, Jack: *Saving Children. Diary of a Buchenwald Survivor and Rescuer,* bearb. v. William B. Helmreich. New Brunswick / London: Transaction 1996.

Wetterwald, François: *Les Morts inutiles.* Paris: Minuit 1946.

Wiesel, Élie: La Nuit. Paris: Minuit 1958.

// *Le chant des morts. Nouvelles.* Paris: Seuil 1966.

// *Die Nacht*, aus d. Franz. v. Curt Meyer-Clason. Gütersloh: Mohn 1980.

// *Gesang der Toten. Erinnerungen und Zeugnis*, aus d. Franz. v. Christian Sturm. Freiburg / Basel / Wien: Herder 1987.

// *Tous les fleuves vont à la mer.* Paris: Seuil 1994.

// *Alle Flüsse fließen ins Meer. Autobiographie*, aus d. Franz. v. Holger Fock. Hamburg: Hoffmann & Campe 1994.

Wiewiorka, Annette: *Déportation et génocide. Entre la mémoire et l'oubli.* Paris: Plon 1992.

Wolf, Christa: *Kindheitsmuster.* Berlin: Aufbau 1981.

Zeiler, Robert: „Eingesperrt von meinen Befreiern …". Inhaftiert in Buchenwald 1944–45 und 1945–48. In: Hanno Müller (Hrsg.): *Recht oder Rache? Buchenwald 1945–1950. Betroffene erinnern sich.* Frankfurt am Main: Dipa 1991, S. 17–28.

Zweig, Stefan J. / Zacharias Zweig: *Tränen allein genügen nicht. Mit einem Epilog, zeitgenössischen Illustrationen, Bildern, Texten und Satiren.* Wien: Selbstverlag 2005.

Zweig, Zacharias: *Mein Vater, was machst du hier? Zwischen Buchenwald und Auschwitz.* Frankfurt am Main: Dipa 1987.

Filmografie

8½ (*Achteinhalb*, I/F 1963, R: Federico Fellini).

Das Buchenwaldkind oder: Was vom Antifaschismus bleibt (D 2010, R: Ute Gebhardt).

Kinderblock 66. Return to Buchenwald (US 2012, R: Rob Cohen).

La chaconne d'Auschwitz (*Bach in Auschwitz*, NL/BE/F 1999, R: Michel Daëron).

Le Dernier des injustes (*Der letzte der Ungerechten*, F/A 2013, R: Claude Lanzmann).

Nackt unter Wölfen (DDR 1963, R: Frank Beyer).

Ostatni etap (*Letzte Etappe*, PL 1948, R: Wanda Jakubowska).

Pasazerka (*Die Passagierin*, PL 1963, R: Andrzej Munk).

Pervyj étaž (*Erdgeschoss*, UKR 1988, R: Igor Minaev).

Shoah (F/GB 1985, R: Claude Lanzmann).

Willys letzte Reise (D, 2004, R: Nina Gladitz).

Wohin und Zurück (A, 1982–1985, R: Axel Conti).

Personenregister

Dieses Buch erscheint im Rahmen des Förderprogramms des Institut français.

Francfort en français
Frankfurt auf Französisch

Die Übersetzung wurde außerdem großzügig unterstützt durch:

Bibliografische Information der Deutschen Nationalbibliothek
Die Deutsche Nationalbibliothek verzeichnet diese Publikation in der Deutschen Nationalbibliografie; detaillierte bibliografische Daten sind im Internet über http://dnb.d-nb.de abrufbar.

Sonia Combe: Une vie contre une autre. Échange de victime et modalités de survie dans le camp de Buchenwald

Umschlaggestaltung: Marija Skara
Lektorat & Satz: Neofelis Verlag (fs/ae)
Druck: PRESSEL Digitaler Produktionsdruck, Remshalden
Gedruckt auf FSC-zertifiziertem Papier.
ISBN (Print): 978-3-95808-148-2
ISBN (PDF): 978-3-95808-196-3